写给初创企业的精进法则

创新创业的六个维度

基于260家创业企业的深度观察

高蔚卿　高旭东　著

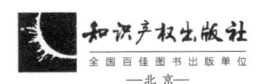

知识产权出版社
全国百佳图书出版单位
—北京—

图书在版编目（CIP）数据

创新创业的六个维度：基于 260 家创业企业的深度观察/高蔚卿，高旭东著. —北京：知识产权出版社，2024.7. —ISBN 978-7-5130-9408-5

Ⅰ. F241.4

中国国家版本馆 CIP 数据核字第 2024FT7860 号

内容提要

本书基于对 260 家创业企业的深度观察，系统阐释了创新创业的六个维度，从理论和实践两个角度对创业企业的成长规律、阶段性重点问题、有效的发展战略等进行分析，涉及创业过渡阶段对创业成功与否的决定性作用、创业机会调整优化的基本原则和实践做法、创业企业公司治理的优化方向和基本原则、创业企业在过渡阶段的融资规律、如何尽快建立技术优势、如何通过不同战略提高产品开发效果、如何优化市场策略等重大问题，适合广大创业实践者和相关研究人员阅读。

责任编辑：李 潇　刘晓琳	责任校对：潘凤越
封面设计：杨杨工作室·张 冀	责任印制：刘译文

创新创业的六个维度

基于 260 家创业企业的深度观察

高蔚卿　高旭东　著

出版发行：知识产权出版社 有限责任公司	网　　址：http://www.ipph.cn
社　　址：北京市海淀区气象路 50 号院	邮　　编：100081
责编电话：010-82000860 转 8133	责编邮箱：191985408@qq.com
发行电话：010-82000860 转 8101/8102	发行传真：010-82000893/82005070/82000270
印　　刷：三河市国英印务有限公司	经　　销：新华书店、各大网上书店及相关专业书店
开　　本：720mm×1000mm　1/16	印　　张：16.25
版　　次：2024 年 7 月第 1 版	印　　次：2024 年 7 月第 1 次印刷
字　　数：256 千字	定　　价：98.00 元
ISBN 978-7-5130-9408-5	

出版权专有　侵权必究

如有印装质量问题，本社负责调换。

序 言

热烈祝贺《创新创业的六个维度：基于 260 家创业企业的深度观察》一书的出版！这本书是国家（中关村）火炬科创学院策划的第一本创新创业方面的著作，由高蔚卿、高旭东两位专家撰写。

国家（中关村）火炬科创学院于 2023 年 8 月成立，其使命和定位是"国家创新创业的参谋部、加速器和探路者"，希望在创新创业从"0"到"1"的有效突破、从"1"到"n"的加速发展等方面探索出新的道路，为实现高水平科技自立自强、实现经济高质量高速度发展，作出应有的贡献。为此，需要深入探索创新创业的内在规律，出版相关图书是一个重要举措。

作者高蔚卿长期在政府机关、大型央企、投资机构工作，具有丰富的实践经验；高旭东是清华大学教授，也是我国创新创业领域的著名学者。基于多年的创新创业实践和理论探索，通过对 260 家企业的深度观察，他们认为，创新创业是有一定的规律可循的，遵循这些规律，创新创业的效果就会更好。

第一，过渡阶段既是创业企业形成核心能力的关键时期，也是企业家快速成长和成熟的时期。企业家需要特别关注创新创业战略的选择和战略实施能力的培养，尽快走出过渡阶段。

第二，观察和分析创业企业可以有很多视角，创新难度的高低是其中一个重要视角。深入思考创新难度不同的企业在创新方向、外部环境、战略选择、成长路径等方面的显著差异，对有效识别影响企业发展的关键因素具有重要意义。

第三，聚焦战略对创业企业具有特别重要的意义，但是很多企业在实施聚焦战略时会遇到各种各样的挑战。大力弘扬企业家精神和企业家责任、明确对外合作的目标和重点、实施差异化竞争等经验具有重要借鉴意义。

创新创业的六个维度：基于 260 家创业企业的深度观察

　　创业不容易，把创业企业做大做强更不容易。我相信，本书的出版对我们更加深入地认识创新创业的规律、把创新创业工作做得更好，能够起到重要的推动作用。

赵先明

国家（中关村）火炬科创学院理事长

INTRODUCTION 引 言

创业对社会的发展具有重要意义，对创业者自己也具有重要意义。本书的出发点是探讨创业有没有规律可循，如果有，是什么规律。基于对260家企业的研究，我们发现创业是以各种形式的技术创新、管理创新为基础，而且有六个方面的因素对创业的绩效具有重要影响。这六个方面是：创业机会的识别、调整和完善，人力资源管理的原则、方向和方法，对外融资的时机、渠道和风险管理，建立技术优势的障碍和主要经验，产品开发的基本规律和主要策略，市场策略的用户、渠道、定价和营销。这也是把书名定为《创新创业的六个维度：基于260家创业企业的深度观察》的原因，本书第二章至第七章与这六个方面分别对应。我们相信，认真研究这六个维度，一定有助于提升创新创业的成效。

一、创业有没有规律可循

在参与创业企业股权投资和管理的工作过程中，我们有幸与很多创业企业和企业家进行深入交流，见证了很多创业企业的成长历程。在与企业接触的过程中，企业家们谈得最多的话题是创业太难、过程太复杂、不确定因素太多。比如，有的企业虽然一开始就呈现出良好的发展势头，但此后发展并不顺利，长期在过渡阶段徘徊；有的企业虽然在初创阶段不被看好，但经过一段时间的发展表现出良好的发展潜力。有的企业虽然拥有良好的资源条件，但迟迟无法建立竞争优势；有的企业虽然在早期阶段面临严重的资源约束，但最终实现了创新发展。有的企业创始团队结构完整、经验丰富，但企业管理和公司治理问题频发；有的企业虽然团队经验不足、结构单一，但各项工作安排得井井有条。

创新创业的六个维度：基于 260 家创业企业的深度观察

有的企业在很短时间内就获得了外部投资，但技术能力并没有得到快速提高；有的企业则在没有外部融资支持的情况下，依靠自力更生实现了重大突破。

这些看似矛盾的现象为创业过程和创新活动蒙上了一层神秘的面纱。有的企业家说，创业最重要的经验是耐心和坚持，机会是耐心等待的结果，只要顶住压力坚持不下"牌桌"，就有机会；有的企业家则认为，成功在很大程度上靠运气，运气来了，想什么来什么，运气不好，干什么都不成；也有的企业家强调创业一定要眼睛向内，在提升企业技术能力和产品开发能力上下功夫，只有尽快形成竞争能力，才能得到市场认可；还有的企业家认为成功的关键是要紧盯市场和政策，不能与趋势作对，要在市场和政策变化中发现机会……

每一位企业家关于成功的答案都真实反映了他们对创业过程的深刻思考，每一条经验都弥足珍贵。但是，我们也发现，很多企业家针对相同或类似问题的回答并不相同，成功的经验似乎有很多条，但哪一条最重要又好像难以准确判断或取舍。之所以出现这一现象，可能有几方面的原因：一是企业家们总结出很多条经验，其中涉及若干影响创新创业活动的因素，但这些因素的作用机制是什么，哪些是主要矛盾、哪些是次要矛盾，答案并不一致；二是创业企业本身在资源条件、创新方向、产业环境等方面存在显著差异，每一位企业家、每一家企业都具有很强的个性化色彩，客观上很难对标或进行横向比较；三是虽然现有创新创业理论和创业模型提供了很多有价值的研究成果，但实践呈现出来的复杂性和多样性仍然需要进一步研究和解释。那么，创业到底有没有规律可循？创业企业的发展有没有共性？创业经验能不能相互借鉴？哪些因素对创业企业的成长具有关键作用？这些问题给我们带来很大困惑，也激发起我们的研究兴趣。

二、研究样本和研究方法

2020 年，我们着手进一步扩大研究范围，最终形成了包含 260 家创业企业的样本库。样本主要来源于四个方面：一是我们因工作关系投资或调研过的创业企业；二是其他基金参与投资或调研过的创业企业；三是我们因工作关系负责管理的科技园区或与我们有合作关系的园区中的入驻企业；四是部分城市的科技相关部门推荐的企业。其中，前两部分和后两部分样本数量各占比50%。在筛选样本企业和建立样本库的过程中，我们重点考虑了五个方面的因素：一是区域分布，样本企业分布在北京、上海等30多个城市，涉及10个省（直辖市），主要集中在中东部创新创业比较活跃的地区；二是行业分布，样本企业涉及的产业领域共14个大类，60多个小类，既包括新兴产业，也包括传统产业；三是可比样本数量，每个细分领域的样本企业数量介于10~20家，尽可能增强样本的可比性；四是创业类型，既包括以技术创新为主的企业，也包括以商业模式创新为主的企业；五是企业发展阶段，超过2/3的样本企业成立时间介于5~9年，均值为8年，总体上处于成长过程中的过渡阶段。

研究主要采用现场调研、书面调研、文献调研等方法。现场调研主要用于研究企业的管理模式、治理结构、业务情况、对外合作，以及企业发展中遇到的突出问题；书面调研主要通过商业计划书、尽职调查报告等研究样本企业的基本情况、经营数据和发展战略；文献调研重点收集涉及样本企业的媒体报道、专利情况、诉讼案件、融资事件等公开渠道可以查询到的数据和信息。在此基础上，针对样本企业的工商基本信息、专利数据、经营数据、股权融资数据、法律纠纷案件数据等分别建立数据库。

研究过程主要遵循以下步骤和原则：一是从不同角度客观呈现样本企业的基本情况，梳理总结企业的主要特点，发现其中的共性问题或规律；二是系统介绍企业和企业家反映的突出问题和实际困难，找到相关问题的成因及其对企业成长的影响；三是总结实践中的典型经验和做法，分析其适用条件和作用机制；四是在此基础上，结合企业的资源条件、行业特点、发展阶段等，对创业企业在相关领域的成长特点、关键要素、重点事项和发展策略等进行提炼分析。以融资为例，本书第四章分别介绍了企业通过股权融资、债权融资和新型融资等方式获得对外融资的基本情况、主要困难和典型经验，并结合样本企业的实践对企业在过渡阶段的融资策略、重点风险和其他关键事项进行分析。

三、本书的结构和主要内容

全书分两部分共七章。第一部分是总论，即第一章，介绍样本企业的整体

创新创业的六个维度：基于 260 家创业企业的深度观察

情况、创新创业理论的相关研究成果，并提出样本企业研究的分析框架；第二部分是分论，包括第二章至第七章，分别介绍创业企业在创业机会、人力资源管理、对外融资、建立技术优势、产品开发、市场策略等不同领域的突出问题、主要经验和成长策略。

第一章介绍创业的复杂性，梳理处于成长过渡阶段的创业企业遇到的突出问题和主要特点，提出从创新难度的角度对创业企业进行类型化分析的研究思路，从技术特点、市场环境、主要风险、发展策略等角度，分析创新难度较低的企业和创新难度较高的企业的不同成长路径。

第二章介绍创业机会的来源、类型和行业分布情况，讨论机会识别和评价中存在的主要问题，对机会进行调整优化的基本原则、主要做法、实践效果，以及需要重点关注的事项。

第三章讨论创业企业人力资源、公司治理和激励约束问题，介绍企业的具体做法及其实践效果，提出企业在过渡阶段实施员工管理、团队建设、公司治理、激励约束机制方面的优化方向和管理原则。

第四章阐述创业企业通过不同融资方式解决资金约束问题的基本情况和实际效果，分析企业在不同阶段面临的融资障碍，介绍不同融资模式下的基本形式、主要风险和应对策略，总结企业在过渡阶段的融资规律和融资重点。

第五章研究创业企业如何建立技术优势，通过比较分析，找出创业企业与大企业在技术研发领域的主要差异，发现创业企业的优势，并介绍创新难度较高的企业与创新难度较低的企业在过渡阶段技术创新的不同策略和阶段性重点。

第六章在总结创业企业新产品开发面临的实际困难、主要特点和典型经验的基础上，讨论平台化战略、差异化战略、渐进式开发战略的适用条件和需要重点关注的问题，并对新兴产业和智能化产品的开发特点进行梳理分析。

第七章讨论创业企业的市场策略问题，介绍创业企业在客户获取和市场进入方面所面临的主要困难和问题、渠道选择和渠道管理的重点内容、定价策略和定价方法，以及实施差异化营销和营销创新过程中的重点事项。

四、研究主要发现

（1）过渡阶段是创业过程中的关键阶段，能否尽快走出过渡阶段、多长时间走出过渡阶段,既受外部环境的影响,也取决于企业家的战略选择和战略实施能力。过渡阶段既是创业企业形成核心竞争能力的关键时期,也是企业家快速成长和成熟的时期。

(2)创新难度较高的企业和创新难度较低的企业在创新方向、外部环境、战略选择、成长路径等方面存在显著差异,对资源条件、风险管理措施等也有不同要求。通过分析这些不同,可以有效识别影响企业发展的关键因素,找到不同类型创业企业的成长规律。

(3)创业过程中存在很多问题和困难,比如人员流动性高、合同纠纷不断、诉讼案件频发等,部分原因在于外部环境的不确定性和市场风险,更重要的原因在于创业企业管理能力不足、主动管理意识不强、缺乏必要的管理制度和管理措施。在过渡阶段,企业在加快创新的同时,需要高度关注管理能力培养和公司治理规范化问题。解决这些问题并不需要占用太多资源、耗费太多精力。

(4)与大企业相比,创业企业具有更加灵活的利益分配机制,股权调整既是权利、义务和责任重新分配的过程,也是资源重新组合、风险不断释放的过程。企业家要充分认识股权分配的价值和功能,关注利益分配中的认识误区,纠正影响激励措施实施效果的错误做法,积极发挥股权和利益分配在优化人力资源结构、加强团队建设、完善治理结构、扩大对外合作、提高激励和约束效率等方面的作用和优势。

(5)聚焦战略是创业企业在过渡阶段经常采用的最重要的战略。但实施聚焦战略并不容易,一是要解决"活下去"与坚持创新方向的问题,二是要处理短期利益与长期目标的关系问题。样本企业探索出很多有价值的做法,其中强调企业家精神和企业家责任、明确对外合作的目标和重点、实施差异化竞争等经验具有重要借鉴意义。

CONTENTS 目录

第一章 创业企业的过渡阶段与两种成长路径 ……………… 001

 第一节 创业过程的复杂性与创业企业的成长阶段 / 003

  一、创业过程的复杂性 / 003

  二、创业的基本模型与创业企业的成长阶段 / 004

  三、类型化研究的重要性 / 006

 第二节 样本企业的成长阶段、突出问题和主要特点 / 006

  一、样本企业处于过渡阶段 / 007

  二、过渡阶段的突出问题 / 009

  三、过渡阶段的主要特点 / 013

 第三节 以创新难度为基础的类型化分析框架 / 014

  一、创新难度及其差异 / 014

  二、两种不同的创新和成长路径 / 017

  三、转型调整及其局限性 / 019

 扩展阅读 从蓝网科技和罗森博特看创新难度对企业的影响 / 024

第二章 创业机会的识别、调整和完善 ……………… 029

 第一节 发现创业机会 / 031

  一、主要创业机会 / 031

创新创业的六个维度：基于 260 家创业企业的深度观察

    二、创业机会的主要特点 / 033
    三、机会识别存在的主要问题 / 035
  第二节 应对创业机会中的风险 / 037
    一、企业家的洞察力 / 038
    二、深刻理解市场 / 040
    三、坚持和耐心 / 043
    四、对机会进行评估 / 046
  第三节 保持对环境的适应性 / 048
    一、找准企业定位 / 048
    二、阶段性重点及其差异 / 052
    三、对业务进行适应性调整 / 054
  扩展阅读 推动影视产业工业化发展的拓荒者——小土科技 / 057

第三章 人力资源管理：原则、方向和方法 …………………… 063
  第一节 创业企业的人才之困 / 065
    一、人力资源概况 / 065
    二、人力资源面临的主要问题 / 067
    三、人力资源管理的主要特点 / 068
  第二节 企业家精神和企业家责任 / 070
    一、企业家精神和企业家责任的内涵 / 071
    二、企业家精神对创业企业的特殊意义 / 072
    三、建议重点关注的几个问题 / 073
  第三节 过渡阶段的变化和调整 / 075
    一、过渡阶段的主要变化 / 075
    二、管理方式及其优化方向 / 077
    三、人力资源管理的规范化 / 080
  第四节 有效的激励约束 / 082

　　　　一、股权激励 / 082

　　　　二、员工持股计划 / 085

　　　　三、建议关注的几个问题 / 087

　　扩展阅读　创业企业为什么频发劳动争议？/ 089

第四章　对外融资：时机、渠道和风险管理 ………………… 097

　　第一节　对外融资概况 / 099

　　　　一、股权融资基本情况 / 099

　　　　二、面临的主要困难 / 102

　　　　三、资金案件反映的问题 / 104

　　第二节　对外融资的主要经验 / 106

　　　　一、了解投资逻辑 / 107

　　　　二、选择恰当的融资策略 / 108

　　　　三、与投资人建立信任 / 111

　　第三节　股权融资中的风险管理 / 112

　　　　一、附加条件及其风险 / 113

　　　　二、投资人的身份问题 / 118

　　　　三、特殊条款与公司治理 / 120

　　第四节　债权融资和新型融资 / 122

　　　　一、民间借贷 / 122

　　　　二、担保行为 / 124

　　　　三、供应链金融 / 124

　　　　四、知识产权融资 / 125

　　扩展阅读　史河科技如何在 6 年内完成 6 轮融资？/ 127

第五章　建立技术优势的障碍和主要经验 ………………… 131

　　第一节　技术研发概况 / 133

创新创业的六个维度：基于 260 家创业企业的深度观察

    一、专利数据 / 133

    二、企业反映的主要困难 / 137

    三、知识产权案件反映的问题 / 138

  第二节 技术创新的有利条件 / 140

    一、大企业的创新优势 / 140

    二、创业企业的有利条件 / 142

  第三节 选择恰当的技术战略 / 144

    一、技术领先战略 / 144

    二、快速转化战略 / 146

    三、技术聚焦战略 / 148

    四、合作开发战略 / 150

  第四节 高度重视技术保护 / 152

    一、技术保护的突出问题 / 152

    二、技术保护的主要经验 / 153

    三、建议重点关注的问题 / 154

  扩展阅读 海斯凯尔如何快速建立技术优势？/ 156

第六章 产品开发的基本规律和主要策略 …………………… 161

  第一节 产品开发面临的主要困难 / 163

    一、产品开发概况 / 163

    二、面临的主要困难 / 166

    三、产品争议案件反映的主要问题 / 168

  第二节 产品开发的主要经验 / 170

    一、高度重视产品质量 / 170

    二、以需求为导向进行产品开发 / 172

    三、多措并举解决生产组织问题 / 174

    四、千方百计优化成本结构 / 175

目 录

第三节 选择恰当的产品开发战略 / 177
　　一、平台化战略 / 178
　　二、差异化战略 / 182
　　三、渐进式开发战略 / 185
第四节 新兴产业领域的产品开发 / 187
　　一、积极应对不确定性 / 187
　　二、重点把握四种机会 / 190
　　三、尊重新产品开发规律 / 192
扩展阅读 探维科技如何破解激光雷达的"不可能三角"？/ 194

第七章 市场策略：用户、渠道、定价和营销 …………………… 199

第一节 市场领域的突出问题 / 201
　　一、基本情况 / 201
　　二、企业家反映的主要问题 / 203
　　三、诉讼案件反映的主要问题 / 205
第二节 用户开发的主要经验 / 208
　　一、积极寻找用户和目标市场 / 208
　　二、深刻理解用户需求 / 210
　　三、高度重视早期用户 / 212
第三节 渠道选择与优化 / 214
　　一、坚持多渠道策略 / 214
　　二、重视新兴市场渠道 / 215
　　三、渠道管理的重点 / 217
第四节 定价和定价方法 / 218
　　一、价格管理中的突出问题 / 218
　　二、主要定价方法 / 220
　　三、新产品定价策略 / 222

第五节　差异化营销与营销创新 / 224

　　一、差异化营销 / 224

　　二、营销创新的重点 / 226

　　三、营销创新与合规经营 / 228

扩展阅读　零灵发如何在短时间内撬动巨大的下沉市场？/ 230

参考文献 235

第一章

创业企业的过渡阶段与两种成长路径

"创业不容易，长大更困难。"如何认识创新创业的基本规律？创业会遇到哪些困难？哪些问题对创业企业的成长具有重大影响？我们发现，创业企业的成长过程虽然复杂，但并非无章可循，从过渡阶段创业企业遇到的典型问题出发，对过渡阶段的主要特点进行归纳总结，进而根据创新难度进行类型化分析，可以更深入地认识创业企业的成长规律、路径选择、发展策略。

第一节　创业过程的复杂性与创业企业的成长阶段

本节首先介绍创业过程的复杂性，接着介绍三个基本的创业模型，并在此基础上提出类型化研究的重要性。

一、创业过程的复杂性

创业是一个非常复杂、具有高度不确定性的过程。比如，有的企业成立时间很早，但长期徘徊，发展状况并不理想；有的企业创业之初拥有很好的资源条件，但其发展不能尽如人意甚至消亡；也有的企业成立初期资源匮乏、条件非常简陋，但因缘际会成功反转，取得了非常好的发展。这些现象，给创业者和研究者造成了很大困惑。有的企业家说，我已经很努力了，但企业还是没有发展起来，问题出在哪里？究竟哪些因素对创业成功起到了关键作用？失败的根本原因是什么？主观努力和客观条件哪个更重要？

毕海德（2018）认为，早期创业企业的显著特点是很少进行市场调研和业务规划，创新过程充满变化和调整。究其原因，主要是企业在这一阶段面临严重的资源约束，特别是资本约束，没有足够的资金进行事前分析和调研。此外，创业企业最初能够获得的业务和订单往往利润微薄，业务机会也稍纵即逝，有限的利润很难覆盖市场分析和调研的成本。作为对科学决策或战略性决策的替代，企业不得不更多地依赖临时决策和随机调整，这种调整往往带有明显的机会主义或短期化特征。因此，在普遍面临资源约束的背景下，创业企业的成长不是一个主动规划或计划的过程，而是一个被动适应市场的自然选择过程。

创新创业的六个维度：基于260家创业企业的深度观察

高旭东（2022）发现，高技术创业企业的各个要素，包括技术研发、产品开发、股东和员工、供应商和用户、融资渠道以及其他利益相关者，彼此关联、相互影响。创业之初，各要素之间还没有建立起稳定的联系，企业生存的关键是将这些不稳定的联系变成稳定的联系，然后才是做大做强，其核心是在各要素稳定联系的基础上进一步建立高质量的联系，并培养以技术为核心的综合能力。

二、创业的基本模型与创业企业的成长阶段

如何深入理解创业的复杂性？现有的研究非常多，考虑到本书的重点不是理论分析，而是对创业企业实践的总结和解读，我们简略介绍非常重要的三个基本创业模型。

1. Timmons 创业模型

Timmons 教授认为（葛宝山 等，2013），商机、资源、创始团队是创业过程中最重要的驱动因素。其中，商机是创业成功的首要因素，创始人应当花大量时间和精力寻找最佳的商业机会；创业者应着眼于最小化使用资源和控制资源，为合理利用和控制资源进行精心设计；创始团队是创业企业的关键要素，团队是影响风险投资机构投资的核心问题。Timmons 创业模型强调创业是一个高度的动态过程，认为商机、资源、团队的存在和变化决定了创业企业的发展方向，面对三个要素的动态演变，创始人必须努力保持三者之间的适应和平衡。

2. Sahlman 创业模型

Sahlman 教授认为（张帏 等，2018），创业者需要把握的四个关键要素包括人、机会、外部环境和交易行为。其中，人是指为创业提供服务或资源的管理者、员工、律师、会计师、投资人、供应商等与创业企业直接或间接相关的人；机会是指需要投入资源的活动，比如技术、市场等；外部环境是指所有影响机会产出又在管理的直接控制之外的因素，比如银行利率、政策法规、宏观经济形势等；交易行为是指创业者与所有资源提供者之间的直接或间接关系。Sahlman 创业模型的核心是要素之间的适应性，强调关键要素与外部环境的协调整

合。根据Sahlman创业模型，是否具有良好的人力资源、专业的管理团队、友好的市场环境和有前景的商业模式是判断创业能否成功的重要标准，具备这些条件的企业能够有效组织内外部资源，交易行为能够让所有利益相关者受益，更容易取得成功。

3. 创业企业成长的不同阶段模型

人们习惯把创业企业的成长过程比作"养娃"，从十月怀胎、呱呱坠地，到精心抚育，再到长大成人，是一个充满希望又非常辛苦、十分漫长的过程。学者对创业企业成长阶段的划分不尽相同，有的将其划分为种子期、初创期、发展期和成熟期；有的将其划分为创业阶段、波动阶段、稳定阶段；还有的将其划分为初创阶段、成长阶段、成熟阶段和公司创业阶段（龙静，2016；贾建峰等，2018；单标安 等，2018）。本书认为，创业企业的成长过程可以划分为三个基本的阶段，即启动阶段、过渡阶段和成熟阶段。其中，启动阶段是指企业正式设立，为创业准备必要的人员、资金、设施等资源条件，并开始进行技术研发或核心业务开发的阶段；过渡阶段是指核心业务不断展开，技术、产品和业务快速增加，对外联系逐步增多，企业竞争能力和市场地位逐步形成的阶段；成熟阶段是指企业已经建立起比较完善的管理体系、技术体系、业务体系，拥有较强的竞争优势和市场地位，企业管理运营已经走入正轨的阶段。

现有创业模型的最大价值在于通过对创业过程和关键影响因素的研究发现内在规律，为创业者提供参考。这些研究成果在推动创新创业研究、弘扬创新创业文化、指导创业活动等方面发挥了积极作用。但从微观层面看，也存在明显的局限性，比如，模型和分析工具可操作性不强。有的模型侧重于对创业关键要素的识别和对创业过程不确定性的说明，对具体创新创业行为并没有给出相关建议；有的模型关注关键要素之间的关系，但对如何保持要素之间的适应性并没有给出答案；还有的模型提出了改善企业资源约束的基本方向，但对资源改善条件、方式、渠道等并没有作出进一步说明。此外，现有分析工具主要是在创业过程一般规律的基础上形成的，对创业企业个性化的关注并不充分，这也是限制其实际使用效果的重要原因。

三、类型化研究的重要性

类型化研究是按照一定的标准，在对企业分类的基础上通过对相关因素和问题的分析，找出不同企业的关键特征，发现影响企业成长发展的关键因素和内在规律。类型化研究是介于整体研究和个案研究之间的研究方法（陈美颖，2014；吴永敏 等，2015；郭润萍 等，2017），为不同类型企业的成长发展提供借鉴参考，使得同类企业之间的横向比较和对标成为可能。比如，创业企业按照产业成熟度可以分为在传统产业和新兴产业创业的企业，按照发展阶段可以分为启动阶段、过渡阶段、成熟阶段的企业，按技术特点可以分为高技术创业企业和其他创业企业，按照业务特点可以区分不同行业的创业企业等。不同类别的企业在遵循创业过程一般规律的同时，也有其自身的特殊成长规律，这些特殊规律可能更深刻地揭示了企业的成长过程。通过类型化研究，一是加深对同类企业成长规律的认识，减少失误和创业盲目性，适度提高计划性和管理的针对性；二是可以进一步明确资源优化方向，尽快解决资源约束问题；三是通过借鉴其他企业的经验教训，更好地应对各类风险和不确定性。

在本书中，考虑到研究样本的阶段性特点，我们以创新难度差异为基础，从六个维度（创业机会、人力资源管理、对外融资、建立技术优势、产品开发、市场策略）对创新难度较高和创新难度较低的两种类型的创业企业进行类型化研究。

第二节　样本企业的成长阶段、突出问题和主要特点

本节首先说明样本企业的成长阶段是过渡阶段，然后介绍样本企业面临的突出问题以及这些企业的主要特点。

一、样本企业处于过渡阶段

我们从企业存续时间、员工数量、管理层人数、客户数量和产品数量等角度对样本企业的相关数据进行了统计。从总体上看,样本企业处于过渡阶段,具有创业企业在过渡阶段的典型特征,包括管理结构比较简单、员工人数有限、客户和产品数量较少、业务规模不大等。

1. 企业存续时间

样本企业存续时间均值是 8 年。其中,如图 1-1 所示,企业存续时间为 20 年以上的占比 0.85%、15~19 年的占比 4.66%、10~14 年的占比 17.37%、5~9 年的占比 67.80%、1~4 年的占比 9.32%,存续时间最长的达 27 年、最短的为 2 年,超过六成的企业存续时间为 5~9 年。

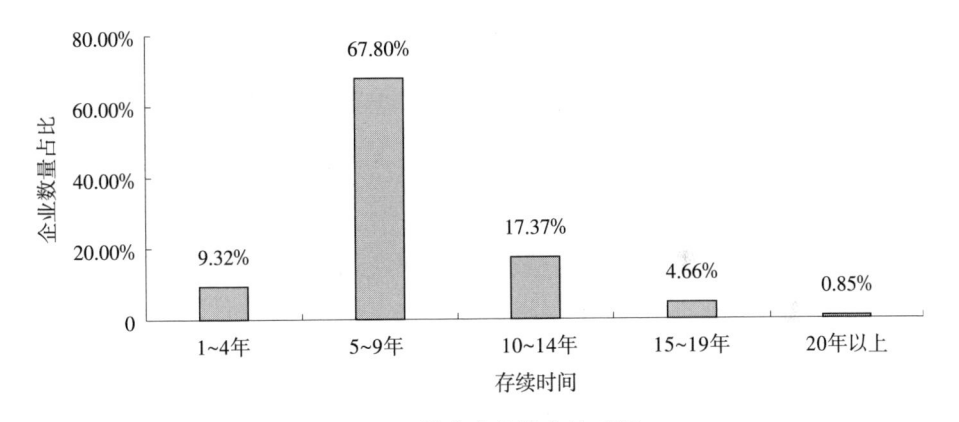

图 1-1 样本企业的存续时间

2. 社保参保人数

样本企业社保参保人数均值为 68 人。其中,如图 1-2 所示,未登记参保人员的企业占比 6.44%,参保人数为 1~9 人的占比 24.35%、10~29 人的占比 29.05%、30~49 人的占比 15.81%、50~99 人的占比 12.39%、100 人及以上的占比 11.96%。在剔除参保人数超过 1000 人的 3 家企业后,样本企业参保人数的均值显著降低到 43 人。

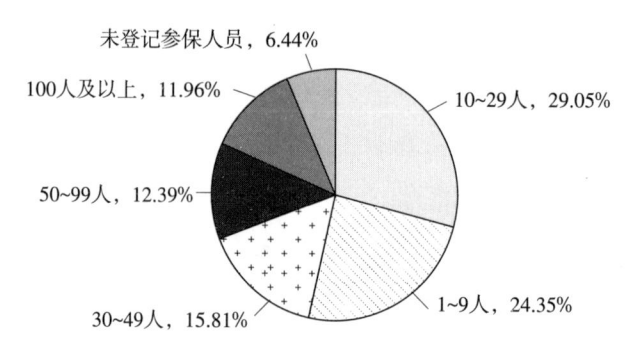

创新创业的六个维度：基于 260 家创业企业的深度观察

图 1-2　样本企业社保参保人数

3. 管理人员

工商登记资料显示的企业主要管理人员包括董事会、监事会、经营层成员。样本企业中，管理人员最多的达到 18 人，最少的仅有 2 人，均值为 6 人。其中，如图 1-3 所示，管理人员为 2 人及以下的占比 20.76%、3~4 人的占比 16.53%、5~9 人的占比 46.19%、10 人以上的占比 16.53%。[1]

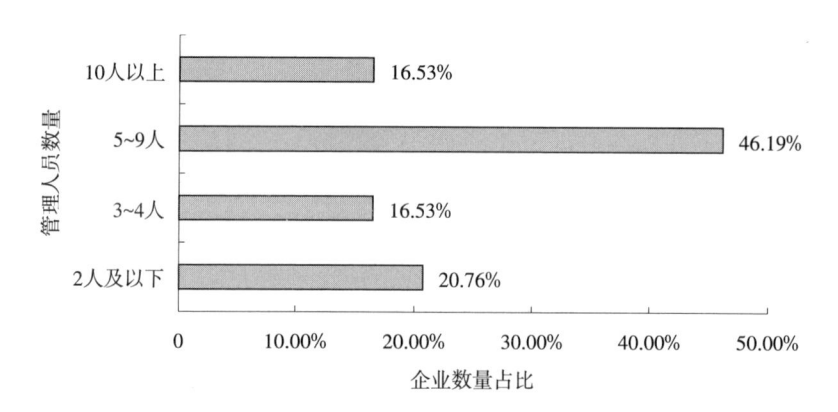

图 1-3　样本企业管理团队基本情况

4. 业务规模

从客户数量看，样本企业客户数量均值为 5 家，但接近 60% 的企业客户数

---

[1] 本书在计算数据占比时，采用四舍五入法保留小数点后两位。由于存在误差值，部分占比数据的总和可能不为 100%，特此说明。

量不超过5家；从参与招投标的情况看，有投标记录的企业占比为51.87%，投标数量均值为12次，接近半数的企业没有投标记录；从纳税人身份看，小规模纳税人和一般纳税人的占比分别为19.91%和80.09%；从产品数量看，样本企业拥有的产品数量均值为2个，其中产品数量为0的企业占比为30.93%，仅有1个产品的企业占比为27.32%，拥有2~4个产品的企业占比为35.05%，拥有5~9个产品的企业占比为3.10%，拥有10个以上产品的企业占比为3.60%。

二、过渡阶段的突出问题

1. 创始人反映的突出问题

企业创始人反映了八个方面的突出问题，涉及管理团队建设和员工管理问题、资金和融资问题、市场需求与市场环境问题、技术研发问题、供应链问题、产品质量控制和规模化生产问题、政策和市场规则对产业演化和企业发展的影响问题等。

（1）关于创始团队。很多企业反映团队结构不合理、很难找到或吸引优秀人才。样本企业中，具有技术背景的创始人比例很高，团队缺少懂管理、懂市场、懂生产的成员的现象比较普遍，团队结构不合理在很大程度上成为制约企业发展的重要因素。华迈兴微创始人李泉曾说，公司创始团队的三个合伙人都是技术出身，团队中没有懂融资、懂营销的人，在与一家企业合作过程中，对方将公司申请的商标、专利等都登记在自己名下，对公司造成很大的影响。

（2）关于吸引人才。受企业规模、发展阶段、市场地位等影响，企业在初创阶段和过渡阶段很难给出有吸引力的招聘条件，寻找合适的员工和人才始终是创业企业面临的巨大挑战。图湃医疗王颖奇说，招募人才最大的困难在于信息不对称，人才和企业难以在一开始就建立信任关系，2018—2021年，他总共有近200次飞行记录，其中90%的出行都是为了招人。

（3）关于资金短缺。一是启动资金不足。初始投入不足是创业企业普遍存在的问题，主要原因是创始人既没有足够的资金积累，也缺乏对创业过程中资金需求的预测或统筹，一边搞技术研发一边筹集资金成为常态。张剑辉回忆说，

创新创业的六个维度：基于 260 家创业企业的深度观察

海博思创的启动资金几乎都来自他在西门子做首席技术官的收入。实际上，由于缺少融资能力，创业企业最初的资金投入很多是创始人通过向亲戚朋友借钱，或者变卖资产等方式解决的。创始人在早期阶段的投入通常没有体现为注册资本或计入公司借款。二是经营收入少。一方面原因是不断增长的研发和人员投入；另一方面原因是产品迟迟打不开市场，没有收入或经营性现金流让处于过渡阶段的创业企业面临双重压力。对于技术开发难度大、开发周期长的企业而言，这个过程更为艰难。在 2019 年之前，前海手绘雇用了大量画师以加快产品研发和内容输出，但画师创作产生的订单和其他业务收入不足以支撑公司开支，公司不得不裁员应对危机。

（4）关于对外融资。由于创业企业自身的资产结构、经营状况等无法满足银行等传统金融机构的要求，企业很难通过银行借贷等方式筹集资金。同时，受技术和产品成熟度、企业发展前景、产业发展阶段以及融资渠道等因素的影响，私募股权投资机构等对早期创业企业的评价和筛选格外严格。深圳易马达的 e 换电系统目前已经被美团、饿了么、达达等平台的骑手广泛使用。在技术和产品开发阶段，黄嘉曦为了解决项目高投入的资金问题会见了若干家投资机构，他感叹融资既是脑力活，也是体力活。

（5）关于技术研发。技术成果转化需要经过技术验证、产品设计、产品定型、试生产、批量生产等不同阶段，受资源约束影响，企业在很多情况下只能因陋就简解决资金、人员和设施等问题。比如在蔚蓝仕创业之初，由于买不起光学设备，黄正宇只能利用自然光测试相关技术方案；因为没有测试场地，清航紫荆不得不采用打游击的方式到处寻找无人机试飞和测试场所。

（6）关于产品开发。除资源约束外，外部环境，特别是供应链，对创业企业的产品开发也会产生重大影响。比如，由于新兴产业供应链不完善，找不到现成的生产设备，只能自己开发；因为采购规模小、订货不连续，很难以合适的价格获得原材料供应；因为企业订单额小、支付能力有限，很难找到高质量的加工商或代工企业。为了生产出高质量的智能门锁，段方华跑了很多企业洽谈合作，但因为生产排期和加工规模等原因都吃了闭门羹，后来与富士康谈了一年多，最终用诚意打动了对方，富士康最终答应与火河科技合作。

（7）关于客户积累。与大企业相比，创业企业能用于客户开发的资源非常有限，大企业常用的品牌战略、产品组合战略等手段，对创业企业而言，几乎都不具备相应条件。受品牌认知度、产品质量稳定性、售后服务能力等因素的影响，创业企业很难找到合作伙伴。很多创业企业最初的客户主要来自创始人的熟人和朋友，或者一些偶发性机会。为了获得订单，创始人通常都要亲自跑市场，频繁参加展销会，不放过任何一个可以与潜在客户接触的机会。

（8）关于市场推广。为了吸引用户和进入市场，创业企业往往需要承担比大企业更高的市场推广成本。为了加快市场开发，低价策略成为很多企业的优先选择。从总体上看，低价策略在帮助企业打开市场方面发挥了积极作用，但也产生了一些负面影响，包括因为定价不合理造成长期亏损、对后续产品及其定价策略造成负面影响等。为了快速打开市场，小土科技在推广影视大数据产品过程中就采用了低价策略，虽然短期内客户数量快速增长，但由于定价偏低，营业收入的增加并没有从根本上改善公司的资金状况。

2. 样本企业法律诉讼案件情况

（1）案件数量。通过公开渠道查询，样本企业已结诉讼案件为823件。其中，企业作为原告的主诉案件274件，占比33.29%；作为被告的被诉案件549件，占比66.71%。案件共涉及企业140家，占全部样本的53.85%。从全部样本看，平均每家企业发生的案件数量约为3件；从涉案企业角度看，平均每家企业发生案件数量近6件。

（2）案件类型。涉及公司治理、股权纠纷、劳动争议、资金借贷和融资、技术合作、知识产权、产品设计加工、市场推广、产品销售等多个领域。其中，如图1-4所示，劳动争议案件150件，占比18.23%；知识产权和技术纠纷案件137件，占比16.65%；资金及融资类案件52件，占比6.32%；股权和公司治理纠纷案件39件，占比4.74%；产品类案件176件，占比21.39%；市场推广和营销案件186件，占比22.60%；其他案件83件，占比10.09%。

创新创业的六个维度：基于 260 家创业企业的深度观察

案件类型	占比
股权和公司治理纠纷案件	4.74%
资金及融资类案件	6.32%
其他案件	10.09%
知识产权和技术纠纷案件	16.65%
劳动争议案件	18.23%
产品类案件	21.39%
市场推广和营销案件	22.60%

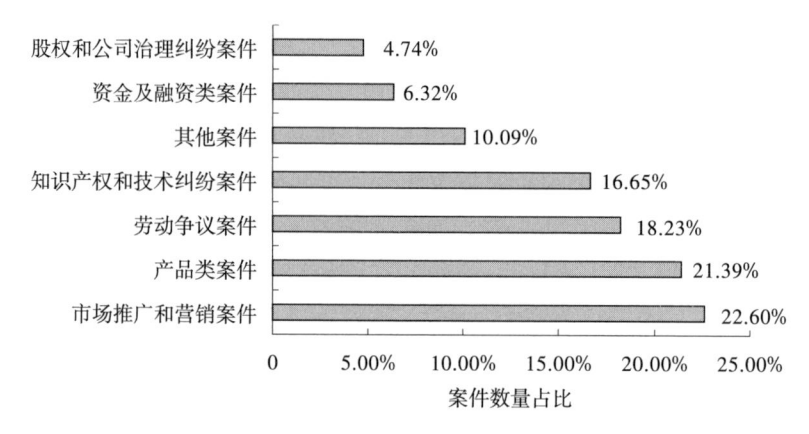

图 1-4　样本企业法律纠纷案件结构

（3）案件特点。一是从案件数量看，创业企业发生诉讼纠纷并非个别现象，如果考虑未纳入统计范围的未结诉讼案件、未进入诉讼程序的劳动仲裁和商事仲裁案件等，企业实际发生的法律纠纷案件数量更大，案件覆盖面也更广。二是从案件结构看，涉及企业经营管理的各个环节，集中反映了创业企业在过渡阶段面临的突出矛盾和问题。比如，劳动争议案件频发说明创业企业客观上存在员工队伍不稳定、流动性大等问题；产品类案件居高不下反映了企业在产品技术、生产工艺、质量控制等领域仍然处于不断试错和不断改进的过程。三是从案件标的额看，创业企业在融资、产品、销售等领域发生的诉讼案件争议金额普遍较低，表明企业在过渡阶段仍然面临较大的资源约束，业务规模小、对外合作关系不稳定是企业在这一阶段的典型特征。四是从案件成因看，有些案件是由于产业和市场不确定性引起的，但大量案件与外部环境等客观因素并没有太大关联。案件产生的直接原因是企业缺乏管理意识、规范意识和法律意识。比如，很多企业在人员管理方面缺乏必要的法律常识，从而引发劳动争议；或者由于不了解或不重视知识产权导致侵权或技术纠纷等。

我们发现，企业家在创业过程中遇到的突出问题在诉讼案件中都有不同程度的反映。比如，劳动争议案件反映了企业在吸引人才、员工管理方面的困境；产品纠纷案件反映了企业在产品研发、供应链合作、售后服务等环节的很多问题；资金及融资类案件反映了企业因资金短缺和融资渠道不畅面临的资源约束等。因此，对相关诉讼案件的发生频率、成因及其影响的分析有助于更深刻地理解创业企业在过渡阶段的成长规律，发现影响企业成长的关键因素，找到相应的应对方法。

三、过渡阶段的主要特点

（1）与启动阶段和成熟阶段相比，创业企业在过渡阶段遇到的问题更加集中。一是在快速成长过程中与外部环境的联系不断增加。随着团队和员工规模的扩大、技术研发和生产体系的建立，以及市场拓展和其他对外合作活动的增加，企业的管理难度和复杂程度显著上升，对管理能力和运营能力提出了新的挑战。二是在过渡阶段，企业与外部环境的连接处于非常不稳定的状态（高旭东，2022），容易引发各种矛盾。比如，如何处理股东和管理团队在企业发展思路方面的分歧，如何平衡快速成长与资源约束之间的矛盾，如何建立有效的供应体系、生产体系和市场体系等。在这个阶段，企业既面临与外部市场尽快建立有效联系的难题，也需要解决企业内部各种要素和人员的磨合问题。

（2）企业管理意识和管理能力不足，被动管理现象比较突出。从实践角度看，企业遇到的一些问题在过渡阶段很难避免，比如产品质量不稳定在很多情况下与技术和工艺不完善相关，资源约束和议价能力不足客观上对合作伙伴的选择及供应链稳定性产生不利影响等。很多问题与企业的管理能力和管理意识紧密相关，有些问题是由于不熟悉、不了解相关专业知识造成的。比如，因为不了解劳动法、劳动合同法导致劳动争议案件处理不当；因为不熟悉合同法而签订了对自己不利的合同条款或引发合同纠纷等。而有些问题仅仅是由于创始人不重视造成的。比如，很多企业都谈到重视知识产权，但只有少数企业建立了知识产权管理部门或管理岗位；有的企业虽然意识到合规经营的重要性，但遇到问题时却很少征求专业法律人员的建议。从诉讼案件的处理效果看，很多案件对企业成长发展造成了不利影响甚至致命打击，而这些问题通过主动管理是可以避免的。对创业企业而言，需要高度重视过渡阶段的资源分配问题，在加快技术和产品研发、加速业务发展的同时有必要将一部分资源分配到管理环节，有意识地增强规范意识和管理意识。

（3）企业成长往往受到多重因素、多个问题的困扰。从调研的情况看，高达90%的样本企业反映企业发展受到2个以上问题的制约。比如，在重点反映资金困难的43家企业中，同时反映难以发现有效市场需求、技术产品化和产品规模化面临困难、市场推广和产品销售渠道不畅等问题的企业多达26家，占比超过60%。通过进一步观察我们发现，资金困难并非造成上述其他问题的唯一原因或主要原因，资金问题和其他问题之间的弱相关性表明，影响企业发展的因素是多方面的，解决资金问题并不一定就能够解决其他问题。事实上，有的企业在创业初期就获得了大量外部投资，资金问题并不是制约企业成长的关键因素。但从后面的发展看，企业在技术路线选择、产品研发、生产组织、市场判断等方面都出现了很多问题，有些问题源于市场需求和市场环境变化，也有些问题与企业的管理能力、管理效率紧密相关。因此，处于过渡阶段的创业企业必须充分识别影响企业发展的各种问题，从不同角度分析问题的成因并找到相应解决办法。

第三节 以创新难度为基础的类型化分析框架

创新是创业的核心要素和过程。本节从创新难度的角度进一步展开对创业企业的类型化分析，从技术特点、市场环境、主要风险、发展策略等角度，分析创新难度较低的企业和创新难度较高的企业的不同成长路径。

一、创新难度及其差异

技术难度、产业特征、资源条件是影响企业创新难度的几个关键因素（熊小龙，2013；郭南芸 等，2021；冯立杰 等，2022）。其中，技术难度既是体现企业创新价值和竞争优势的重要指标，也是影响创新效率的重要因素；产业发展及其演化（即产业特征）既在很大程度上影响企业从外部获得资源的机会，也塑造了市场竞争格局；资源条件及其持续改善能力则直接影响企业的创新进程和创新效果。

1. 技术难度

技术难度主要受两方面因素的影响。(1) 技术本身。有的企业产品技术难度并不大，有的则可能面临大量技术难题；有的企业可能在创业之初就已完成关键技术的研究，有的则需要持续进行大量研发工作。比如在芯片技术领域，霆科生物专注于食品快速检测领域的微流控芯片技术研发，目前在生化试剂微球制备、芯片批量键合及封装工艺、微流控仪器系统开发等领域已经实现突破性进展和应用；华卓精科主要从事光刻机双工件台研发，其投入大量资源研发的 DWS 系列双工件台虽然已实现商业化生产，但与行业龙头企业相比仍然存在不小差距。(2) 配套技术的可获得性和研发难度。在所需配套技术较少或比较容易从外部获得的情况下，企业面临的整体技术难度会相对较小，如果大量配套技术和设备需要自己研发，则会大大影响创新进程。比如，中钢矿院在开展工业用空心玻璃微珠技术研发和应用过程中，很早就掌握了空心玻璃微珠的制备技术，但是为了实现规模化生产还得自己研发相关生产设备和检验设备。

技术难度差异对企业的创新过程产生多方面的影响。一方面，技术难度直接影响企业的资源投入和业务布局。对初创企业而言，持续的技术投入使企业的资源能力面临严峻挑战，在资金和人才短缺的情况下，有些企业被迫放缓研发进程。由于资金有限，踏歌智行在开发露天矿区无人驾驶技术过程中不得不"两条腿走路"，既要保留物流园区等服务项目以解决"吃饭"问题，又要投入资金进行研发，双线作战让技术研发进程受到严重影响，直到 2017 年底，公司在获得融资后才有能力专注于技术和产品研发。但另一方面，技术难度也是反映企业技术能力的重要标志，虽然较高的技术难度让企业在创业初期承受巨大压力、消耗大量资源，但一旦取得突破就能够获得有利的竞争地位，发展前景也更容易为市场和投资机构认可。

2. 产业特征

样本企业中，人工智能、信息技术、生物医药等新兴行业的企业占比超过 60%。这些行业中，新技术、新产品、新商业模式不断涌现，企业面临更多的创新机会和市场空间。与此同时，企业也面临更多的风险和不确定性，比如，

创新创业的六个维度：基于 260 家创业企业的深度观察

技术快速更迭导致企业丧失技术优势，产品成本高、质量不稳定，市场渠道和客户开发困难等。比较而言，传统产业的利益格局、交易规则等已经非常成熟，虽然产业吸引力和增长空间相对较小，但创业风险和不确定性也相对较少，创业企业更容易融入产业生态，更容易从现有产业体系中获得发展所需的资源。以产品开发和市场推广为例，新兴产业的创业企业普遍面临发现应用场景和培养客户的难题，由于没有现成的销售渠道和消费群体，企业只能利用有限的资源进行各种尝试，试错和走弯路成为常态。但在传统产业，很多以提高效率和降低成本为目标的创新活动则比较容易找到用户，此前积累的人际关系和合作渠道也能够帮助企业找到最初的市场和用户。

总体上看，因产业差异产生的机会和阻碍与产业自身的演化规律是一致的，创新难度也伴随产业的发展变化呈现显著的动态性和阶段性特点。随着传统产业进一步走向衰退，产业吸引力将显著降低，基于产业稳定性形成的各种有利条件对创新活动的影响也越来越小。相反，在新兴产业，随着产业从萌芽阶段逐步进入快速成长阶段，产业吸引力在不断增强，产业生态逐步完善，外部风险和不确定性也逐步减少。邱虹云在 2000 年开发数码投影仪时，面临物流不畅、零部件供应不足、加工工艺不稳定等问题，供应链问题是导致视美乐最终失败的关键因素之一。但在邱虹云于 2009 年创办光速视觉时，我国电子元器件行业已相对成熟，他在研发 CCD 相机时很容易就能找到需要的实验材料和零部件，供应链问题已不再是制约因素。

3. 资源条件

初始投入不足、难以获得外部融资，业务发展缓慢是创业企业在过渡阶段经常遇到的问题。当然也有部分企业在启动阶段就具备较好的资源条件，比如有的创始人能够获得家族的资金支持，有的能够利用关联企业的人才、设备、渠道等资源，有的在创业之初就拥有结构合理的创业团队等。从样本企业的情况看，资源约束在总体上是制约创业企业发展的普遍问题，特别是对于那些研发投入大、技术和产品开发周期长的项目而言，资源差异对创新效率的影响非常明显。2005 年，刘吉平创办上海航顺微电子，利用此前在销售行业积累的资金、渠道等开始进行 MCU 芯片的技术研发和产品生产。王绍迪和郭昕婕在 2013

年就开始进行存算一体芯片的技术研发,但由于资金问题直到 2017 年找到第一笔投资后才成立知存科技,而此时刘吉平的 32 位通用 MCU 已经有 200 余款产品并批量应用于商用水陆两栖飞机、商用卫星等领域。

为解决资源约束问题,很多企业积极尝试各种办法,有的通过对外提供技术服务补充现金流,有的通过招聘实习生降低成本支出,有的创始人变卖房产或自掏腰包补贴企业。这些做法虽然在一定程度上能够缓解资源约束问题,但面对巨大的投入和长期亏损,很难从根本上解决问题。考虑到企业在过渡阶段获得银行贷款或外部投资的难度,企业必须重视创新过程中的资源能力和资源消耗的事前评估工作,不能将改善资源约束的希望全部寄托在偶发事件上。实践中,一个比较有效的做法是在正式创业之前积极开展各种准备,包括组建团队、技术论证、筹措资金等,充分估计可能面临的困难,做好应对预案,所谓"激情创业""走一步说一步"等做法并不可取。2014 年,李泉通过朋友介绍接触到日本的一个技术团队开发的微流控化学发光 POCT 项目,经过评估,团队认为该项目的技术优势和应用前景都很好,但后续投入巨大,因此他们并没有贸然接手,而是积极寻找投资人。在找到元禾圆点和中兴合创联合投资之后才创立华迈兴微,正式开始项目技术攻关,在很大程度上避免了项目因资金短缺停摆的风险。

二、两种不同的创新和成长路径

每一个企业的创业过程都具有独特性和唯一性,但从关键要素的不同组合及其实践效果看,不同企业的创业过程仍然呈现出一定的规律性和类型化特征。按照创新的难度,我们将创业企业区分为创新难度较高的企业和创新难度较低的企业两种类型。对创新难度高的企业来说,较高的技术难度和技术投入决定了其对初始资源的依赖程度更高、面临的风险更大。但随着产业演进,外部不确定因素逐步减少,企业从外部获得资源的能力也逐步增强,技术优势能够帮助企业尽快建立竞争优势。相对而言,创新难度较低的企业对初始资源的要求要少一些,面临的风险也相对更低,但随着产业加速成长和走向成熟,企业在技术等核心能力方面的劣势开始显现,不得不面对激烈的市场竞争。

创新创业的六个维度：基于260家创业企业的深度观察

我们将两类企业的主要特征、创新创业过程中的主要风险及应对策略总结如下（见表1-1）。

表1-1 两类创业企业的主要差异

创新难度	技术特点	市场环境	主要风险	应对策略
较低	·难度低 ·投入少 ·配套技术多	·对现有利益格局影响小 ·需求较多 ·产业成熟 ·配套资源多	·竞争激烈 ·需求不可持续 ·市场增长乏力 ·技术能力不易优化 ·偏离创新方向	·坚持创新 ·加大投入 ·优化资源结构
较高	·难度高 ·投入多 ·配套技术少	·对现有利益格局影响大 ·政策依赖度高 ·需求释放少 ·可以利用的产业资源少	·技术开发难 ·现金流紧张 ·应用场景少 ·产业发展不成熟	·加快技术应用 ·参与行业发展 ·建立技术优势

1. 创新难度较低的企业

这类企业往往选择在产业相对成熟的领域开始创业，包括传统行业和部分进入快速成长阶段的新兴行业，比如制造业、医疗器械、电子商务、农业、电子元器件、快消品行业等。创新机会大多集中在产业转型升级、技术改造、消费趋势变化等领域，以提高效率、降低成本、改善功能等作为创新的重点方向。局部创新和跟随式创新往往具有较强的针对性和市场需求，在相对成熟的市场环境下，企业获得所需的研发设施、生产设备和配套技术等外部资源的难度相对较低，有利的市场环境有助于企业顺利度过过渡期，对产业现有利益格局的影响也相对较小，从这个意义上讲，这类创新活动并非现有市场的"搅局者"。但如果企业过度依赖或迁就现有的市场环境，不能培养出核心能力或偏离发展方向，将面临同类企业的激烈竞争，市场空间也会受到极大限制。为保持企业的持续发展，必须利用在发展过程中积累的资源，加大技术投入和创新力度，优化资源结构、培养核心能力，避免陷入增长乏力的困境。

2. 创新难度较高的企业

很多在集成电路、新材料、人工智能和大数据、药物研发等领域的创业企业将突破关键技术、实现颠覆式创新、解决"卡脖子"技术问题等作为自己的创新目标。这些企业的创始人往往具有很强的技术背景，在相关技术领域具有丰富的经验或掌握重要研究成果。但从样本企业的情况看，这些企业在创业过程中也面临更多的不确定性和风险。一是创始团队虽然有一定技术基础，但持续研发、成果转化、市场开发等都需要大量投入和资源支撑，而实际上大多数企业并不具备持续高强度投入的能力。二是外部环境对这些创新活动并不友好，在新兴产业，由于产业演化存在不确定性或发育不成熟，企业很难获得供应链、配套技术、市场渠道等方面的支持，市场需求和客户消费习惯也需要逐步培养；在相对成熟的产业，这类创新活动往往被视为现有企业的潜在竞争对手，为了维护现有利益格局和交易规则，企业从外部获得资源的难度也非常大。因此，企业在早期阶段不得不同时面对技术开发难、现金流紧张以及市场发展缓慢等诸多方面的难题。为了应对这些问题，企业必须高度重视技术转化，尽快实现产品化，同时要积极争取政策支持，推动行业发展。随着产业发展和产业吸引力的增加，企业在技术领域的优势和成长潜力将逐步显现。

三、转型调整及其局限性

不同的创新和成长路径存在巨大差异，这也意味着，很难在创新难度不同的两类选择之间自由切换，转型调整存在很大的局限性。

1. 客观认识企业转型的作用及其局限性

企业转型通常指企业战略方向以及相应的组织方式、资源配置方式的整体性改变。创业企业的转型主要体现在技术方向和业务方向的转变。从转型动因看，有些企业属于主动调整业务方向，比如明略科技从广告大数据检测分析市场进入企业数字转型服务领域，和而泰从家电智能控制器制造进入控制器芯片领域等；有些则属于被动转型，比如受技术难度的影响，企业不得不放弃原有技术方向或产品路线，选择新的创业领域。从业务相关性角度看，有些属于业务在相关多元化领域的拓展或扩张，比如海兰信从单一产品到系列产品、从线下服务到平台化服务等；有些调整则存在明显的行业跨度，比如从IT服务到技术投资，从教育培训到机器人制造等。从转型效果看，有的企业通过转型进入

创新创业的六个维度：基于 260 家创业企业的深度观察

更有成长性的市场，获得了快速发展；也有一些企业的转型效果并不理想，在资源约束、技术能力、市场能力等方面并没有明显改观。实际上，无论是主动转型还是被动转型，都是企业在面对困难和不确定性时的正常反应和应对策略。但从实践效果看，转型并不是帮助企业摆脱困境的"万能钥匙"。在很多情况下，转型既是对过往创新活动的否定，也在很大程度上改变了企业原有的资源条件和创新环境。

为了最大限度降低风险，企业在实施转型之前必须认真思考三个问题。（1）转型的根本原因是什么？企业要思考目前遇到的困难是方向性问题还是技术性问题，是外部环境因素约束还是内部资源约束，是长期性的制约因素还是暂时性困难等。企业需要从不同角度对这些问题进行深入分析，找出造成困境的真正原因。在普遍面临资源约束和不确定性的情况下，企业转型更要慎之又慎，避免因草率决策或畏惧暂时性困难丧失机会。2000 年，叶滨开发的视频会议软件已经拥有 150 万国内注册用户，但企业发展中遇到的问题让他开始觉得"有点儿不好玩了"，于是他将威速科技的股权卖给另一家公司，随后尝试开发智能钢琴。叶滨在回忆这段经历时说，当时国内做即时通信的企业没有几家，马化腾还曾专门跑过来跟他交流，当时他们有很好的机会，现在感觉放弃这个方向很遗憾。（2）新的方向是不是有更好的机会？判断新的创新方向是否更有前景本身是一件非常复杂的事情。很多情况下，转型的动因可能来源于企业外部，比如投资人的投资偏好、市场流行的商业模式；或者产生于企业内部，比如因发展困难引发的路线分歧、研发过程中新的技术发现等。对于这些机会，企业需要结合自身的发展定位、资源特点、风险控制能力等从不同角度深入分析。转型意味着内部资源的重新分配，如果处理不好，很容易引发企业动荡或停滞不前。光合未来是专注于室内绿化方案的提供商，在绿植定制和植物智能培养领域取得突破后，石俊峰投入大量人力物力对植物智能检测仪进行研发。公司同时在两个方向发力，结果外部融资很快见底，新建的植物培育基地问题频发，团队成员也因意见分歧离职。痛定思痛，石俊峰果断放弃智能检测仪项目，缩减电商团队，重新集中精力做立体绿化产品。随着业务回归正轨，公司的绿植墙产品逐步成为行业高端产品的代表。（3）有没有能力把握新的机会？

对处于过渡阶段的创业企业而言，资源约束和能力限制是无法回避的问题。在有些案例中，企业转型的方向并没有问题，问题出在转型的时机选择不当。比如，麦轮泰的汽车轮胎在线交易平台于2011年上线运行，凭借良好的购买便利和退货便利，很快实现了订单的爆发式增长，公司也获得了清科创投、海通、银桦等机构的联合投资，随后开始向汽车综合服务平台转型；但因为各种问题，公司很快就淡出了市场。事实上，无论是业务方向还是商业模式，麦轮泰从单一轮胎业务向综合汽车服务领域的转型并不存在方向性错误，主要问题是企业的资源能力与转型后的业务需求不匹配，公司在轮胎市场上积累的资源和能力无法满足业务复杂化的需求才是导致企业失败的真正原因。

2. 不能因短期利益牺牲长远目标

企业因为追求短期利益而偏离创新目标的案例并不少见，有的为了获得地方政府招商引资奖励，到处设分支机构导致技术研发力量分散；有的为了尽快上市，涉足能够快速增加营收的非主业项目；也有的为了追求短期市场机会，放弃或搁置技术开发项目等。发生这些现象的原因，一方面是企业本身的经营压力，比如资金短缺、股东分歧、投资人的要求等。另一方面，与创始人的主观认识也不无关系，比如，是愿意踏踏实实搞技术研发，还是喜欢迎来送往；是为了实现企业的创新发展，还是寻求尽快盈利或快速套现。

初创企业最重要的任务是"活"下去，面对各种机会，特别是能够帮助企业解决现实困难的机会，作出必要的调整或妥协是容易被理解的。但在通过各种方式缓解生存压力的同时，企业要高度重视短期利益与长期目标的平衡。（1）要避免短期行为长期化。在生存压力得到缓解后，企业往往满足于短期利益带来的舒适感或成就感，但实际上这种体验不仅不长久，而且潜伏着巨大的危机。比如，通过招商引资，企业可能暂时缓解了资金压力，但随之而来的是面临各方面的考核，而有些考核要求可能与企业的能力并不匹配，企业往往在保持发展方向和满足考核要求之间陷入两难。（2）要重点保障创新活动的资源需求。追求短期利益的主要目的是积蓄力量实现长期目标，要抓住资源改善的机会重点保障技术研发和产品开发的需求，尽快形成竞争能力，不要让"短期行为"变为"短视行为"。例如，一家从事网络安全技术和产品开发的企业，通

创新创业的六个维度：基于 260 家创业企业的深度观察

过与地方政府合作拿到了部分订单和项目，在现金流改善之后，创始人忙于改善办公条件、扩大员工队伍，一番折腾之后，企业很快又陷入困境。(3) 企业家，特别是核心创始人，要时刻保持清醒。规模小、结构简单是创业企业早期的普遍特征，但并不意味着企业内部不存在矛盾。比如业务部门与职能部门、股东与员工，甚至核心创始人与其他团队成员之间都可能因福利待遇、资源分配、发展思路等产生分歧或利益冲突。在资源有限的情况下，如何处理现实利益和长远发展之间的关系确实考验创始人的智慧和情怀。在研发无人直升机的过程中，清航紫荆面临资金短缺、技术攻关难度大、试飞和测试场地难找等诸多问题，但在长期艰苦的条件下，核心团队始终相互信任、相互支持，即使在获得外部投资之后，团队也继续秉持艰苦创业的理念把资金用于技术和产品开发。从清航紫荆的经验看，一是创始团队要志同道合，团队成员要认同企业的价值观和发展思路；二是核心创始人要以身作则。李京阳曾说："造无人机投入大、风险高，我们不能把投资人的钱装到自己口袋里，不拿高薪，也是表明我们的态度。"

3. 聚焦是过渡阶段最重要的战略

聚焦是大部分创业企业在创业初期应该采取的核心战略。一方面，企业早期受限于资源约束和企业规模，并不具备实施多产品线、多元化战略的能力。比如博鹰通航，公司最初业务涉及无人机整机开发、飞控系统、农业植保无人机服务等多个领域，但王飞很快发现战线拉得太长既分散资源也分散精力，因此果断砍掉其他业务，专注于飞控系统研发。另一方面，将资源集中在特定技术领域和细分市场尽快实现突破是企业顺利度过过渡期的重要经验。比如，史河科技目前在高空爬壁作业机器人领域已经是行业领先者，但姜雨仍然强调作为小公司的本分，首先要在一个点上突破，然后在风险可控的情况下再逐步扩大业务范围。

虽然聚焦战略被证明行之有效，但也有部分企业并未将其作为主要的发展战略。实践中，一种做法是同时推出多个产品，尝试满足不同客户或细分市场的需求。比如依科曼在创业之初就研发了多个系列的生物农药产品，试图解决不同农作物的病虫害防治和农药残留问题；中电智联在移动智能巡检领域曾尝试同时进入铁路、城市轨道交通、国防等不同市场。另一种做法是在遇到挫折后，不断调整发展方向，尝试进入不同领域，比如紫红科技和洛伦兹科技，业务方向在空气净化技术和激光雷达、智慧城市、港口自动化、交通自动化领域不断调整，技术方向和主营业务频繁变动；神州德信在单一病种智能诊断产品还未实现规模化临床应用的情况下就尝试进入更多领域，结果每个市场都没有达到预期效果。

企业采取不同的发展策略可能基于不同的原因。比如，抱着"东方不亮西方亮"的心理，希望通过各种尝试找到真正的突破口；向企业内部分歧或利益妥协，将资源分配给不同团队；盲目自信，对企业定位没有清醒认识，对市场前景过于乐观等。虽然决策的理由不一而足，但从实际效果看，相关企业的发展情况并不乐观，有的因为业务线过多最终资源耗尽而消亡；有的在多个产品系列同时遭遇失败，既没有实现广种薄收，也没有达到"东方不亮西方亮"的效果。比如依科曼，虽然初期下了很大力气进行市场推广，但没有一家企业愿意尝试他们的产品，直到2008年柑橘大实蝇虫害暴发后，才真正找到第一个客户。杜进平直到此时才意识到同时推广多种系列产品的策略存在的问题，开始放弃部分产品，专注于细分市场，重点推动单一产品的快速产业化。

聚焦意味着主动放弃一些市场机会或短期利益，对于创业难度较高的企业而言，作出选择往往非常艰难，但非常关键。我们发现，创新难度较高的企业创业初期的主要特征是技术难度大、投入大、可以利用的产业资源少，对产业演化和政策的依赖程度较高。这些特征决定了企业在成长过程中必须高度重视两方面的问题：（1）必须集中资源进行技术研发和产品开发。在普遍存在资源约束的背景下，企业很难长时间保持高强度的研发投入，如果不能尽快形成竞争能力，企业将面临巨大的风险。因此，应最大限度避免资源分散使用，主动抵制或放弃与创新主线不相关的业务。（2）很难通过市场化方式获得外部融资。在发展前景不明朗、风险释放不充分的情况下，企业的发展潜力很难被外界识别，政府引导基金、政策性补贴往往成为获得外部支持的主要方式，但这对于高强度的持续投入而言往往杯水车薪。要从根本上解决资源约束问题，必须让市场认识到企业的优势和价值，获得市场认可的唯一途径就是集中精力尽快形

创新创业的六个维度：基于 260 家创业企业的深度观察

成技术优势和竞争能力。余贵珍曾回忆说："大部分投资人并不了解矿区无人驾驶，尽管公共道路上的无人驾驶车辆在增多，但矿区市场究竟有多大，鲜少有投资人能想象得到。"踏歌智行为了集中精力开发矿区无人驾驶和控制技术，做好了半年甚至一年没有任何收入的准备。事实上，在技术研发阶段，公司也没有获得外部投资，但在实现技术突破后，公司得到了多家投资机构的高度认可，先后完成多轮融资，仅 C1 轮融资就达到亿元级别。

扩展阅读

从蓝网科技和罗森博特看创新难度对企业的影响

蓝网科技股份有限公司（以下简称蓝网科技）是科技型中小企业，创始人张炎德是广东省科技创业领军人才，公司主营业务是医学影像信息化。通过与国内外知名院校、企业及科研机构合作，形成了以医学智能影像为主的业务体系，打造出医疗集团检查检验互联互通、医技统一预约平台、智能影像云平台等创新模式。公司高度重视技术创新和产品研发，拥有相关技术专利 50 余项，通过 ISO9001、ISO13485 相关质量体系认证、信息技术服务管理体系（ISO20000）及信息安全管理体系（ISO27001）认证标准。2020 年 3 月，基于蓝网影像云的医学数字影像综合服务方案入选广东省工业和信息化厅数字技术产品和解决方案。

北京罗森博特科技有限公司（以下简称罗森博特）成立于 2017 年，创始人是北京航空航天大学（以下简称北航）王豫教授。公司是北航与北京积水潭医院医工交叉紧密结合的产物，以原创医疗机器人技术赋能医疗机构，利用技术创新推动医疗模式变革。公司自主研发的新一代智能化骨科手术机器人系统具有骨折复位功能，包括骨折的实时三维术中导航、计算机辅助自动规划、机器人自主复位操作等。目前，该手术机器人系统在北京积水潭医院成功完成 30 例科研临床试验，复位成功率达 100%，闭合复位优良率达到 96.71%，远高于传统手术。2022年，公司研发的全球首个智能化骨折复位机器人先后在北京积水潭医院、吉林大学第一医院、佛山市中医院、南方医科大学南方医院等启动注册临床试验。

虽然蓝网科技和罗森博特所处业务领域不同，但在各自领域都取得了显著创新成果，企业也得到快速发展。根据创新难度的差异，我们从技术创新难度、市场竞争环境、资源获取难度以及主要风险分布等角度对两家企业进行观察。

1. 技术创新难度

从专利申请角度看，两家企业都非常重视专利申请和技术保护。截至2022年底，蓝网科技和罗森博特的专利申请数量分别为89件和77件，发明和实用新型占比都超过了80%。但从专利授权情况看，蓝网科技专利申请撤回及被驳回的占比高达32.39%，罗森博特则仅为2.52%，表明两家企业专利申请质量存在显著差异。从技术创新的持续性看，两家企业的年均专利申请数量存在显著差异，蓝网科技为3件，罗森博特为13件。同时，罗森博特在企业设立之后每年都有专利申请，蓝网科技则有部分年度未见专利申请记录，表明罗森博特技术创新和专利申请的持续性更强。从技术创新路线看，蓝网科技的专利技术成果主要分布在医学影像处理、采集、标注、识别，诊疗数据处理、传输、共享，图像压缩和显示屏幕面板，医生排班、预约与分配等领域；罗森博特重点围绕骨科手术机器人系统涉及的机械设备和被动臂、机械手和磨钻机械手、机械臂关节结构、定位标尺和定位方法、快速安装锁紧装置及导向器等软硬件技术进行专利申请。比较而言，蓝网科技涉及的技术领域和业务范围更广，罗森博特更加集中和专注。

2. 市场竞争环境

从业务角度看，蓝网科技主要涉及两个领域，一是通过数据处理和信息化技术提高医学影像的使用效率和诊疗效果；二是医生排班和调度系统，通过信息化手段优化医疗资源使用效率和工作流程。这些领域，既有比较明确的应用场景和市场需求，相关基础设施和配套技术也比较成熟，创新难点主要在于如何准确识别患者和医院的需求，技术层面的创新难度并不大。罗森博特的核心业务是骨科手术智能操作系统的开发应用，从其技术创新路线和产品开发过程

创新创业的六个维度：基于 260 家创业企业的深度观察

看，产品和技术开发的难度非常大，一方面要从零开始设计手术机器人的硬件设施，另一方面要同步进行相关控制体系、智能算法等开发和验证。同时还要考虑产品的商业化应用和市场推广，特别是市场准入、患者诊疗习惯培养等问题。从总体上看，蓝网科技所在业务领域属于市场发育较为成熟、竞争比较充分的市场，而罗森博特的手术智能机器人领域尚处在产业发展的早期阶段。表1-2 展示的是两家企业的客户数量、竞争对手数量、参与招投标的次数以及企业规模，在一定程度上反映了市场环境对企业发展的影响。

表 1-2　蓝网科技与罗森博特部分业务数据对比

公司名称	注册资本（万元）	参保人数（人）	客户数量（个）	竞争对手（个）	投标次数（次）
蓝网科技	5500	99	71	16	331
罗森博特	236	13	4	0	0

3. 资源获取难度

从融资角度看，两家企业在成长的早期阶段都进行了多轮股权融资；但从融资金额和融资时间间隔看，均存在很大差异（见图 1-5）。蓝网科技于 2016 年在新三板挂牌，股权融资主要集中在 2012—2017 年，融资的时间间隔比较均匀。罗森博特在设立 1 年后首次获得种子轮投资，此后，除 2019 年外，每年都进行外部股权融资，时间间隔较短，其中仅 2020 年就获得三次融资机会。从融资金额看，两家企业也存在较大差异。在前两轮融资中，蓝网科技的融资金额高于罗森博特。但此后双方差距逐渐拉开，罗森博特的融资金额稳定增加并快速增长，而蓝网科技则保持在较低水平，一定程度上反映出市场和投资人对两家企业发展潜力、技术水平、投资回报的认识存在差异。此外，蓝网科技的营收在 2015 年突破 1 亿元，此后虽然有所下降，但整体上保持了较大业务规模；而罗森博特当时尚处于产品研发阶段，还没有稳定的收入来源。这一现象解释了不同市场条件下创业企业在资源约束和资源改善能力方面的差异，在成熟市场上，企业更容易发现业务机会并通过快速占领市场获得收益，有效解决资金短缺问题；在新兴市场上，企业面临缺乏业务机会和持续技术投入的双重压力，在无法通过产品销售补充资金的情况下，股权融资成为解决资金短缺的主要途径。

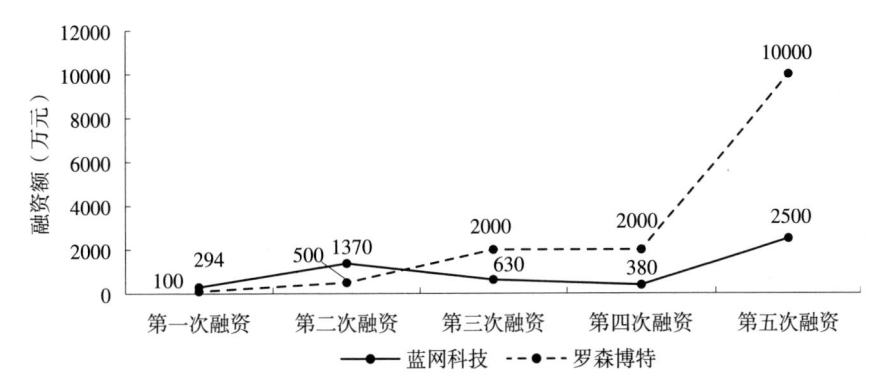

图 1-5　蓝网科技与罗森博特的股权融资情况

4. 主要风险分布

从技术角度看，蓝网科技面临的技术开发难度和不确定性较小，从外部获得技术支持和配套技术的难度也不高，因此总体上面临的技术风险较低；罗森博特的智能手术机器人虽然在软件和硬件方面都取得了重大技术突破，但在临床试验、产品工艺、应用开发等方面仍然面临一系列挑战，技术风险虽然得到一定程度释放，但不确定性仍然较高。从政策层面看，在数字经济和企业数字化转型加速的背景下，蓝网科技所在的医疗信息化领域的政策方向非常明确，政策稳定性和支持力度都比较大；智能手术机器人虽然代表了医疗技术创新的前沿，但从整体看，产业仍然处于发展的早期阶段，与体外诊断、生物医药等领域相似，现有政策体系仍然主要围绕传统诊疗手段进行规范和调整，如何适应或改变现有规则体系存在较大不确定性。从市场竞争角度看，虽然医疗信息化市场规模足够大，市场也有较大的发展空间，但市场竞争也非常充分，蓝网科技如何保持持续竞争能力有待进一步观察；作为行业先行者，罗森博特虽然暂时不用担心竞争压力，但随着产业和技术的发展，如果不能尽快将产品投入应用，也存在技术转轨和被投资人质疑的风险，同时，骨科手术市场及其被机器人替代的程度也存在很大不确定性，如何找到更多的产品应用场景也是必须考虑的问题。

5. 结论

蓝网科技和罗森博特的创新路线和业务模式迥然不同，但从两家企业的成

创新创业的六个维度：基于 260 家创业企业的深度观察

长过程看，也有很多共性特征：（1）发挥好自身的资源优势，尽快建立竞争优势。蓝网科技充分利用熟悉广东医疗市场的优势，抓住深圳和广州等城市加快推进医疗信息化建设的契机，快速切入市场并建立规模优势；罗森博特则充分利用技术能力，通过医工结合加快建立先发优势和技术优势。（2）积极改善资源条件，加快创新进程。蓝网科技一方面通过扩大业务规模补充创新资源，另一方面也通过股权融资和进入资本市场拓宽融资渠道；罗森博特则通过不断取得技术突破释放风险，在较短时间内得到市场和投资人的认可。（3）坚持符合企业实际的发展路线。面对相对成熟的市场和竞争环境，蓝网科技在坚持技术创新的同时，通过适度扩大业务领域、抓住市场机会、增加产品线等方式进一步扩大在市场能力和产品开发能力方面的优势；面对产业发展的早期阶段，罗森博特选择持续加大技术研发力度，并通过与医院合作积极寻找产品应用场景，在率先建立技术优势的同时，不断提高行业影响力和吸引力。

第二章

创业机会的识别、调整和完善

在快速变化的市场环境下，如何把握创业机会？如何保持对外部环境的适应性？能不能通过业务转型调整创新方向？这些问题是创业者在实践中经常遇到的困惑。本章在梳理样本企业创业机会的行业分布、类别及来源的同时，总结创业机会的主要特点，以及创业者在机会识别方面存在的突出问题。虽然"说干就干"有助于将创业活动尽快付诸实践，但对潜在创业机会进行必要性论证是降低创业风险、提高创新效率的重要手段。实践中，很多企业试图通过业务转型或调整保持对外部环境的适应性，但实际效果不尽相同。针对这些问题，本章在梳理创业机会识别的基本方法、重点因素、基本原则的同时，重点讨论创业企业如何应对外部环境不确定性、如何更好地适应阶段性发展要求等问题。

第一节　发现创业机会

本节介绍样本企业发现的主要创业机会，以及创业机会的主要特点，梳理总结企业在识别创业机会方面经常遇到的问题和认识误区。

一、主要创业机会

1. 行业分布

样本企业所在的创新领域共涉及14个大类、60多个小类。其中，传统产业占比38%，新兴产业占比62%。在传统产业领域，如图2-1（a）所示，电子商务、传统贸易及信息和技术服务类企业占比15.79%；农业和食品类企业占比9.20%；文化和传媒类企业占比28.95%；教育类企业占比19.74%；快消品和消费电子类企业占比13.16%；工业仪器、仪表制造类企业占比5.26%；环保节能类企业占比7.89%。在新兴产业领域，如图2-1（b）所示，光伏、锂电池、储能及能源设施领域的新能源及能源设施类企业占比8.33%；功能材料和新材料类企业占比6.25%；医疗器械、生物制药、互联网医疗、体外诊断等大健康类企业占比19.44%；集成电路类企业占比4.87%；网络安全、应用软件、技术服务等互联网类企业占比9.72%；大数据和人工智能类企业占比26.39%；机器人、无人机、3D打印以及机械自动化等智能制造类企业占比25.00%。

创新创业的六个维度：基于 260 家创业企业的深度观察

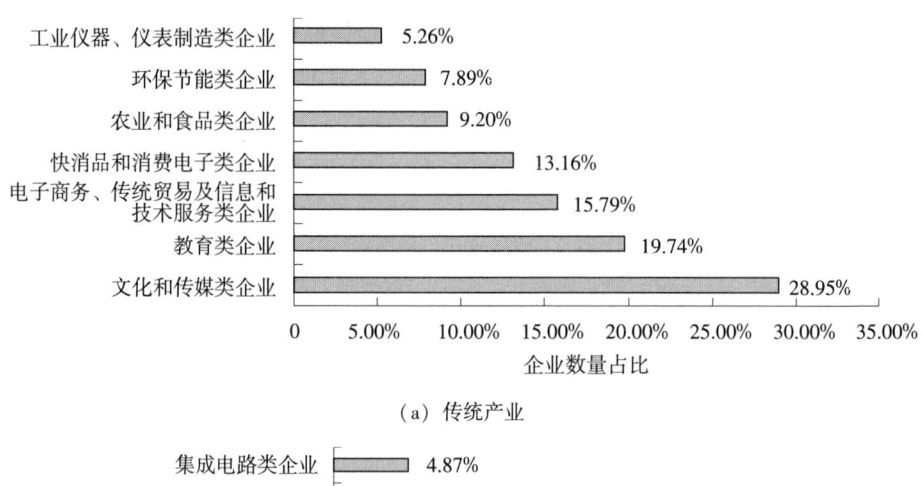

行业	占比
工业仪器、仪表制造类企业	5.26%
环保节能类企业	7.89%
农业和食品类企业	9.20%
快消品和消费电子类企业	13.16%
电子商务、传统贸易及信息和技术服务类企业	15.79%
教育类企业	19.74%
文化和传媒类企业	28.95%

（a）传统产业

行业	占比
集成电路类企业	4.87%
功能材料和新材料类企业	6.25%
新能源及能源设施类企业	8.33%
互联网类企业	9.72%
大健康类企业	19.44%
智能制造类企业	25.00%
大数据和人工智能类企业	26.39%

（b）新兴产业

图 2-1　样本企业行业分布

2. 机会类别

按照企业认为最重要或最关注的切入点，我们将样本企业识别出来的创业机会分为 10 个类别（见图 2-2）。(1) 以提高交易效率为目标，占比 7.94%，主要集中于电子商务、文化传媒、技术服务等领域。(2) 抓住新基建中的创新机会，占比 9.60%，包括新能源、数字经济、网络安全、工业软件等领域。(3) 通过技术创新填补市场空白，占比 7.40%，包括集成电路、创新药物、新材料等。(4) 发现产业升级中的创新机会，占比 30.69%，主要分布在智能制造、工业自动化、数据处理、法律和知识产权、医疗健康等领域。(5) 以降低使用成本作为主要创新目标，占比 11.64%，包括医疗器械、教育信息化、激光雷达、新能源基础设施等。(6) 以解决安全问题作为切入点，占比 8.47%，主要集中在信息和数字安全、网络安全、食品安全、人员和物品定位技术等领域。

（7）以实现进口替代为创新目标，占比 4.23%，包括部分医疗器械、仿真软件、集成电路等领域。（8）将解决产能不足作为主要创新机会，占比 2.65%，包括特色药物、实验材料、卫星制造和应用等领域。（9）把握消费升级过程中的机会，占比 13.15%，分布在消费电子、快消品、奢侈品、教育培训、文化传播和互联网等多个领域。（10）环保和节能技术创新，占比 4.23%，包括生态农业、新能源、水资源利用和治理、环保材料等。

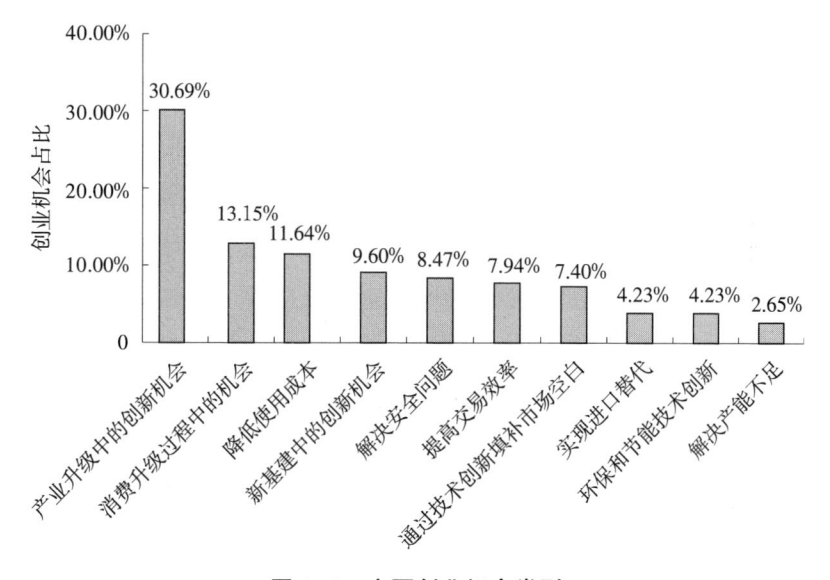

图 2-2 主要创业机会类别

3. 机会来源

企业的创新机会主要来源于 4 个方面，一是主要创始人在学习、科研和工作中发现的技术机会或积累的技术能力，占比 53.19%；二是大学、科研机构等的技术成果转化项目，占比 21.82%；三是由母公司、关联企业等孵化的创新项目，占比 4.54%；四是通过合作、交易等方式找到的创新机会，包括合作转化技术项目，并购技术项目和技术团队，委托科研机构开发技术成果等，占比 20.45%。

二、创业机会的主要特点

1. 在熟悉的领域发现机会

从企业主要创始人的结构看（见图 2-3），企业技术人才和管理人员辞职创

创新创业的六个维度：基于260家创业企业的深度观察

业者占比54.10%，留学回国创业者占比17.22%，大学生创业者占比13.64%，大学和科研机构教授或研究人员在职创业者占比8.64%，法律和知识产权专业人员、自由职业者、国有企业等其他创业者占比6.40%。在创业者中，学习和工作经历与创业领域一致或高度相关的占比68%。实际上，这一现象很好理解，对于大部分创业者来说，最重要的优势就是专业技术能力和行业经验，在熟悉的领域创业更容易找到资源和合作伙伴。从实践情况看，跨领域、跨行业创新面临的资源约束和挑战更加明显，创业过程也更加波折。在部分创新效果不太理想的企业中，我们发现创始团队在技术转化能力、资源组织能力以及对行业的理解等方面都存在不同程度的欠缺，这些问题成为影响企业发展的关键因素。

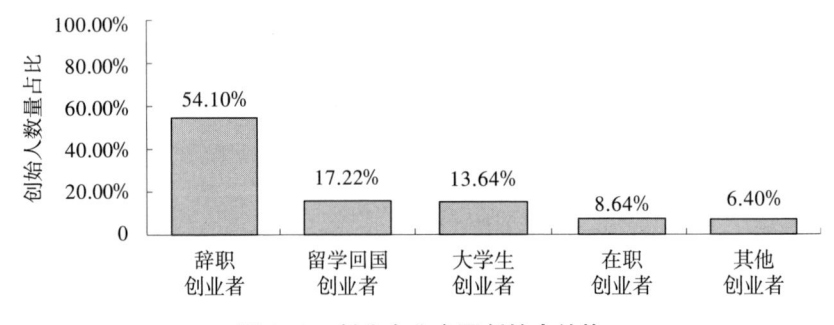

图 2-3 创业企业主要创始人结构

2. 在新兴产业寻找机会

毕海德（2018）发现，约有半数的企业选择在不确定性更高的市场开始创业，这些市场往往因为一项新技术、新规章制度、时尚趋势或者其他类似的外部变化而动荡不安，但与充分竞争的市场相比，这类市场能够为企业带来更多的机会。毕海德的研究结论符合产业演化的一般规律，即产业成长期比产业衰退期更适合创业企业生存，越是在产业发展的初期，新企业越容易进入。我们的统计也表明，国内企业选择在新兴产业创业的比例远高于传统产业。研究进一步发现，虽然企业在新兴产业面临的风险和不确定性更高，但从企业成长情况看，陷入经营困境的企业占比反而低于传统产业。在传统产业，工商登记信息显示处于非正常经营状态的企业占比为17.16%，而新兴产业的这一数值是8.52%。这一现象，一方面说明传统产业的不确定性和风险虽然较低，但市场竞争更加激烈；另一方面也表明市场对产业演进和企业发展前景的预期在很大程度上能够对冲部分风险和不确定性，包括更大的政策支持力度、技术优势更容易获得投资人认可等。

3. 机会具有不确定性

创新机会的不确定性主要体现在以下四个方面：（1）超过 10% 的企业陷入经营困境。有的注销或歇业，有的进入清算或破产程序。（2）部分企业长期发展缓慢。超过 20% 的企业存续时间超过 10 年，但从技术产出、产品数量、客户和业务规模看，很多企业仍然没有走出过渡阶段。（3）企业价值长期得不到市场认可。虽然部分企业在较短时间内完成多次融资，但也有接近 25% 的企业没有任何融资记录，这些企业的平均存续时间接近 10 年，最长的 17 年。（4）部分企业在创新过程中对创新方向进行了不同程度的调整，包括技术路线、产品形式、目标市场等。出现这些问题，既有机会识别不科学、不准确的原因，也有执行过程出现偏差等因素；既有企业自身的资源能力问题，也有外部环境因素。实事求是地看，不确定性本身就是创新的重要特征，不同要素之间的磨合、调整和适应恰恰反映了创新的一般规律。但作为创新活动的起点，对创新机会进行更深入、更审慎的论证无疑有助于减少创业过程的风险和不确定性。

三、机会识别存在的主要问题

1. 对产业认识不够深入

对产业认识不够深入主要表现在：（1）对目标市场的理解不够充分，包括对市场成长空间和市场容量认识不够准确，对需求的真实性、持续性和连续性的理解出现偏差。究其原因，除了市场的发育情况和复杂性之外，最主要的是企业对目标市场缺乏深入的事前调研。虽然有的观点认为创业企业花费大量精力进行市场调研既不经济也缺乏必要的手段，但从样本企业的情况看，因为调研不充分导致创业失败的案例并不鲜见。比如当雾霾天气非常严重的时候，很多企业贸然杀入空气净化市场，但随着需求锐减，这些企业大多铩羽而归。（2）对产业成长和演化进程过于乐观。同心医联于 2014 年进入互联网医疗市场，刘奇伟回忆说，同期进入这一领域的企业有几千家，但几年后还在运转的

创新创业的六个维度：基于 260 家创业企业的深度观察

公司仅剩下几十家，其中一个很重要的原因就是产业并没有出现预期的爆发性增长，商业模式不成熟、应用场景不明确、产业政策摇摆不定等各种因素相互叠加让很多企业没有撑下去。（3）对影响产业发展的关键因素认识不足。无讼网络科技曾经希望在律师和客户之间架起一座桥梁，利用大数据和互联网技术让客户找到最合适的律师、让律师为客户提供最精准的服务，这一创新模式也得到了包括 IDG 等知名机构的认可。但几年过去了，如何获客和盈利仍然没有答案。从交易效率和交易成本角度看，无讼网络科技的想法并没有错，但忽略了一个非常重要的因素，即行业既有的交易规则和交易习惯。在法律行业，信任是建立合作的前提，专业水准反而退居其次，网络平台可以解决信息不对称问题，但无法解决信任问题，而这恰恰是影响法律科技行业发展的关键因素。

2. 对困难和变化估计不足

比较典型的问题包括技术研发进度不理想、资源消耗远超预期、外部获取资源难度大等。客观地说，从发现机会到具体实施是一个动态调整的过程，出现预料之外的问题恰恰反映了创新活动的不确定性和高风险特征。从机会识别的角度看，一方面的原因在于创业者的个体化差异，包括不同的学习和工作经历、行业经验、性格特征等。在大学生创业群体中，很多人具有创业激情，对发展前景的看法更加积极和乐观。反观连续创业者，由于经历了更多的挫折甚至失败，可能更倾向于谨慎和保守的态度，更愿意对风险进行预判和评估。另一方面的原因在于创新机会的类型化差异。统计显示，在创新难度较低的企业中，对最初的创新机会进行调整的比例要显著低于创新难度较高的企业。这是因为创新难度较低的企业面临的资源约束相对更小，更容易从外部获得改善资源的机会，包括较少的研发投入、更加成熟的产业生态和供应链等；对创新难度较高的企业而言，由于缺乏上述有利条件，面临的困难和风险也更高，创新难度和资源约束迫使这些企业不得不对创新活动作出必要的调整。比如，在创办海纳医信之前，崔彤哲就创办了海纳维盛并开发了全球领先的三维实时医学影像软件，但由于资金问题只能将公司卖掉，而这一结果是他们在创业之初始料未及的。崔彤哲的遭遇并非个案，在集成电路、人工智能、功能材料等新兴产业领域，很多企业都遇到了类似问题。

3. 对计划的作用重视不够

关于计划或规划在创业中的作用有不同观点。毕海德（2018）认为创业过程更多地表现为一个随机的调整过程，事前计划在这个过程中的作用并不明显，一是初创企业没有足够的资源进行市场调研，二是市场的高度不确定性限制了计划的作用。高旭东（2022）则认为选择创业战略必须三思而后行，企业要在技术成熟度上多花工夫，要慎重选择用户、慎重选择员工、慎重选择技术方案、慎重选择竞争、慎重选择身份。实践中，有的企业家非常重视创业前的准备工作。比如，祝金甫在正式创办小土科技之前用了10年的时间对影视大数据技术和产品进行研究；黄超在百度和滴滴积累了足够的经验后才创办专攻无人驾驶清洁车辆的仙途智能。有的创业者则强调"干中学"、在过程中解决问题。比如，于树怀在创立奥易克斯之前曾有过一次创业经历，但因为技术准备不足，不得不重新到大企业学习；腾视科技的谢兮煜当初也曾贸然进入智慧社区管理领域，没想到业务流程太长、资金占用太大，只能重新调整方向。我们发现，虽然企业家对计划的作用认识不同，做法也不同，但从总体上看，有意识地进行计划有助于企业家更严肃地思考创新过程，尽量减少潜在风险和意外事件的影响。正如谢兮煜所说，企业一定要有B计划，任何时候都要留有余地，随时准备应付预想不到的情况。比如，腾讯为应对C端用户增速下滑，早在2018年就开始启动进入产业互联网领域的计划；华为在21世纪初期就开始进行芯片自主研发的海斯项目；知翌科技在积极开发专利分析大数据SaaS产品的同时，利用产品测试机会兼顾专利技术评价市场的开发。

第二节　应对创业机会中的风险

本节介绍影响创业企业机会识别和应对风险的关键因素，包括企业家在实践中培养敏锐的洞察力的方法，深刻理解市场的主要途径，强调坚持的意义和所需要做的准备，以及科学评估创业机会的常用方法。

创新创业的六个维度：基于 260 家创业企业的深度观察

一、企业家的洞察力

创新创业理论认为，企业家精神是创新的关键要素，强调企业家对推动创新的作用。学者从不同角度对企业家精神的内涵和核心要素作了归纳和解释。结合对样本企业的观察，我们重点讨论企业家的洞察力及其作用机制。

1. 洞察力的具体表现

一般认为，对新事物的敏感性和好奇心，发现和分析市场变化的能力，以及将想法付诸实施的能力是判断企业家洞察力的基本要素。在样本企业中，很多企业家都具有很强的发现和把握创新机会的能力。（1）发现危机中的机会。敏感的企业家往往能够在危机和恐慌中发现机会。2003 年，我国珠宝行业铂金掺假事件引发消费者信任危机。刘召贵敏锐地意识到首饰行业对 X 射线荧光分析仪的紧迫需求，在集中精力研发专用产品的同时加大对贵金属检测市场的开发力度，天瑞仪器在很短时间内就改变了此前荧光分析仪主要集中应用于地矿、钢铁、质检等系统的局面。（2）发现政策机会。对新兴产业而言，政策走向在很大程度上决定产业发展进程和企业获得创新资源的能力。比如集成电路领域，国内很多芯片企业都是利用国家和地方政府在资金、技术研发、产品应用等方面的支持政策快速发展起来的。（3）发现市场重构机会。市场重构是对既有商业模式和利益格局的重塑，从电子商务、移动支付、移动互联网和自媒体等产业的发展过程看，通过技术创新和商业模式创新提高交易效率、缩短交易流程、降低交易成本、重构信任关系是实现市场重构的重要方向，也是很多企业成功的重要因素。（4）发现趋势性机会。比如，新能源替代传统能源中的创新机会，智能制造对传统机械行业的影响，以及节能环保、"双碳"目标实施过程中的机会等。（5）发现技术机会。比如，发现技术研发中的商业价值，洞悉工作过程中的技术改进需求，把握科研机构成果转化机会等。

2. 重视洞察力的培养

人和人在洞察力方面确实存在先天差异，但洞察力更多地来源于工作中的历练和培养。有些大学生仅凭某项技术或一个创意就开始创业，但效果并不理想。有的把企业办成了研究所，有的公司设立没几天团队就开始闹矛盾，在最初阶段经历了很多坎坷。但通过不断学习和历练,他们对企业的驾驭能力在不断提高,对创业过程和市场的认识也逐步成熟,企业也得到了不错的发展。很多企业家的经验表明,即便拥有敏锐的观察力和机会识别能力,也要通过持续学习确保对市场及其变化作出准确判断,仅凭直觉或浅尝辄止的认识并不能保证企业始终处于正确的方向。明略科技创始人吴明辉非常重视学习和企业成长的关系,强调创始人要以身作则,加强自我学习和成长,也要舍得花钱为员工提供学习机会,帮助有潜力的人成为最优秀的人,只有这样才能确保企业始终处于市场最前沿。此外,从发展的角度看,卓越的洞察力不仅反映在机会识别方面,也表现为对创业过程中的风险识别和判断能力。比如,哪些需求是真实的,哪些地方可以找到客户,哪些能力可以在内部培养,哪些资源可以从外部获取等,这些问题只有通过不断探索才能找到答案。

3. 洞察力的作用机制

与大企业相比,企业家的洞察力在初创企业或小企业中具有更大的作用空间,主要因为:(1)企业家身份。大多数创业者身处技术研发前沿或市场一线,对相关领域的现状和发展趋势非常熟悉,很多创业机会本身就是在直接实践过程中发现的。比如,肖鹏飞在试验过程中发现了玻璃镀膜技术并创办易净星;邱虹云通过参与天文爱好者圈子找到了CCD相机最早的用户群体。大企业则不然,决策者通常没有足够的时间深入市场和业务一线,即便这些企业家拥有丰富的决策经验和洞察力,往往因为离市场太远而很难在第一时间作出反应。(2)企业家的话语权。创业企业的管理团队通常人数很少,结构也很简单,主要创始人既是团队核心成员,也是公司的绝对控股股东。在几个人一起创业的情况下,团队通常也是由核心创始人及其熟悉的人组成。核心创始人的绝对话语权以及团队成员之间天然的信任关系成为创业企业快速决策的重要基础。反观大型企业,在经营权和所有权分离的背景下,管理者的决策行为必须置于完善的公司治理结构之下,严密的制度体系和程序性要求虽然有助于保证决策的正当性,但也在很大程度上限制了管理者的决策空间。(3)执行力差异。大企业的决策实施通常表现为自上而下的推动过程,多重传导和不同主体之间的责任分配、利益冲突往往导致决策与实施效果存在偏差。而创业企业的决策者往

创新创业的六个维度：基于 260 家创业企业的深度观察

往也是具体执行者，相对简单的组织结构和扁平化的管理方式虽然是早期创业企业的被动选择，但也最大限度地减少了决策意图在执行过程中的损耗。

二、深刻理解市场

1. 积累行业经验

创业者的经历和身份不同，很多创业者对创新规律的理解都存在不同程度的偏差，对创业过程的复杂性也准备不足。比如，大学生创业者缺少行业经验，对团队合作、企业管理不熟悉；从海外回国的创业者虽然对相关技术领域非常熟悉，但对国内市场环境、政策环境的了解并不充分；科研工作者虽然拥有深厚的技术背景和影响力，但在技术成果转化、企业运营等领域并没有相关经验。

企业要高度关注管理经验不足问题。一方面，缺乏管理经验是创业者反映比较集中的难题。经验不足不仅影响管理效率，也影响企业经营活动的方方面面，很多企业都是在栽了跟头之后才意识到问题的严重性。一家智能设备制造企业因为不熟悉物料采购、生产组织、产品营销的基本规律，错误判断市场，结果造成大量库存和产品积压，由一家明星企业陷入破产重整的困境。另一方面，与技术能力相比，管理经验的积累和改善相对容易。常用的方法包括：主动学习、总结经验教训、参加培训等；积极参与行业组织、业务交流，向同行和其他企业学习；聘请管理咨询机构进行管理诊断，借鉴专家意见等。

企业在积累行业经验的过程中要避免两种倾向：（1）对相关知识、经验和建议要仔细甄别，避免人云亦云。有些做法可能在一部分企业取得了很好的效果，但对另一些企业可能并不适用，企业需要结合自身的实际情况谨慎选择。比如，很多企业通过建立员工持股计划对团队和核心员工进行激励，但实施效果存在很大差异，有的通过股权安排成功解决了员工队伍不稳定问题，有的则没有达到预期效果。之所以出现这些差异，与具体方案的内容和条件、时间安排、权利义务等紧密相关。考虑到初创企业在资源约束和抗风险能力方面的特点，建议在推动管理优化前一定要进行充分论证，避免适得其反。（2）要抓住主要矛盾，避免偏离方向。创业企业在成长过程中可能同时受到各种问题的困扰，在各种矛盾相互交织的情况下，需要针对关键问题找到解决方案，而不是面面俱到。很多问题看上去是管理问题或市场问题，但本质上可能是技术问题。比如，因为关键技术迟迟无法取得突破影响员工士气，因为技术不稳定或工艺不成熟影响市场推广等。从样本企业的情况看，有些问题确实是因为创业者本身的管理意识和管理能力造成的，但也有很多问题是因为创新进程不理想、企业发展前景不明朗造成的，单纯从管理优化的角度入手并不能从根本上解决企业发展的动力问题。

2. 重视调查研究

调查研究是进一步验证创新机会、制定可行的实施方案的重要方法。特别是对创新难度较高的企业而言，必须对创新过程中的资源需求、产品转化和市场前景等进行必要的了解，不能完全指望在过程中解决问题。主要原因在于，高技术项目一旦发生方向性错误，再从根本上转变技术方向非常困难，此前进行的资源储备也很难匹配新的项目需求。在连续创业者中，企业家选择再次创业的原因很多，但其中一个重要原因是不重视调查研究，对创业过程中出现的各种困难没有心理准备和应对预案，有的因为技术研发费用超出预期导致资金链断裂，有的因为工艺不成熟迟迟无法实现产品定型，有的因为市场需求不稳定造成大量产品积压。这些问题虽然是创新不确定性和高风险性的正常表现，但并不意味着可以漠视风险或对问题置之不理，从这个意义上说，创新是有准备的"探险"过程，而不是盲目的"冒险"活动。

现场调研是企业经常采用的调研方法，也是获取第一手信息最直接的方法。在阿丘科技确定将工业视觉技术作为主攻方向后，黄耀花了大量时间进行市场调研，他把能联系上的做机器人和机械制造的企业都走访了一遍，后来又去长三角、珠三角地区的工厂实地考察，通过实地考察最终定下产品开发的技术路线和应用方向。现场调研虽然直观深入，但也存在成本高、效率低等问题。随着信息技术和调研手段的发展，一些新的调研方法日益得到企业重视。在高技术领域，通过对专利信息和技术应用信息查询来判断企业的技术前景和创新质量不仅为投资机构决策提供帮助，也是企业提高技术研发效率的重要手段。迈测科技在研发激光测距仪之前，对相关领域国内外的有效专利进行了详细查询，通过调研不仅避开了潜在的技术壁垒，也找到了技术研发的主攻方向，节省了

创新创业的六个维度：基于 260 家创业企业的深度观察

大量时间和成本。

从技术成果转化的角度看，调研不仅是验证创业机会和排查风险的手段，也是企业与市场不断磨合的互动过程。实践表明，要保证技术和产品满足客户需要，最重要的经验就是与客户深度合作，在合作过程中发现问题、明确需求、确定开发方案、有针对性地解决问题。主线科技在研发港口无人驾驶技术过程中遇到了卡车运行过程振动幅度大、车身偏软、转弯和刹车摆动等问题。为此，他们专门研发了动态标定和模糊对齐技术，成功解决了车辆运行的安全性和精度问题。张天雷说，如果不深入现场、没有司机师傅的配合很难发现这些问题，也很难找到技术改进的方向。

3. 发扬实干精神

赵盛宇谈到，他于 2008 年创办了海目星，在 2009 年时了解到富士康在生产过程中遇到塑胶件表面去毛刺的难题，订单虽然很小，但他们高度重视，积极组织攻关，仅用半个月时间就开发出专用设备，并因此破例成为富士康的合格供应商。2015 年，宁德时代的工程师反映物流生产线上一个自动化模块需要改进，赵盛宇马上带领团队进驻现场，经过三天三夜的努力提出了解决方案。同时，他们还针对多级耳电芯电池制造过程中存在磨具更换和修刀成本过高的问题，加班加点开发了锂电池高速激光制片机器，短短几个月就拿到了宁德时代9000 万元的订单。赵盛宇和海目星的故事并不少见，很多企业家都非常重视实干的作用，这些经验主要包括以下三方面。

（1）企业家要以身作则。一方面，作为主要创始人，企业家直接参与各项管理和业务活动既是对自己负责，也是客观情况使然。企业家身兼数职、事必躬亲是很多创业企业在早期阶段的常态，虽然这种情况更多地源于严重的资源约束，但为增进团队之间的交流和信任创造了条件。另一方面，深入一线也是企业家了解市场、接触客户最直接的途径，像海目星、知翌科技、小土科技等企业的第一个客户都是企业家在帮助客户解决技术问题的过程中挖掘出来的。通过与客户互动，既能了解市场的真实需求，也能让客户了解企业的能力和做事风格，更有利于建立信任关系。

（2）重视实干文化的培养。人们常说，小企业靠情怀，大企业靠制度，企业集团靠文化。有的观点认为，小企业既没有文化建设的必要，也没有培育企业文化的条件。我们发现，创业企业在行为方式、价值观等方面存在很大差异。比如在做项目的过程中，有的企业习惯按部就班，有的喜欢集中火力速战速决，有的善于团体作战，有的喜欢单打独斗。这些差异并不完全源于个人习惯或偶发事件，而是包括主要创始人在内的团队主动影响或倡导的结果。企业文化一旦形成，会对员工和企业的市场形象产生潜移默化的影响，并且很难改变。因此，企业家在严格要求自己的同时，也要认真思考企业需要培养什么样的企业文化、如何倡导和塑造企业文化的问题。

（3）为实干精神提供制度保障。资源约束可能限制创业企业激励措施的选择范围，但光靠情怀显然不能有效地解决激励问题。事实上，员工在很多情况下并不单纯关注自己比别人多拿了多少奖金，他们真正在意的是工作是不是得到认可，奖惩是不是公平，公司是不是有诚意（陈坤 等，2018）。因此，无论采取哪种方式，企业都必须将公平作为建立奖惩机制的首要原则，同时要愿意与员工分享企业发展的成果。在有限的条件下，是不是真诚地对待员工并据此建立奖惩机制在效果上往往大相径庭。在海兰信发展的早期阶段，为了解决技术部门不直接创造效益的问题，公司专门为操舵仪项目小组设立了一个独立考核单元，计算其技术产品化的业绩贡献度与研发成本之间的差额，再根据一定比例分红，从而极大地调动了员工的积极性。还有些企业虽然暂时无法提高员工待遇，但在职业规划、培养机会、职务提拔等方面切实为员工考虑，也得到了很好的反馈和效果。但也有一些企业，并没有站在员工的角度考虑问题，比如借推行持股计划之名向员工融资或扣减薪酬，承诺多、兑现少，片面强调公司发展，忽略员工感受等。

三、坚持和耐心

1. 为什么要强调坚持的作用

访谈中，接近30%的企业家谈到创业过程中的坚持和耐心问题，认为对创业的执着和坚持不仅是企业家应当具备的素质，也是创业企业走向成功的关键因素。具体表现在：（1）创业企业在成长过程中不可避免地会遇到各种问题和

创新创业的六个维度：基于 260 家创业企业的深度观察

挫折，只有具备强大的抗压能力才能面对困难和挑战。坚持，既是解决问题的过程，也是磨炼心性和意志的过程。（2）创业企业的首要目标是活下去，在资源不足、能力不足的情况下，要"剩者为王"就只能咬牙坚持下去。（3）"爆款"毕竟是少数，对绝大多数企业来说，得到市场认可、建立市场地位是一个不断试错、不断探索、坚持不懈的艰难过程。（4）企业不仅要面对各种挫折和困难，也会受到来自各方面的质疑或诱惑，要保持战略定力，必须有坚定的信心和决心。（5）产业演化有其自身规律，在新兴产业和高技术领域创业，必须有耐心，耐心等待产业演进和政策机会。

2. 准确理解坚持的前提和条件

坚持意味着取舍，也可能意味着坚持之后仍然无法渡过难关。因此，在选择之前必须考虑清楚坚持的意义、目标和需要的条件。

（1）坚持要以充分掌握信息为前提。小土科技的祝金甫说，他在坚持一件事情之前，首先是拓展自己的知识面，充分了解行业最新的发展动态和发展路径，在解决信息不对称问题后再进行决策并坚持到底。所以坚持并不是固执，不是一条道走到黑，而是在充分评估的前提下坚定决心和信心。

（2）明确坚持的重点。坚持的意义在于为创新赢得时间、寻找机会，在这个过程中企业要重点解决经验不足和能力不足问题。面元科技的吴淮均曾经不无感慨地说，自主研发是一条漫长而艰险的道路，既要持续投入大量资金和人力资源，还要有足够的耐心。在研发石油勘探数据智能采集设备时，他们进行了数万次试验、解剖了几千个产品、攻破了几百个技术难点，经过几年的坚持才找到了关键技术诀窍。这个过程虽然艰难，但也为公司的快速发展奠定了基础，既实现了技术突破，也锻炼了队伍。如今他们在全球智能地震勘探设备市场已占据 80% 的份额。

（3）处理好作为与不作为的关系。坚持并不意味着消极等待或无所作为。在面对产业发展进程不理想、政策方向不明朗等问题时，很多企业选择放弃或等待，但也有一些企业通过各种方式积极影响和促进创新环境的改善。比如，羿娲科技联合中国联通、中国信通院、阿里巴巴等积极推动起草智能视觉读表技术和产品应用领域的行业标准；联丰迅声积极参与空气声呐产品的行业标准制定工作；霆科生物联合深圳出入境检验检疫局起草农残检测和水产品非法添加物检测标准等。这些企业虽然体量很小，但通过主动作为，不仅为自己创造了更多的合作机会，也为推动行业发展作出了贡献。

（4）重视坚持的方向及其差异。很多企业将坚持自主研发、实现进口替代、进入高端市场等作为创新方向和发展战略。对于创新难度较高的企业而言，这种坚持并不容易。一方面，与其他企业相比，这些企业对初始资源、外部环境的依赖程度更高，但受不确定性和风险释放程度的影响，从外部获得资源的机会更少，企业承受的压力更大；另一方面，坚持意味着企业要在较长时间里过苦日子，这不仅考验创始人的抗压能力，也对团队和员工队伍的稳定构成极大的挑战，特别是面临其他选择或诱惑时，更容易发生分歧和矛盾。虽然存在上述困难，但很多企业也正是由于对初衷的坚守而获得了市场认可。比如药欣生物，其联合创始人徐俊曾说，他们不追逐风口，只在乎新药或改良型新药是不是具备真正的差异化临床价值，他们尊重每个投资人的观点和偏好，但充分相信自己的产品筛选策略、评估能力和制剂平台的延展能力，不管外部环境怎么变，公司都要坚持做好药。正是凭借在难溶性药物制剂技术领域的专注，药欣生物得到了凯泰资本等投资机构的认可，先后完成了多轮融资，发展逐步进入快车道。

3. 为长期坚持做好准备

（1）心理准备。在一定程度上，坚持就是焦虑、压力和煎熬的代名词。长期坚持意味着要承受来自各个方面的压力，在技术研发迟迟不能取得突破、员工薪酬没有着落的情况下，如果没有足够的抗压能力是很难挺过来的。很多企业家说，其实在压力面前可以选择的余地并不大，但总得有人扛下来。首先是自己要有信心，同时要把这种信心和信念传递给团队和员工，尊重每个人的选择，既善待与企业患难与共的员工，也充分理解不同的选择。其次就是要有面对失败的勇气，做最坏的打算、积极争取最好的结果。坚持不是消极等待，也不是被动接受，而是积极争取各种条件和机会，即便没有得到好的结果也不会留下遗憾。

（2）厉行节约。厉行节约是应对资源约束的重要策略，包括选择低成本办

创新创业的六个维度：基于 260 家创业企业的深度观察

公场所、创始人不拿薪酬或不拿高薪、最大限度减少行政支出等。这些做法既能够让企业将资源集中于主要创新活动，也有助于倡导和形成良好的企业文化和正确的价值观。提倡节约必须重视企业内部的浪费和腐败问题。在有些案例中，虽然行政环节的浪费问题不突出，但业务领域的问题非常明显。比如，大量偏离主要创新方向的研发支出，不同业务团队对创新资源的争夺，使用第三方服务过程中的腐败现象等，这些问题的危害可能远远超过管理活动中的浪费现象。此外，企业在倡导节俭办企业的同时，必须高度重视合法合规问题，必须坚持在法律框架内行动，不能因为任何理由出现违法违规问题。比如，商业贿赂问题，违规套取政府奖励或政策补贴问题，以及业务活动中的虚假合同和虚开增值税发票问题等。

（3）高度重视企业的造血能力。"开源"是企业应对资源约束问题的另一个重要途径。虽然创业企业普遍面临技术不成熟、产品推广难度大等问题，但经验表明，在坚持主要创新方向的同时，通过一些阶段性安排或抓住临时性市场机会补充现金流，不仅是必要的，也是可行的。典型的做法包括：对外提供技术服务补充收入来源，比如智慧车联在研发汽车自动刹车技术的同时，向合作伙伴和其他企业提供汽车远程诊断服务；通过关联企业补贴技术投入，比如面元科技、同心医联等将贸易公司的收入投入技术研发领域；把握临时性或突发性市场机会，比如中文在线抓住国家鼓励中小学建立图书馆的机遇，帮助 4 万多家学校建立了数字图书馆，博鹰通航在聚焦无人机飞控系统的同时，设立区域分公司进入季节性植保服务市场等。

四、对机会进行评估

采用科学的方法对创业所需要的条件和潜在风险进行系统梳理是创业过程中最重要的准备工作之一。以下是一些常用的工具和方法。

1. 分阶段决策方法

这一方法要求对创业机会及其实施过程中的重要节点进行划分，并针对每个节点预先设定评价门槛，只有在通过门槛测试后才能进入下一个阶段。门槛测试指标主要反映创业者在投资回报率、风险承受能力、资源支撑能力、回报周期和时间要求等方面的偏好，主要目的是遵循"识别—评价—开发"的步骤，对资源投入和创业进程进行一定的约束和规划。分阶段决策有助于将创业进程和风险控制在可以接受的范围内，但在整体目标和阶段性目标存在冲突或阶段性目标的设定存在偏差的情况下，则需要重新考虑阶段性目标及其决策依据的科学性。

2. SWOT 分析框架及其延伸

SWOT 模型主要采用系统分析方法，对企业内部的资源条件（优势和劣势）和外部环境（机会和威胁）进行全面系统研究。SWOT 模型广泛应用于对大型企业或企业集团的发展战略和竞争对手方面的研究，虽然创业企业在适用 SWOT 模型方面面临一些障碍或约束，包括很难找到对标企业、产业发展处于早期阶段、竞争态势不明朗等，但这一分析框架仍然能够帮助企业系统性地思考自身的创业能力和外部条件，从整体上判断创业机会的科学性和可操作性。张帏、姜彦福（2018）从企业内部条件和外部环境等角度对影响机会评价的重要因素进行了总结，包括创业经历、行业经验、管理经验、行业的新兴程度等。其中，创业经历、行业经验和管理经验反映创业者自身驾驭创业过程中各种风险和问题的能力，比如对创业机会的评价是否客观或谨慎、是否过于自信、是否具有必备的决策能力和资源控制能力等；行业的新兴程度则反映外部竞争态势以及企业从外部获得资源改善的机会，比如创新活动对既往经验的依赖程度、技术创新的空间及其发展前景等。毕海德（2000）从资源禀赋和市场机遇等角度对创业企业的资源特征、机会来源等进行了考察，认为资源约束是大多数创业企业面临的普遍问题，资源禀赋方面的限制决定了企业应当主要依赖自有资源进行早期创业活动，市场不确定性虽然意味着高风险，但创新机会更多来自动荡的市场，而相对成熟或稳定的竞争环境并不利于企业找到成长空间。因此，对创新机会的评价无法回避资源短缺和外部环境不确定性，企业家必须具备发现和利用差异化的能力，善于把握市场变化和不确定性带来的机会。

3. 多样化的评价体系

出于理论研究或业务需要，学者、投资机构、咨询机构总结了很多对创业企业进行评价的原则和方法，其中很多内容也适用于对创业机会的评价。比如 IDG 明确将企业是否具有专有技术、是否拥有相应经验的管理团队、是否具有

创新创业的六个维度：基于 260 家创业企业的深度观察

细致可行的发展计划等作为投资决策的基本原则。在 Timmons 的机会评价框架中，列出了 8 类 53 项对创新机会进行评价的指标，其中 8 类一级指标包括行业和市场、经济因素、收益条件、竞争优势、管理团队、主要缺陷、创业者的个人标准以及理想与现实的战略性差异等。从这些业务规则和评价体系看，除了分析企业内部条件和外部环境外，一个共同特点是强调企业家的个人素质和主观能动作用。这既是"投企业就是投人、投团队"理念的反映，也要求企业家在对创业机会进行审视时一定要把自己"摆进去"，要对自己驾驭创新过程的能力有清醒的认识。

第三节　保持对环境的适应性

识别和抓住机会是一个动态过程，需要保持对外部环境的适应性。为此，需要重点关注三个问题：一是结合创业企业的身份特征找准企业定位，二是根据创新难度差异解决好阶段性重点工作，三是根据环境变化及时对业务进行适应性调整。

一、找准企业定位

1. 明确创业企业的特征

创业企业的双重身份或者有两个显著特征：一是成立时间短、规模小，各方面能力都比较弱，抗风险能力不强；二是具有良好的成长性和发展潜力，但风险释放不充分。从"小"的角度看，企业要客观认识自身的资源条件和能力范围，各个阶段的创新目标要切合实际，避免"小马拉大车"现象。实践中，有些企业从一开始就将建设技术或交易平台作为创新目标，但效果并不理想，其中一个原因就是资源和能力不足。王世栋回忆说，紫晶立方在创立之初将建立 3D 打印技术交流和产品交易平台作为主要方向，但发现资金和人员根本跟不上，只能停掉平台业务回过头来从产品做起。同样是做交易平台，泰坦科技的做法相对稳妥得多。在科研仪器和试剂等科学服务领域，泰坦科技目前已经是国内领先的供应商和线上交易平台，但他们在最初并没有将交易平台化作为创业目标，而是首先把上海地区各高校、科研机构的试剂和耗材业务做起来，并花费半年多的时间将当时国内科学服务领域几乎所有的中文信息进行标准化、格式化和电子化，对几十万条数据一条一条地整理核对，在充分整合数据信息、供应商和用户的基础上再考虑将交易转移到线上。这个循序渐进的过程最大限度缓和了资源约束的不利影响，也让平台化战略的实施走得更加扎实和稳健。

　　创业企业的市场地位取决于其创新价值被市场认可的程度。从持续成长的角度看，企业要尽力避免两种倾向：（1）满足于阶段性成绩，忘记或偏离创新的主要目标。肖鹏飞在发现隐形镀膜技术后，先后开发了玻璃隐形防护剂、车漆隐形防护剂、超自洁材料、防雾毛巾和防雾眼镜布等产品，易净星的资金问题也得到明显改善。但有人提醒他说，你是满足于做点小生意还是要做一番事业？肖鹏飞才意识到公司需要进一步加大创新力度，并将重心聚焦到光伏玻璃清洁材料研发领域。实际上，在资源条件改善之后，很多企业都面临"由俭入奢易，由奢入俭难"的问题。在目标真正实现之前，暂时的"舒适"往往昙花一现，在消磨创业者意志的同时也抹杀了企业的成长性和创新价值。（2）过度包装。典型表现包括盲目追求专利数量，技术开发和技术能力跟不上，专利质量不高；商业计划书信息失真，呈现的信息与企业实际情况存在较大偏差等。这些做法的初衷可能是希望通过向外界传递积极的信号，争取更多改善资源的机会，比如获得政策补贴、得到投资机构认可，但其结果往往事与愿违，不但经不住事实检验，也严重损害企业的声誉。

　　2. 积极建立稳定的外部联系

　　企业的本质是通过对生产要素的加工创造价值并与市场进行交换。我们发现，与大企业相比，创业企业的价值创造过程对外部环境的依赖更为明显，与外部环境的互动也更加频繁，其主要原因是企业自身无法提供创新所需的全部要素，即便想"闭门造车"，也很容易陷入无车可造的窘境。在普遍面临资源约束的情况下，越早建立与外部的联系，越有利于加速成长，主要经验包括以下几方面。

　　（1）通过合作加快技术研发。有些企业已经有初步技术方向或掌握部分技

创新创业的六个维度：基于 260 家创业企业的深度观察

术，但受人才、资金、设施等限制无法完成后续工作，借助外部力量则可以有效加快研发进程、控制早期投入。比较典型的案例是深圳德厚科技，林俊君在发现隔热涂料的应用前景后，及时找到深圳大学，委托他们进行透明隔热材料的技术开发，并吸收主要研发人员成为公司股东；此后又与中国科学院相关材料专家合作开发低碳节能智能涂膜玻璃，公司通过合作比较顺利地完成了技术研发和技术转化过程，产品很快打开销路。

（2）与客户合作进行产品开发。与客户共同开发产品是很多企业找准市场需求或产品应用场景的重要经验，特别是在高技术领域，无论是新技术的转化应用还是对现有场景的技术改造，都需要客户的深度参与和对项目的深刻理解。在无人驾驶领域，踏歌智行、主线科技、超星未来等企业的经验表明，不经过大量现场测试和反复试验很难发现产品设计中的问题，只有在与客户的深入交流和观察中才能找到改进方向。正如邱虹云所说，拿出原型机只是完成了产品开发的 10%，还有 90% 的路要走，这个过程既是企业核心技术形成的过程，也是让客户和市场了解企业的过程。

（3）提前考虑生产组织问题。在新兴产业，供应链不完善是企业家反映比较集中的问题之一，其中既有产业发展阶段的问题，也有企业不够重视或准备不足的问题。八度阳光在开发出柔性硅晶电池技术之后，刘一锋才发现找不到合适的加工企业进行量产，只能组织力量自己研发和定做设备，这个过程不仅浪费了大量时间，也增加了投入压力。艺妙神州的做法则是与技术研发同步考虑产品生产问题，包括提前物色生产管理和质量控制专家，合作建设无菌制剂和固态制剂生产设施，确保第一时间实现技术成果的产品转化。

（4）重视与政府的合作。一是积极争取创新资源。在招商引资过程中，很多地方政府愿意在业务机会、技术基础设施、政府采购等方面为企业提供支持。与政策扶持或资金支持相比，这些资源对完成技术验证、产品转化以及市场经验和客户积累的帮助更为关键，也更加直接。二是主动回应政府诉求。在加快经济转型发展、社会管理事务日益复杂艰巨的背景下，地方政府面临多重压力，企业要抓住国家战略实施以及政府在应对突发事件中的要求，积极与政府合作，实现双赢。比如，火河科技在开发民宿智能门锁市场的过程中，主动将信息系统与地方政府对接,帮助解决人员身份核实问题。这些做法不仅及时回应了政府关切,也为进一步加强与政府的合作创造了条件。

3. 尽量避免与大企业直接竞争

我们在第一章强调了聚焦战略对过渡阶段创业企业的重要性。由于战略选择的余地并不大,所以企业在早期阶段无法像大企业那样采用产品组合、价格组合等方式参与竞争,也难以承受价格战的冲击。因此,应尽力避免与大企业过早发生正面冲突,以下是一些有效的做法。

(1) 合作替代竞争。在大企业已经建立起竞争优势的领域,创业企业可以主动放弃部分市场,重点发展自己最具优势的技术和产品,通过为大企业提供增值服务建立合作关系。这样做既符合战略聚焦的要求,也能最大限度避免被直接打击。比如在人脸识别领域,深醒科技坚持不做摄像头和芯片,而是通过为其他企业提供视觉识别算法专注于软件领域,既避免了和产业内其他企业之间的利益冲突,也解决了通过"烧钱"进行市场推广的成本压力。

(2) 差异化。差异化战略的核心是在大企业不太关注或尚未进入的领域寻找创新机会(李·B. 萨尔茨,2019)。在充分竞争或高度垄断的市场上发现差异化机会并不容易,对企业家的行业经验、洞察力、资源组织能力等都是非常大的考验,但一旦找准方向,企业面临的阻力和风险也相对较小。从史河科技、泽成生物、微纳星空等企业看,由于事先避开了大企业的主要"势力范围",这些企业的创新效果都非常不错。以史河科技为例,许华旸团队在选择方向时,对行业进行了深入研究,发现工业机器人领域有 ABB、发那科、安川、库卡等行业巨头,服务机器人的算法技术尚不成熟,而特种机器人市场则相对分散。经过调研,他们进一步发现,高空作业领域鲜有大企业进入,行业也长期面临作业成本高、危险系数大等痛点,因此将目光最终落在高空爬壁机器人领域。经过几年的发展,该公司在船体除污领域的市场占有率已达到15%,并进一步向高层楼宇清洗、化工设施打磨等市场拓展。

(3) 主动融入产业链。避开竞争的另一种方式是主动融入其他行业的产业链,在竞争对手的传统市场之外寻找空间。这种方式要求企业在具备敏锐洞察力的同时,有能力与大企业建立稳定的合作关系,对需求快速反应,并有效控制成本。在智能门锁领域，包括传统锁具企业、互联网公司、人工智能企业等在内有上千家市场竞争主体，段方华及其创办的火河科技在制造能力和技术方面都不占优势，但其旗下果加品牌目前在长短租公寓市场的产品占有率已超过50%，其中一个很重要的原因是回避了在C端市场上与传统锁具企业的直接竞争，通过与万科、龙湖、旭辉等企业建立良好的合作关系，率先抓住了房地产行业消费趋势变化的机会。

二、阶段性重点及其差异

在这一部分，我们梳理创新难度较高的企业与创新难度较低的企业在技术特征、产业环境、主要风险以及发展策略等方面的差异。这些差异在企业发展的过渡阶段表现得尤为明显，以下我们从三个方面具体说明。

1. 发展方向与重点的差异

受创新难度和内外部条件的影响，创新难度较低的企业在过渡阶段的发展速度相对更快一些。有些企业可能已完成主要开发工作，有了自己的产品和最初的客户，虽然业务规模很小，但已度过最艰难的阶段。对于这些企业来说，其阶段性重点：一是巩固现有业务基础和合作关系，通过做大业务尽快改善现金流和其他资源条件，为企业持续发展奠定基础；二是进一步提高创新质量，加快培养核心竞争能力。2009年，陆海传将傲基科技的跨境电商业务从德国转移到深圳，并建立了自己的交易平台。在通过代理销售继续扩大业务规模的同时，他将主要精力投入品牌建设和产品研发，先后开发了更符合欧美消费习惯的电源、蓝牙设备、智能家居等多个系列产品，具备了从产品定义到工业设计的专业能力，实现了从单纯贸易商向品牌和标准输出者的跨越。

比较而言，创新难度较高的企业面临大量的验证、测试、产品设计和技术完善工作，要真正将产品推向市场，一方面要进行大量的开发和准备工作，另一方面要耐心等待产业发展和市场机会。对于这些企业来说，首要任务是"活下去"，在很难从外部获得资源补充的情况下，一是最大限度降低不必要开支，将资源集中于技术开发等关键创新活动，加快技术突破和产品转化；二是采用梯度开发策略，先在技术难度较低、有确定市场需求的领域实现突破，在解决基本生存问题后，再加大关键技术的攻关力度。北京志道生物的核心业务是重组蛋白技术和药物研发，张维团队在进行产品布局时将由国外企业垄断、国内企业因各种原因无法生产但市场需求量大的蛋白产品作为优先方向，通过实施进口替代策略先解决生产工艺和市场份额问题，再以此为基础启动生物创新药物的研发工作，比较好地解决了资源约束与持续技术投入之间的矛盾问题。

2. 资源优化方向存在的差异

在过渡阶段，创业企业都面临资源基础的优化问题，但优化方向存在较大差异。在产业环境成熟但市场竞争激烈的情况下，创新难度较低的企业资源优化的目标是进一步提高创新的技术含量和竞争壁垒，着力改善企业的竞争环境。实践中的做法包括加大技术投入、优化商业模式、发现新的目标市场等，其中最重要的方式是尽快培养技术和产品创新能力。博铭维最初是承接城市管网疏浚和检测的工程公司。这个行业非常成熟，竞争也非常激烈，代毅意识到，要想脱颖而出必须在创新上下功夫，他先后尝试了图像识别系统、自动化巡检系统等项目，最终瞄准了管道机器人方向，借助在工程领域积累的经验和对市场痛点的深刻理解，先后开发了应用于不同场景的多款产品，公司发展也迈上了新的台阶。

对创新难度较高的企业来说，资金短缺、投入不足等问题固然突出，但最重要的是尽快积累技术和产品转化经验，解决生产工艺和生产组织问题。很多企业反映，技术攻关并不可怕，拿出产品原型也不难，难的是从设计到真正拿出市场化产品的过程，包括设计优化、产品工艺、生产组织、质量控制、成本控制、市场准备等。这个过程头绪太多，既耗费时间，也消磨意志，关键是没有捷径可走，最笨也最有效的办法就是在实践中反复验证和尝试，不断总结经验教训，尽可能把各个环节做扎实。在研发无人机的过程中，清航紫荆仅用六个月就完成了设计和制造工作，却用了三年多的时间才让飞机真正飞起来。李京阳说，这个过程并没有太多高深的技术，但很多细节无数次绊住了团队，经过一次次技术迭代和无数次试错才找到解决方案，没有耐心和毅力是坚持不下来的。

3. 对外合作重点存在的差异

由于发展方向与重点的差异、资源优化方向存在的差异，创新难度不同的

创新创业的六个维度：基于 260 家创业企业的深度观察

企业在对外合作目标、选择合作伙伴等方面也各有侧重。实践中，有些创新难度相对较低的企业在取得阶段性发展后，通过引进人才、合作开发、项目合作等方式来补充创新资源，这种方法可能并不省钱，但可以节省大量时间，能够快速提升企业的创新能力。比如，航顺芯片的刘吉平在芯片代理业务做大后开始进入电源芯片和存储芯片研发领域，通过引进富士通成都基地的芯片技术团队攻关 MCU 产品；和而泰也是在家电智能控制器领域建立优势之后，通过收购铖昌科技进入 IC 技术和设计领域，从而建立了从设计到生产和销售的完整业务体系。

在过渡阶段，创新难度较高的企业对外部环境的依赖更多，建立合作关系的难度也更大，主要原因是合作过程中的风险分配问题。由于技术或产品不成熟，合作伙伴往往不愿意为企业提供试错机会，更担心因合作产生损失。这种担心并不是多余的，部分诉讼案件就是因为企业产品质量不合格、订单违约等造成的。因此，很多企业都把珍惜第一个客户、慎重对待客户提出的每一个问题、学会换位思考等作为处理合作关系的座右铭。正如十六进制的刘丹峰所说，产品一旦被贴上"不好用"的标签后，很难挽回客户的印象，再想挽回客户是没有第二次机会的。

三、对业务进行适应性调整

1. 调整的主要方式

创业企业的业务调整，除了为抓住随时出现的市场机会而进行的机会主义调整外，还包括基于优化创新机会进行的调整、纠正决策失误进行的调整等。

（1）调整发展节奏。一是受资源和能力限制，无法兼顾多条业务线，或无力支撑更大规模的投入，不得不进行收缩，将业务集中到核心业务上来。比如蓝网科技针对华南地区没有大型医疗信息化公司的现状，同时铺开 5 条产品线，全面进入电子病历、集成平台、医学影像、医院信息化软件产品（HIS）等领域，员工也从 100 多人增加到 300 多人，但很快发现根本没有能力多线作战，只能重新聚焦医学影像领域，专注于医学影像信息系统软件开发和应用推广。二是行业和市场发展不及预期，通过控制投入强度，放缓发展节奏，等待机会。

比如在移动医疗领域，考虑到政策反复和市场增长缓慢的现状，同心医联在坚持做好现有 AI 诊断产品的技术升级和应用推广之外，主动介入药品销售等线下业务，在增加收入的同时耐心等待市场发育和政策机会。

（2）调整目标市场。主要表现为主动放弃部分机会，选择在更为有利的市场进行重点布局。比如，小土科技在影视产业增长放缓的背景下，通过技术升级主动进入网上展厅和元宇宙领域，目标客户进一步向 C 端倾斜；光合未来发现其针对 C 端用户开发的室内空间绿化产品广受 B 端用户欢迎后，及时调整营销策略，迅速与龙湖、万科等建立合作关系。

（3）调整商业模式。调整交易方式、推广模式、收费模式、服务流程等，主要目的是针对市场和客户消费习惯的变化，通过对关键业务环节的调整解决交易过程中的责任分配、成本分担以及交易效率问题。比如莘阳能源、鸿效节能等针对开发商或业主不愿意承担节能设备购买成本的问题，将业务模式从向开发商推销设备变为向终端用户收取节能服务费的模式；影石创新将面向 C 端的校园直播项目调整为"V 直播"项目，面向商业用户提供有偿服务以解决营利问题。

2. 业务调整的效果

调整虽然是对创新过程进行优化的重要方式，但不同企业的实践效果存在明显差异。有的通过业务聚焦进一步提高了资源使用效率和创新效率，有的通过调整技术架构解决了产品设计的扩展性和兼容性问题，有的通过调整目标市场有效解决了市场需求不足或需求不稳定问题。同时，也有调整措施效果并不理想的情况。一是业务调整没有解决发展战略不清晰的问题。有的因各种原因业务收缩不彻底，调整后的业务仍然比较分散，未达到集中使用资源的目的；有的片面追逐"风口"，针对各种短期机会频繁调整，结果技术创新没有突破，客户群体也因为市场变动稳定不下来。二是"新市场"遇到新问题。调整目标市场可能带来新的机会，但由此引发的新问题也要引起重视。一家无人机企业在消费级产品市场遇挫后，希望抓住无人机在城市安防、管线巡检、火情勘察等领域的增长机会，但发现在原有市场上积累的很多能力派不上用场，比如客户对产品技术性能的要求非常个性化、交易习惯和采购规则需要重新摸索、服

创新创业的六个维度：基于 260 家创业企业的深度观察

务支持占用大量资源等。虽然新市场的竞争强度弱于原有市场，但巨大的资源消耗和资金占用让企业举步维艰。三是调整后的业务模式达不到预期效果。比如莘阳能源、鸿效节能两家企业，在由卖设备变为卖服务的模式后，虽然解决了开发商拖欠设备款问题，但企业自己负担的设备成本大大提高，由于终端用户分散化，也面临服务费催收压力，并引发多起诉讼。

3. 需要关注的问题

与转型相比，企业通过调整各种措施对创新过程进行优化非常普遍，也非常频繁，建议重点关注以下几个问题：（1）决策要慎重。很多情况下，调整是对决策失误的纠正，不能因为调整产生更大的偏差。业务调整虽然不像企业转型那样"伤筋动骨"，但也会对企业造成不同程度的冲击。关于企业转型应认真思考的三个问题同样适用于调整措施的决策过程，其中最重要的是不能偏离创新方向。调整侧重于根据内部条件和外部环境对创新过程的修正、优化。对核心技术和技术方向的根本性调整则属于企业转型的范畴。（2）调整的目的是解决问题，不是回避矛盾。有时候，企业希望通过调整目标市场、抓住"风口"等绕开发展中的挫折，但这种频繁转换赛道或追逐"捷径"的做法在多数情况下效果并不理想。主要原因在于，无论是坚持还是调整，核心目的是尽快培养企业的核心竞争能力，回避矛盾或向短期利益过度妥协并不能解决核心能力不足问题。比如，有的企业跟风追逐人工智能、区块链、平台化等概念，希望尽快获得市场和投资人的认可，但对这些领域的发展历史、竞争情况、投资逻辑等并不熟悉。正如启迪创投刘博所说，作为早期投资人，当听到"风口"的时候基本上就要决策什么时候退出而不是进入了。（3）企业内部要达成共识。因为团队意见分歧影响调整效果的案例不少，分歧的原因可能是资源分配或利益问题，也可能是认识问题，需要根据不同情况及时解决矛盾，防止陷入内耗甚至造成分裂。实践表明，虽然天然的信任关系非常可靠，但可遇不可求，创业企业更多的是要通过有效沟通和必要的制度规范来解决团队之间的信任和合作问题。海斯凯尔的经验是不管多忙，团队成员必须每周交流，存在分歧及时沟通，但决策完成后无条件执行。慧点科技则坚持用制度解决治理效率问题，包括在创始人之间公平分配股权、将公司治理事项委托给 3 人决策小组等。

第二章 创业机会的识别、调整和完善

扩展阅读

推动影视产业工业化发展的拓荒者——小土科技

北京小土科技有限公司成立于2015年，创始人祝金甫博士毕业于中国人民大学，在计量模型、金融风险和数理统计等领域具有深厚的理论基础和丰富的实践经验。小土科技是专注影视行业大数据和人工智能产品开发的创业企业，在剧本分析、制片流程管理、收视数据分析、版权交易等领域已建立起完整的技术和产品体系。小土科技先后推出的"剧易晓""剧易拍""剧易评"等九大系列产品基本覆盖影视产业价值链的主要环节，受到剧作者、剧组、电视台、行业主管部门的广泛欢迎和好评。

1. 深度挖掘影视大数据的价值

祝金甫说，从上学到工作，他与影视行业没有任何交集，选择影视行业创业纯属偶然。在中国人民大学读博士期间，他跟几个同学开发了一个算法模型，针对高频交易进行量化分析。在向四川电视台介绍广告投放优化模型时，他们发现电视台有大量影视剧和播映数据，但大家都不知道这些东西有什么价值，也不知道怎么用，这是祝金甫第一次接触影视大数据。此后，陆续有影视界的朋友向他介绍业务，跟他聊影视行业的收视率、演员筛选、剧组管理等问题，他开始琢磨其中的痛点和机会。随着与业内人士交流的增多，祝金甫慢慢发现各家电视台对收视率都看得很重。因为收视率不仅直接影响广告投放量，更关系到电视台的"江湖地位"。但在以专家评审为主的传统选片模式下，评价结果与实际播映效果往往存在一定偏差，如何有效预测影视剧的实际市场表现让人非常头疼。

祝金甫敏锐意识到，大数据可能是一个方向。但这个事情值不值得做？能不能做？怎么做呢？为此，他查阅大量文献资料，了解国内外影视行业的发展

创新创业的六个维度：基于 260 家创业企业的深度观察

现状，同时深入电视台、影视传媒公司等了解影视制作和播出市场的实际需求。经过一段时间的准备和思考，祝金甫的创业思路逐步清晰。第一，大数据和量化分析是常用的技术和分析工具，在很多行业都有成熟应用和可以验证的案例，他本人对相关理论和技术也非常熟悉，技术开发虽然具有较强的专用性和行业特点，但开发难度并不大，开发成本总体上可控。第二，国内影视行业处于快速发展阶段，2012 年国内院线电影市场票房超 170 亿元、国产电视剧交易额突破 100 亿元，2014 年院线电影票房接近 300 亿元，除传统影视公司外，阿里巴巴、腾讯、百度等互联网头部企业也开始涉足影视行业，行业的快速发展能够提供足够的市场容量和创新空间。第三，从欧美影视产业的发展过程看，工业化生产在明确生产标准、提高制作效率、降低生产成本、增强市场效果等方面具有显著优势，在国内市场仍然处在粗放式发展的情况下，采用大数据和量化分析工具可以有效减少选题的盲目性、规范生产过程、加强质量控制，面对日益激烈的市场竞争，有效控制生产成本、合理测算投入产出、准确预测产品表现具有广泛的市场需求。第四，虽然技术路线整体可行、市场方向也没有问题，但下决心创业还面临三个关键问题：一是数据问题怎么解决，虽然在与电视台交流过程中掌握了一部分数据，但真正进行产品开发还需要进一步扩大数据样本和数据来源；二是资金问题，虽然技术和产品开发成本总体可控，但公司化运作必须考虑长期投入和持续运营问题；三是行业经验，祝金甫的团队都是技术出身，大家对影视行业一无所知，只能在过程中逐步增加对行业的了解。反复思考后，祝金甫觉得通过大数据和人工智能技术推动产业工业化发展符合我国影视行业发展的规律，虽然面临不少困难，但这个事情值得做。

2. 用数据和技术重构价值链

考虑到数据和资金问题，祝金甫决定先从业界反映最集中的影视收视率问题做起。2015 年 4 月，小土科技注册成立，很快推出第一款产品——电视雷达，尝试将电视受众、主创、演员、时段等因素纳入分析模型，通过建模预测收视率，经过大量调研、反馈、优化和迭代，预测准确率不断提高并逐步得到业界认可。随着对行业了解的深入和数据积累，公司又先后开发了帮助剧组和制片人遴选演员的 PC（Producer & Cast）系统，对剧本进行量化分析和评价的"剧易评"产品，基于剧本拆解和拍摄过程流程化管理的"剧易拍"系统，根据剧本和剧情进行广告植入的"剧易植"产品，以及针对完片担保和版权交易的"剧易保""剧易购"产品等。

经过一年多的努力，小土科技基本上搭建起包括从剧本筛选到生产过程管理，再到剧集评价、市场预测等在内的，覆盖影视产业全过程的产品体系，其中很多产品得到市场的积极反馈和认可。比如，很多制片人反映，在拍戏过程中存在剧组组织统筹难、演员档期协调难等问题，人员管理和各项具体事务也是千头万绪，冒领盒饭、虚报支出、"偷油"、丢道具等现象屡有发生，预算经常超支。采用"剧易拍"系统后，全部活动都转移到线上，不仅可以根据主要演员的档期、特殊场景与道具的使用期限、文武场的优先级等对拍摄计划进行统筹优化，还能够实现对人财物的全面数字化管理。再比如"剧易评"产品推出后，不仅剧本拆解、剧情分析、收视率预测等工作的效率大幅提升，对提前预判作品的市场表现和营销策略也有很大帮助。

随着多个产品陆续上市，小土科技在业界的影响不断扩大，在与电视台、影视制作企业、市场推广企业等广泛建立联系的过程中，公司的创业方向和发展前景也逐步得到市场和投资人的认可，截至2022年底，公司先后完成三轮融资，金额达数千万元。

3. 心怀理想，正视困难

在继续完善技术和产品开发的同时，祝金甫逐步将工作重心转移到市场推广上来，但问题和困难也接踵而至。（1）产品卖给谁？虽然小土科技针对产品开发进行了比较系统的需求调研，但产品出来后仍然面临销售不畅的局面。在交流过程中，用户都表示他们的产品无论是性能还是使用体验都不错，但一谈到采购就表示存在各种困难。其中，最主要的是现有采购决策流程和采购标准问题，比如沿用多年的采购制度很难改变、采购渠道无法轻易变动、采购项目评价标准难以适应等。祝金甫意识到，国内影视行业发展多年，相关行业规则、交易习惯和利益关系已经形成，作为一家初出茅庐的创业企业，要改变现有的利益格局绝非一朝一夕之功。（2）怎么把握销售重点？小土科技有九个产品系列，虽然覆盖了影视产业的主要业务环节，但每个产品面对的市场和用户并不

创新创业的六个维度：基于 260 家创业企业的深度观察

相同。比如，"剧易评"主要面向编剧和投资人，"剧易拍"主要面向制片人和剧组，"剧易植"主要面向广告公司和广告主，"剧易购"主要面向电视台和院线，"剧易保"主要面向金融机构和保险公司。这么多的细分市场和用户群体，不仅需求千差万别，销售策略和营销方式也存在巨大差异。营销人员仅弄明白不同产品之间的差别就要下很大功夫，更不用说抓住销售重点。（3）产品怎么升级？大数据产品的生命力在于数据样本的数量和质量，只有持续更新才能确保产品与行业和市场需求的契合度，在产品线过长的情况下，不但数据采购面临巨大成本压力，仅寻找合适的数据来源就耗费团队大量时间和精力。

面对这些问题，祝金甫逐渐从最初的喜悦中冷静下来，反思企业的发展思路。他认为，自己对创业机会的判断并没有错，利用大数据，通过量化分析和人工智能技术确实可以解决影视产业无序发展和作品的有效性、可预期性问题，大方向符合产业趋势。

那么问题出在哪里呢？经过苦苦思索，祝金甫最终将重点集中到产品策略和市场策略上。从产品角度看，同时推出多款产品虽然在技术上没有障碍，但极大分散了资源使用，特别是在对行业了解有限的情况下，如果将战线拉得太长，产品非常容易浅尝辄止，无法深刻理解和满足用户的真实需求。从市场角度看，分散化的市场不仅占用大量资源，也很容易受到既得利益者的抵制和排斥，在企业尚未建立竞争优势、产品尚不具备市场地位的情况下，需要进一步思考竞争策略，寻找合适的切入点。

4. 审时度势，积极应变

2020 年开始，祝金甫对小土科技的业务方向作出了三个方面的调整。一是重点打造"剧易拍"产品。为了进一步提高产品的实际应用效果，祝金甫带领团队深入各个剧组，与制片人和现场工作人员广泛交流实践中遇到的各种问题，大到项目统筹和分场景拍摄计划，小到食宿安排、交通组织、物料领用和费用报销等，力求抓住每个工作细节、每项实际需求。经过大量艰苦细致的工作，"剧易拍"产品的技术架构进一步完善，功能进一步扩展，其中多格式剧本智能分场、角色戏量精确计算、拍摄计划统筹安排、财务审批和预算执行智能化管理等功能模块大幅优化，产品的适用性和智能化水平大幅提升。截至 2022 年底，已有超过600个剧组采用该产品作为生产管理工具。祝金甫介绍说，之所以选择"剧易拍"作为重点突破的方向，主要是这个产品以临时组建的各个剧组为目标用户，市场足够大、使用频率也比较高，与其他产品相比，对现有市场利益格局的影响也比较小，用户使用后在降本增效、规范管理和管理效率提升等方面的效果立竿见影，具备快速推广和应用的条件。

二是在继续拓展传统影视市场的同时，利用技术和数据优势积极寻求在短视频、新媒体等领域的发展机会。2021年，小土科技在深化与各大卫视在长视频领域合作的同时，重点加强与优酷、爱奇艺、今日头条等在短视频领域的合作，通过技术服务、数据共享等方式，积极寻找产业变化带来的机会。目前，公司在网上展厅、短视频制作工具化领域的产品已进入测试阶段。

三是利用各种机会，加大对影视大数据产品及其实践效果的呼吁和宣传。通过参加各种研讨会、展览会、与文化和宣传部门交流、与地方政府沟通，让更多的人知道小土科技在做什么，这样做的意义是什么，希望行业和市场逐步接受影视产业工业化发展的理念，了解大数据和人工智能技术对影视产业的价值。

谈到未来的发展，祝金甫说，他的理想是让中国的影视产业真正步入工业化发展轨道，这个过程可能很长、很艰难，但人不能没有理想，小土科技从点滴做起，慢慢积蓄力量，光明一定在前方！

第三章

人力资源管理：原则、方向和方法

影响创业企业员工队伍活力与稳定的核心问题是什么？是理念问题还是利益分配问题？强调内部管理会不会损害企业的创新活力或灵活性？这些问题，既是创业企业经常问的问题，也是创业企业必须解决的问题。本章重点讨论创业企业的人力资源、团队建设和公司治理问题。我们发现，创业企业在吸引人才方面确实存在一些不利条件，但人才流失在很大程度上与企业缺乏规范管理意识、管理方式和治理结构不完善、激励约束措施针对性不强等直接相关。特别是在过渡阶段，创业企业的管理能力呈现出显著的过渡性特征，管理方式从自发管理逐步向自觉管理过渡，治理结构从单独决策逐步向集体决策过渡。针对这些变化，本章围绕创业企业团队建设的方向和原则、人力资源管理的优化方向和管理原则，以及如何有效提高激励约束机制的有效性等问题进行重点讨论。

第一节 创业企业的人才之困

本节介绍样本企业人力资源的基本情况、面临的突出问题以及人力资源管理的主要特点。样本企业的实践表明,创业企业面临的人才问题具有典型的阶段性和结构性特征,尊重用人规律、重视规范管理、避免人浮于事是提高人才管理效率的重要经验。

一、人力资源概况

1. 团队

企业的管理人员主要包括董事会、监事会及经营层成员,样本企业管理人员的数量均值为6人。其中,如图3-1所示,2人及以下的占比20.76%,3~4人的占比16.53%,5~9人的占比46.19%,10人及以上的占比16.53%。此外,超过50%的企业的主要创始人为1人;超过25%的企业未设立董事会,而是由执行董事作为公司的法定代表人或执行董事,同时兼任总经理。

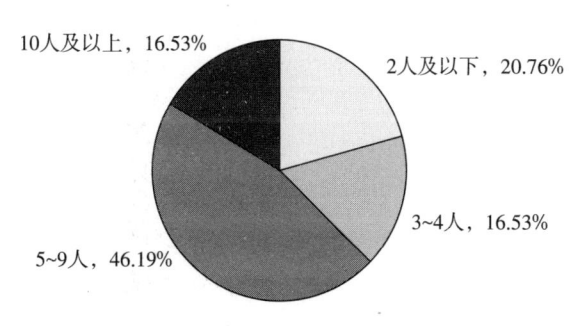

图3-1 样本企业管理人员数量

2. 实际控制人

样本企业中,实际控制人与法定代表人不一致的企业达22%。产生这一现象的原因,一是实际控制人基于各种原因不适宜担任企业的法定代表人,而是以亲戚或朋友的名义作为公司董事长、执行董事或总经理;二是在引进外部投资后,投资机构成为公司的第一大股东,但法定代表人仍由创始人担任。

3. 股权结构

样本企业中,主要创始人的持股比例均值为43.82%。其中,主要创始人持股比例为100%的占比8.13%,91%~100%(不含)的占比8.54%,81%~91%(不含)的占比4.88%,71%~81%(不含)的占比8.54%,61%~71%(不含)的占比13.00%,51%~61%(不含)的占比18.29%,51%以下的占比38.62%。

4. 员工人数

如前所述,样本企业社保参保人数均值为68人。在剔除参保人数超过1000人的3家企业后,均值显著降低到43人。参保人数不足10人的企业占比超过30%。

5. 劳动争议案件

样本企业已结劳动争议案件共计150件,占全部诉讼案件的18.23%。其中,如图3-2所示,涉及劳动者工资、加班及其他福利待遇类案件占比28.04%,劳动合同订立或变更类案件占比16.33%,劳动关系解除类案件占比14.33%,社会保险、工伤保险类案件占比10.33%,劳务派遣类案件占比12.28%,员工兼职、竞业禁止类案件占比8.67%,其他劳动争议案件占比10.02%。

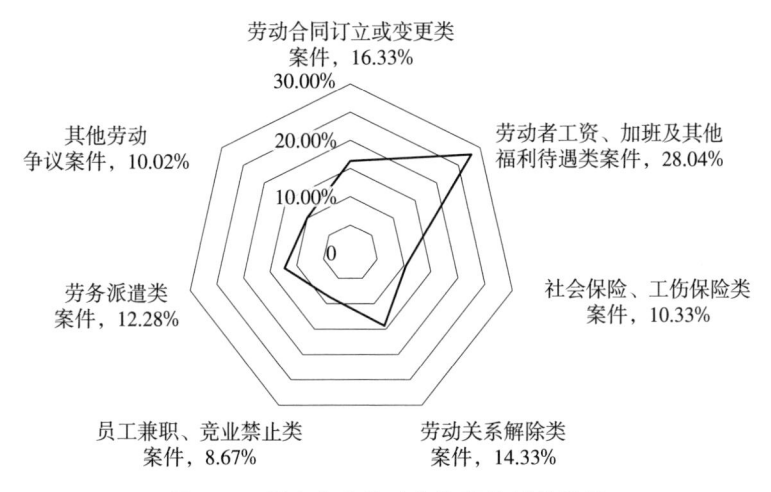

图 3-2　样本企业劳动争议案件具体类型

劳动合同订立或变更类案件，16.33%
劳动者工资、加班及其他福利待遇类案件，28.04%
社会保险、工伤保险类案件，10.33%
劳动关系解除类案件，14.33%
员工兼职、竞业禁止类案件，8.67%
劳务派遣类案件，12.28%
其他劳动争议案件，10.02%

二、人力资源面临的主要问题

1. 难以吸引优秀人才

"招人难，招到合适的人才更难。"这是创业企业在早期阶段遇到的最突出的问题之一。其中的原因很多，包括：（1）待遇问题，创业企业能够提供的薪酬水平、办公环境以及其他方面的福利待遇很难与大企业相提并论；（2）员工对企业信心不足，担心企业的发展前景和职业稳定性；（3）专业人才匮乏，从总体上看，虽然人力资源市场供给充足，但有经验的成熟技术人才并不好找；（4）就业观念和习惯问题，比如很多人更愿意到大企业、国有企业和知名外资企业工作，对这些企业为自己带来的职业自豪感、荣誉感和工作的稳定性非常看重，即使企业能够提供更优厚的条件或富有挑战性的机会，也不愿意承担更多的工作压力和风险。

2. 人力资源成本高

在用人成本持续走高的背景下，创业企业，特别是高技术企业，用人成本偏高的主要原因还包括：（1）创业企业早期阶段的主要投入是技术研发，其中最主要的是人力成本；（2）很多创业企业集中在北上广深等一线城市，这些地区的人工成本显著高于其他区域；（3）在企业规模、品牌和声誉都处于劣势的情况下，企业为了吸引人才必须支付高于其他企业的溢价。此外，由于无法吸引到合适的人才，企业在很多情况下只能通过选用实习生、招聘新人等变通的方式解决人才短缺问题。比如，深海精密在研发数字减影血管造影（DSA）设备过程中，由于找不到熟悉DSA技术的人才，吴元只能发动朋友帮助找一些基础性人才，再手把手地教。这种做法虽然直接成本并不高，但培养过程也需要大量时间和机会成本，间接推高了企业的用工成本。

3. 员工队伍不稳定

创业企业员工流动性大是客观事实。员工反映的主要问题包括工作时间长、压力大、工作条件差、上班太远、收入不及预期、对公司前景缺乏信心等；企业家反映的主要问题包括：有的员工不愿意吃苦、耐不住寂寞，有的扛不住压力、不愿意与企业共渡难关，有的学习能力差、眼高手低，有的把公司当作跳板，一旦技术成熟就跳槽走人。比如高拓迅达曾朝煌曾说，创业企业最需要解决的是人力和技术资源的整合，也就是公司之间的并购，国内企业大多不愿意并购整合资源，而是喜欢挖人，对整个行业成长非常不利。

4. 团队结构不合理

泰坦科技张庆曾说："一个稳定坚持的团队不仅让员工放心，也让投资人放心。"但对很多创业企业来说，拥有一个相互信任、结构合理的创始团队往往可遇不可求。比如，华迈兴微李泉在第一次创业时，团队的三个成员都是技术出身，既不懂投资，也不懂营销，结果在对外合作时被骗，教训惨痛。实际上，李泉的遭遇并不少见，很多创业团队都存在结构不合理的问题。如前所述，样本企业中，超过50%的企业只有1名创始人，大学生创业者的占比高达15%，技术出身的创始人更是超过85%。无论是团队成员数量，还是创始人的职业经历、专业结构，创业企业的管理团队都存在规模小、成员结构单一、行业经验不足等问题。结构不完整或结构性缺陷成为影响团队创新发展的重要因素。

三、人力资源管理的主要特点

1. 人才问题具有阶段性和结构性特征

人才短缺的阶段性特征主要缘于创业企业在不同发展阶段对人才的吸引力

存在显著差异，与企业面临的不确定性及风险释放程度直接相关。在初期阶段，企业面临艰巨的研发任务，特别需要专业技术人才，但发展前景并不明朗，对优秀人才的吸引力很低，这种状况只能随着企业风险释放逐步改善。此外，除了资源约束让大部分企业无力进行有计划的人才储备外，对创新活动的规律认识不足也是造成人才阶段性短缺的原因，实践中，有的企业将产品生产全部委托给外部加工企业，自己没有懂生产组织的人员，不仅在与加工商沟通的过程中处于被动局面，也很难在具体生产过程中积累产品工艺和生产组织能力。经验表明，这种将生产、销售等重要业务环节完全委托给第三方的做法在短期内可以降低部分成本或减少创新活动的复杂性，但从长期看，既不经济，也不利于企业的能力培养。

人才短缺的结构性矛盾主要是人才市场供需关系的反映。很多企业反映，在一些专业技术领域很难找到合适的人才，这种状况在大数据、人工智能、集成电路等新兴产业尤为突出。人才供给关系本身是产业发展演化过程的一部分，新兴产业的人才短缺恰恰反映了产业发展的客观阶段和发展前景，在无法完全依赖外部人才市场的情况下，创业企业需要将内部培养作为解决人才供需矛盾的重要方式。此外，既往经验无法满足新的市场要求也在很大程度上影响了人才流动及其效果。比如，一家无人机企业先后换了多个销售总监，这几个人都拥有良好的业绩记录和市场经验，但他们多年建立起来的营销团队、客户关系、营销技巧等并不能移植到新的市场，企业不得不重新考虑营销策略和市场布局问题。

2. 管理不规范是员工不稳定的重要原因

在与样本企业相关的劳动争议诉讼案件中，企业的败诉率超过70%，表明在执行劳动法和劳动合同法、履行劳动合同的过程中企业存在很多不规范的地方。虽然有些问题可以归因于创业企业成长的不确定性和劳动者的择业取向等客观因素，但也有些问题与企业的规范意识、管理能力不足紧密相关。比如，一家企业在注销时面临很多劳动争议，这种现象发生在企业解散时本不足为奇，但我们进一步观察发现，这家企业自成立之初就不断有劳动争议案件发生，起因包括未及时与员工签订劳动合同、社会保险缴纳不及时、工作岗位调整不规范等。再如，有的企业抱怨因技术人员频繁跳槽蒙受很大损失，但我们发现，企业既没有在劳动合同中约定竞业禁止条款，也没有制定保密制度或与员工签订保密协议，对技术资料、商业秘密的管理也没有相应的措施，结果在发生争议时很难取证，维权难度很大。

3．"人浮于事"在创业企业中并非个别现象

创业企业一方面是没有能力找到合适的人才，另一方面是有的员工无所事事、工作量不饱满。这种现象时有发生，主要原因包括：（1）过度推崇创业氛围的自由度、灵活性，对员工手头的工作及其与企业主要创新活动的关联性等并不真正掌握，也缺乏必要的考核手段。这种情况在技术研发部门尤其突出。比如，有的企业没有项目立项的概念，技术人员全凭个人自觉或兴趣开展工作，打着项目储备的幌子做自己的事情；也有的企业不管是否与主业相关，不断冒出各种创意，进行各种尝试，但就是不出成果。这些现象不仅增加了企业成本，也非常容易形成不良风气。（2）不顾企业实际，盲目扩大人员规模。这种情况在业务取得阶段性进展或获得外部投资时经常发生，当企业遇到新的问题或进展不及预期时不得不大量裁员，但这个过程往往消耗大量成本和时间。（3）未及时清理冗员或不合格员工，包括阶段性、临时性工作结束后，继续保留项目团队，碍于情面留用不合格员工等。

第二节　企业家精神和企业家责任

本节介绍企业家精神和企业家责任对创业企业的特殊价值及其作用机制。与大企业相比，创业企业的企业家精神更重要，是创业企业应对创业过程复杂性的精神支柱和重要条件，自觉培养企业家精神也是创业者必要的历练和责任。

一、企业家精神和企业家责任的内涵

1. 企业家精神的内涵

企业家精神的核心是不畏艰难困苦，不惧环境恶劣，不抱怨体制机制，想尽一切办法也要开辟出一条企业发展的成功之路（高旭东，2022）。企业家精神强调要充分发挥企业家的主观能动性，冲破各种外部约束，解决各种内部问题，不断把企业发展推向新的阶段。作为企业竞争优势的重要基础，企业家精神具体体现为企业家的各种精神品质，主要包括以下几方面。

（1）创新精神。善于发现常人无法识别的创新机会，有效组织资源并找到解决困难的途径和办法，包括开发新的技术、引入新的产品、发现新的商业模式、开发新的市场等。

（2）冒险精神。不厌恶不确定性和风险，敢于冒险，愿意为创新承担风险或失败，包括率先采用新技术新工艺、实施更加激进的企业战略、大胆进行管理变革，愿意对各种创新活动提供试错机会等。

（3）合作精神。具有很强的合作意识和"结网"能力，善于发现各种合作机会，将各种潜在机会转化为有利于企业发展的各种联系，包括与股东、投资人合作，帮助企业快速建立技术、生产和市场合作渠道，能够获得政府和各种社会组织对企业的认可和支持，妥善处理员工问题等。

（4）学习精神。把持续学习作为增加阅历、补足短板、了解市场的重要手段，并积极提倡终身学习、全员学习，对自己的错误不偏执、不回避，积极采纳各种合理化建议和经验，乐于尝试各种新鲜事物，保持对外部的好奇心。

（5）诚实守信。将诚信作为建立企业信誉和维系商业信任的基本准则，既不哗众取宠，也不虚假浮夸，善待每一位客户、每一个合作者，严格按照商业标准和市场规则提供产品和服务，在法律框架内行事，遵纪守法。

2. 企业家责任的内涵

企业家精神和企业家责任是"一体两面"的关系，企业家精神强调各种精神品质的外在表现，以及为形成这些品质应当坚持的原则和行为规范；企业家责任则侧重于从主观层面寻找企业家坚持创业、勇于创新的内在动因。除了企

创新创业的六个维度：基于 260 家创业企业的深度观察

业家本身的性格特质外，我们认为，企业家对创新的执着和坚守更多地源于对社会、家庭和员工的责任感和使命感。

（1）对社会的责任。很多企业家将推动重大技术创新、解决"卡脖子"技术、改变生产生活方式等作为创新目标和企业愿景，对远大理想的追求成为激励企业和企业家克服困难、坚持创新的内生动力和责任。比如，海斯凯尔在初创阶段就立志成为行业龙头企业，聚焦肝脏无创诊断领域，研发出了全球首台影像引导无创肝纤维化诊断系统所用的瞬时弹性成像技术；研峰科技把解决专用材料和化学领域"卡脖子"难题作为创新方向，坚持以替代进口为产业目标，在多个品类实现了科研新材料和试验材料的国产化。

（2）对家庭的责任。谈到创业的感受，很多企业家都表示，家人的支持是他们面对困难坚持走下去最大的动力，最大的压力也来自家人的不理解，只有咬牙坚持才能不辜负亲人的信任。实际上，很多创业企业最初的资金很大一部分来源于家庭积累，有的甚至变卖房产维持企业运营。从这个意义上讲，创业不仅是企业家的个人行为，对亲人和家庭的责任是激励企业家坚持创新的重要动因。

（3）对员工的责任。企业家对员工的责任感体现在很多方面，包括是不是把保护员工利益放在重要位置，是不是关心爱护员工，是不是愿意为提高员工的职业技能花费时间和成本等。这些问题虽然很难找到统一或客观的评价标准，但员工的感受往往非常直观和真实。比如，有一家公司以咨询顾问的名义招聘员工，但针对新员工并没有建立任何培养机制，而是将大量新人安排在电话销售、客服等基础岗位上来降低运营成本，结果造成很高的离职率。这种做法既无法与员工建立信任关系，也与企业家肩负的责任背道而驰。

二、企业家精神对创业企业的特殊意义

1. 创业过程的复杂性

相对于大型企业或成熟企业，创业企业更需要企业家发挥主观能动性，通过发扬企业家精神解决发展过程中的各种问题。创业过程的复杂性具体表现在：（1）企业过渡期普遍很长。如前所述，截至 2022 年底，样本企业的平均存续时

间为 8 年，其中存续时间超过 5 年的企业占比高达 90%，没有足够的耐心和毅力很难坚持下来。（2）企业面临的风险很高。各种意外事件常常对企业造成致命性打击，比如行业政策的重大调整、突发事件等，非常考验企业家的洞察力和决策能力。（3）企业内外部事务纷繁复杂。企业家既要妥善安排各项工作，又要抓住主要矛盾，需要有充沛的精力和经验去应对各种挑战。对于大部分创业者而言，企业成长的过程也是企业家成长的过程，创业有多难，企业家成长的经历就有多难。

2. 创业企业的决策机制

与大企业相比，创业企业的决策非常灵活，企业家的决策行为很少受到外部干预，但同时也对企业家的决策能力提出了重大挑战。一方面，在公司治理机制不健全的情况下，由于缺乏决策支持，企业家只能靠自己的经验进行选择，特别是在新兴产业和高技术领域，大家都在尝试和探索，很难找到可以借鉴的经验或做法。另一方面，在资源有限的背景下，企业家有时候其实并没有太大的选择余地，比如难以承受大量试错成本，没有能力满足主流加工企业对订单规模的要求，很难进入大企业的供应商名单等。很多情况下，要达成合作必须想方设法绕开这些障碍或限制性条件。余贵珍团队靠踏实肯干和能吃苦的精神打动客户，帮助踏歌智行获得在矿用卡车上的试验机会；张昭通过一年多的耐心沟通，最终获得富士康为希澈科技代工产品的合作，如果没有坚忍不拔的毅力，很难争取到企业快速成长的机会。

三、建议重点关注的几个问题

1. 心理建设

心理建设的主要目的是找到缓解或释放压力的办法。我们发现，在长期和巨大的压力面前很难找到一成不变的解决方案。大部分企业家基本上都能找到适合自己的解压方式，有的喜欢找朋友喝酒，通过倾诉调整心态；有的打一场球，在运动中暂时放空自己；有的参加各种培训班，通过与老师、同学积极交流寻找应对策略和合作机会。有一位企业家曾感慨说，创业很苦，一定要有一个爱好来排遣压力。他的习惯是跑马拉松，在高强度运动中什么

创新创业的六个维度：基于 260 家创业企业的深度观察

都不想，累极了好好睡一觉，第二天起来接着干。此外，减轻压力的另一条重要经验是把最坏的结果考虑清楚，如果能够承受这种结果，其他问题就不会带来更大的压力。

2. 身份转换

虽然经历不同，但几乎所有创业者都面临身份转换问题，包括从没有经验的"菜鸟"向行业专家转变，如大学生创业者；从技术专家向管理专家转变，如科研工作者；从习惯作"甲方"向适应"乙方"身份的转变，如企业高管；从旁观者向主人翁转变，如职业经理人等。很多企业家的经历表明，完成身份转换并不容易。他们要面对身份转变产生的心理落差，重新学习带来的压力，工作状态的调整等。在转换身份的过程中，虽然面临很多困难，但越早进入角色，越有利于企业发展。实践中，一个值得关注的问题是创业的专注度，在高技术领域，由大学教授或学者创办的企业不少，但多数情况下，他们并不完全离开原来的科研岗位，有的由他人代为打理公司，有的两边同时兼顾。受各种因素的影响，这些企业的发展情况各不相同，但从身份转换的角度看，多数都没有完成从科研工作者向企业家的转变。企业家即便在全身心投入的情况下都不能保证成功，而在创业初始阶段，过早采用委托代理方式管理企业有违企业家精神和企业家责任。

3. 总结教训

在向书本、实践和同行学习的同时，企业家更要眼光向内，立足解决企业内部的突出问题，特别是企业家自身存在的问题。比如，有一家企业因为决策失误造成了严重损失，本来是一个总结经验教训、优化调整的好机会，但我们在与员工座谈时发现，他们对此都讳莫如深，创始人也不愿意多说，把问题归结为各种客观原因。其实，创新过程中遇到各种问题非常正常，视而不见、"鸵鸟心态"并不能维护企业家的形象，及时总结教训、敢于剖析自己是企业家在成长过程中必须学会的功课。

4. 开放合作

在建立合作关系的过程中，企业家要重点关注以下问题：（1）对自己的能力边界要有清醒的认识。要敢于承认自己的不足，通过合作、分权找到合适的人弥补自身的缺陷。比如，李行武在意识到自己在公司管理上的短板后，及时引进外部专业人士出任博学慎思的CEO，自己则改任技术总监专注于技术开发。（2）抓住阶段性合作的重点。创业企业建立外部合作关系是一个渐进的过程，企业家要抓住各种机会积极扩大外部联系。但要抓住重点，有些事项要紧抓不放，但有些事情不宜花费太多精力。比如，在早期阶段花费大量时间去寻找外部融资效果并不理想。（3）克服畏难或恐惧心理。比如，某智能制造企业在与别人合作过程中，股东权益受到侵害，创始人干脆另起炉灶设立了"一人"有限公司不与任何人进行股权合作，这样做虽然解决了股权纠纷问题，但在业务合作、资金融通、风险控制等方面又出现了新的问题。本质上，管理风险、技术风险、业务风险和对外合作风险等都是创新过程的组成部分，正确的态度是积极面对、总结经验，不克服"一朝被蛇咬，十年怕井绳"的心态，将严重限制企业发展。

第三节　过渡阶段的变化和调整

本节结合创业企业在过渡阶段的主要变化，总结企业在公司治理和人力资源管理领域的突出问题和解决方案，包括公司治理的优化方向、团队建设的主要原则、人力资源管理的优化方向和基本原则。

一、过渡阶段的主要变化

通过对存续时间在1~7年的样本企业的人员结构、股权结构及其变动，以及对外合作等相关数据的统计（见图3-3），我们发现创业企业在过渡阶段的主要变化包括以下几方面。

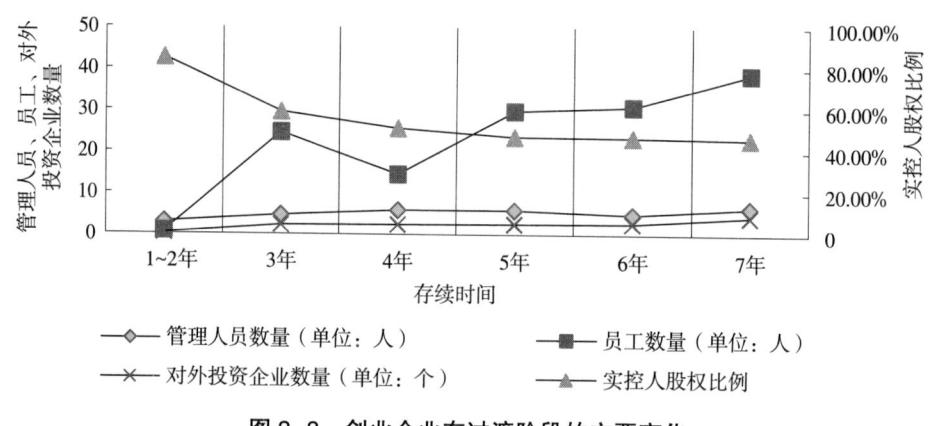

创新创业的六个维度：基于 260 家创业企业的深度观察

图 3-3　创业企业在过渡阶段的主要变化

1. 员工数量显著增加，企业的人才需求以及对人才的吸引力逐步增加

总体上看，创业企业在过渡阶段的员工规模呈递增趋势，一方面表明，随着创新和业务活动的开展，企业的用人需求在不断增长；另一方面表明，随着风险逐步释放，企业对人才的吸引力在不断提高。同时，我们也发现，处于这一阶段的创业企业整体上员工规模并不大，甚至在个别年份还出现员工平均数量下滑的现象，说明创业企业在过渡阶段的发展仍然面临很多波折和不确定性。

2. 随着股权结构的多元化发展，企业需要高度重视公司治理结构优化和团队建设问题

引入外部投资人、实施员工持股计划以及核心创始人向其他团队成员转让股权是创业企业股权结构多元化的主要原因。特别是在引进外部投资人的情况下，除了股权结构发生相应变化外，随着投资人推荐的董事、监事以及高管人员参与公司管理，企业的治理结构也随之发生变动。比如，决策机构由执行董事变更为董事会、监督机构由监事调整为监事会，这些变化对公司重大事项的决策方式、决策程序等提出了新的要求，需要尽快适应从个人决策向集体决策、从非正式决策向规范化决策的转变。

3. 随着企业对外联系的增多，现有管理方式和管理手段需要进一步优化

随着股权结构、员工规模、业务范围的变化，企业需要进行内外部协调和协作的事项显著增加，很多陈旧的方式方法已经不适应管理活动和业务活动日

益复杂化的要求。比如，在业务快速发展的背景下，创始人分身乏术，需要通过授权或分权等方式解决多目标、多任务同时推进的问题；随着员工规模的扩大，需要通过组织创新和制度创新更有效地解决分工协作和激励约束问题；随着业务重心的阶段性变化，企业需要对人才使用、人员储备等作出更有前瞻性的安排。

二、管理方式及其优化方向

1. 从随机管理到自觉管理

从随机性的自发管理逐步转向有计划的自觉管理是小企业向成熟企业过渡的一般规律（宋远方 等，2018；陈坤 等，2018；贾建峰 等，2018）。其主要目的：（1）通过对各项活动有意识的干预建立经营秩序，更好地进行生产组织。在早期阶段，减少对各项创新活动的干预有助于保持企业的创造性和灵活性。但随着企业规模和业务条线的增加，"重业务、轻管理""重效率、轻规则"等做法已不能适应发展要求。比如，如何解决资源在不同业务单元之间的分配，如何平衡不同创新目标之间的优先性等，这些问题既涉及企业为确保创新效果进行的评价和选择，也涉及工作层面的利益调整和工作分工，主动干预和行政管理手段成为避免资源错配和方向性偏差的必然选择。（2）通过建立完善的公司治理结构，解决企业内外部信息不对称问题，为企业发展营造良好的外部环境。公司的管理效率、管理透明度等问题既是投资机构在进行投资决策时重点考虑的问题，也是政府、客户或供应商以及其他利益相关者判断企业的重要依据，通过完善公司治理结构，可以向外界传递更多正向信息，帮助企业争取更多的合作机会。

2. 逐步完善公司治理结构

建立规范的现代企业制度是企业完善治理结构的基本方向。在过渡阶段，创业企业尤其要重视两个问题：一是公司治理结构的调整优化要有利于保持企业的创新活力；二是企业家对完善公司治理结构负有特殊责任。我们发现，即使在建立董事会之后，很多企业的重大决策仍然以创始团队为主，外部投资人对企业的影响或干预非常有限。之所以发生这一现象，最主要的原因是投资人

创新创业的六个维度：基于 260 家创业企业的深度观察

意识到创始团队是企业创新活动的主要推动者，过度干预不利于企业的成长发展。此外，早期投资金额不大、基金投资的阶段性以及追求财务回报而非控制公司为目标的投资策略，也对投资人主动参与公司管理的积极性有一定影响。从这个意义上讲，过渡阶段的决策机制更多地表现为创始团队与外部股东之间的妥协或共识。虽然这种模式与建立在"两权分离"基础上的治理理念存在一定差异，但比较好地解决了决策主体与决策监督者之间的矛盾，既保持了决策的连续性和灵活性，也为必要的约束和监督保留了空间。

虽然投资人愿意将部分决策权或管理权"让渡"给创始团队，但从长期看，随着业务发展特别是对外合作的增加，企业必须尽快建立起与包括股东在内的利益相关者之间的正式合作机制。在这个过程中，企业家应发挥主导作用，进行主动干预和积极引导。实践中，一个比较突出的问题是企业家不愿意放弃原有的工作习惯或管理理念，有的习惯自己决策或直接指挥，团队和员工也对这种扁平化的管理方式习以为常。但在决策基础和决策机制发生变化的情况下，继续沿用这种方式不但会严重损害股东之间的信任关系，也会让其他团队成员丧失存在感和积极性。有的则走向另一个极端，在企业发展到一定规模后仍然采用高度放权、分散决策的"无政府主义"管理方式，结果造成不同团队之间对资源的无序争夺，企业也失去发展的重心。从表面上看，这些问题是各种"经验主义"的自然延续，但本质上是对企业阶段性发展及其管理规律理解不够深刻，对与外部合作者建立稳定的信任关系的重要性缺乏清醒的认识。

3. 团队建设的方向和原则

在过渡阶段，团队优化的重点是尽快解决人员不完整、结构不合理问题。很多企业反映，团队最缺的是销售人才，其次是专业技术人才、财务和管理人才。实践中，企业主要通过外部引进和内部培养两种方式解决人才短缺问题。对处于相对成熟的产业或领域的企业而言，通过外部引进人才优化团队结构的效率比较高，也是被经常采用的做法。但对于在新兴产业和全新市场创业的企业而言，单纯依靠外部市场则很难解决专业人才短缺问题。一方面，在人才供给存在结构性短缺的背景下，市场上根本找不到现成的人才；另一方面，市场开发难、产品销售难的主要症结并不是缺乏销售技巧，而是销售人员对技术、产品及其应用场景的理解不够深入,难以打动或说服客户。有的企业家非常自豪地说,销售并不难,自己就是最大的推销员。根本原因不是他们拥有比别人更丰富的销售经验,而是对自己的产品更熟悉,能把产品的技术特点和应用效果说清楚。实际上,很多高技术企业都把内部培养作为解决团队结构问题的主要方式。比如,数码视讯的郑海涛在负责技术的同时兼管市场,海博思创的电池专家舒鹏负责销售,生物专业出身的鲁薪安担任艺妙神州的CMO等。他们虽然不是科班出身,但对企业情况非常熟悉,即便缺少销售经验,也能在实战中得到积累。

团队建设的另一个核心问题是建立有效的合作机制。主要原则包括:(1)慎重选择。首先是明确用人标准,避免因用人不当影响合作效果。关于用人标准,企业家提到最多的是志同道合、价值观、创业理念、共同的兴趣爱好等词汇。比如,阿丘科技创始人黄耀曾说:"选择合伙人最重要的是志同道合,有的创业团队阵容豪华,技术、商业、管理,看似齐整,实际上形聚神散。"此外,在通过外部方式选择团队成员时,要重视引进人才与企业之间的磨合问题,要为人才退出保留必要的空间,包括设置一定的"观察期",建立必要的考核机制,避免直接进行股权激励,防止出现"请神容易送神难"问题。(2)共同成长。共同成长既是对团队成员的要求,也是对企业提出的要求。团队成员不能只讲利益不谈责任,企业也不能只谈付出不讲分享,信任和合作必须以风险共担、利益共享为基础。在推动建立信任关系的过程中,企业家的意识和心胸非常关键,既要积极倡导共同成长的理念,更要把对团队的信任真正落到实处。图湃医疗的创始人王颖奇曾说:"优秀团队的重要性比创始人更高。"为了与大量优秀人才形成长期稳定的合作关系,他们持续增发ESOP,连续三年推进全员股权激励计划,覆盖人数接近公司员工规模的50%。(3)尊重规则。规则的主要目的是为科学决策、合法决策、及时决策制定标准。尊重规则要求创始人首先要有规则意识,通过积极与其他团队成员特别是外部投资人委派的董事、高管等建立沟通和信任关系,避免因"单打独斗"或"一言堂"等习惯性做法影响团结。此外,在企业发展的早期阶段,团队成员之间可能存在类似于"君子协定"的约定,比如决策委员会、委托管理小组等。随着企业治理结构的不断完善,要把非正式决策机制逐步纳入公司治理框架，确保管理标准和管理规则的统一、透明和规范。

三、人力资源管理的规范化

1. 人力资源管理的优化方向

人力资源管理的主要任务是保证组织对人力资源的需求得到最大限度的满足；最大限度地开发和管理组织内外部人力资源，促进组织的持续发展；维护与激励组织内部人力资源，使其潜能得到最大限度的发挥，使其人力资本得到应有的提升和扩充（郑志刚 等，2016；郑鸿 等，2017）。

在过渡阶段，虽然企业仍然处于人员规模小、员工队伍不稳定的状态，但与启动阶段相比，人力资源面临的各种问题和管理难度显著增加。从实践角度看，应重点关注两个问题：（1）进一步提高管理规范性，有效减少劳动纠纷。如前所述，在创业企业发生的诉讼案件中，劳动争议案件的整体占比很高，其中很多问题通过加强管理是完全可以避免的，比如不及时与员工订立劳动合同、合同文本不规范、合同到期后不及时续签等。在企业规模小、员工数量少的情况下，这些问题可能并不突出，但随着企业发展和员工规模的扩大，如果不及时纠正，可能会产生严重影响，解决问题所需的成本也将显著提高。（2）进一步提高人力资源保障能力。随着各项创新活动的阶段性推进，企业的人才需求数量、结构等都在发生变化。通过非正式渠道或个别招聘等方式临时解决人才问题的办法已经不能适应企业的发展要求，需要将人力资源工作尽快纳入日常管理范畴，包括建立常态化的人才招聘和储备渠道、建立必要的员工评价和考核机制等。在加强人力资源保障能力建设的过程中，要高度关注人员的非理性增长问题。突出表现为因受部门利益或其他因素驱动，大量招聘造成冗员。比如，有一家企业业务规模并不大，资产和财务工作也不复杂，但财务部门非常庞大，不但人力成本居高不下，各项管理和服务工作也人浮于事、效率低下。产生这一现象的主要原因在于，没有在公司层面及时建立统一的招聘机制和员工评价机制，不同部门各行其是，甚至相互攀比，难以有效遏制人员膨胀。

2. 人力资源管理的基本原则

在向规范化管理过渡过程中，创业企业的人力资源管理应重点考虑合法化、市场化、个性化等原则。（1）合法化原则。这是人力资源管理的最低标准，即建立劳动关系、人才使用到劳动合同终止等都要符合国家法律法规的要求。实践中，有些违反劳动法、劳动合同法的问题并非有意为之，而是由缺乏基本法律常识或忽视管理细节造成的。比如，试用期满后未及时签订书面劳动合同，变更岗位未及时对相关合同条款进行调整，薪酬调整后未相应调整社保缴纳基数等，只要对有关劳动法的基本知识有所了解，完全可以避免类似问题的发生。（2）市场化原则。市场化要求企业根据市场供求关系和企业的实际情况综合考虑具体招聘对象和招聘条件。比如，为了吸引人才，可能需要支付更高的薪酬标准或提供其他激励措施以弥补吸引力不足的问题。为了降低成本，有些创始人利用工作便利请自己的助手、学生等参与部分工作，这在技术攻关或处理阶段性工作时确实可以提高效率，也便于管理，但从可持续发展的角度看，不宜将此作为解决人才常态化需求的主要方式，否则很难保证员工队伍的稳定性，从权利和义务的角度也无法做到权责利一致。（3）个性化原则。个性化要求对员工的培养使用要因人而异、因材施教。内部培养既是有效提高员工工作技能的重要方式，也是企业与员工建立稳定信任关系的过程。很多企业家都认识到培训工作的重要性，但在培养方式的针对性、有效性等方面仍然有很大的提升空间。很多情况下，制定培养方案的难点并不在方案本身，而是如何建立信任关系。有一位企业家本身是非常有名的技术专家，因为担心员工跳槽、技术秘密泄露，不愿意向其他人传授技术，公司技术部门十几个人只能长期从事基础技术工作和信息维护工作，重大技术项目和技术改进全靠他一个人完成，结果公司始终无法实现规模化发展。实事求是地讲，这种担心并非多余，但也并不可取。解决人才培养中的技术保护问题可以通过培养方案与激励措施相结合、培养计划与违约补偿相结合等制度性安排来解决，而不是因噎废食。

3. 人力资源管理的基本制度

在过渡阶段，企业要尽快解决"有法可依但无章可循"的问题。在很多劳动争议案件中，相关法律法规及其适用并不存在争议，问题在于证据收集和证据认定。比如，在判断员工是否违反企业内部规章制度或劳动纪律时，既要看企业是否有相应的规定，也要看相关制度的执行情况。从我们观察到的情况看，有两个问题比较突出：一是企业没有建立基本的管理制度，或者不考虑企业实际直接照搬其他企业的制度或范本；二是企业虽然制定了相关制度，但没有经过必要的决策或公示程序，比如未以公司名义公开发布、没有向员工传达或组织员工学习等，制度缺失或制度执行不规范让很多企业在纠纷发生后面临很大的举证困难，也是很多案件败诉的重要原因。

创业企业可能暂时没有能力，也没有必要像大企业那样建立严密的制度体系，但一定要根据企业的发展阶段和实际情况把一些基础性、关键性领域的制度建立起来。从人力资源管理的角度看，主要包括：（1）招聘管理制度，重点解决人力资源统一管理和选人用人流程规范化问题；（2）劳动合同管理制度，包括标准劳动合同文本及配套保密协议、竞业禁止协议，试用期管理规定，以及劳动合同变更、终止、解除的具体管理规定和操作流程；（3）员工考核评价和薪酬管理制度，包括岗位说明书、工作考核指标及绩效使用方法、薪酬管理与奖惩办法、考勤及休假管理办法等；（4）员工手册，汇编企业人事管理和劳动关系管理的相关制度和相关工作纪律、工作流程，并做好培训和领用记录。

第四节 有效的激励约束

本节梳理创业企业在实施股权激励、员工持股计划以及其他激励约束措施过程中的突出问题和认识误区，总结企业在选择激励方式、建立长效激励机制、评价激励效果等方面的经验和需要关注的问题。

一、股权激励

1. 股权激励的主要功能

股权激励是企业常用的员工激励方法，通过给予员工部分股权权益，建立员工与企业的利益共同体，促进企业与员工共同成长，帮助企业实现稳定发展的长期目标。股权激励的对象主要是企业管理层和核心人才。股权激励的主要功能包括：（1）通过利益捆绑降低代理成本，充分发挥员工的积极性和创造性，确保人才稳定和企业持续发展；（2）通过平衡员工的当期收益和长期回报，弥补工资、奖金等薪酬体系长期激励效果不足的缺陷；（3）通过股权和公司治理结构赋予员工部分决策权和管理权，回应员工参与公司管理的诉求。

常见的股权激励方式包括普通股权激励模式、虚拟股权激励模式以及虚实结合的股权激励模式等。其中，普通股权激励模式是在一定条件下直接授予激励对象目标企业的普通股权，激励对象在参与公司管理决策、收益分配和风险承担等方面与其他股东具有同样的权利义务；虚拟股权激励模式包括虚拟股票、股票期权等形式，激励对象只有分红权，本质上是其他股东将部分利润的分配权让渡给激励对象，虚拟股权激励并不涉及公司股权结构的实质性变化；虚实结合的股权激励模式主要指激励对象在一定期限内持有股票期权或分红权，但在满足一定条件后有权将持有的虚拟股票转换为普通股权，成为普通股东。

2. 股权激励的实施效果

（1）股权激励措施与企业的阶段性创新效果紧密相关。样本企业中，针对管理层和核心骨干员工实施股权激励的企业占比为17.82%，这些企业的共同特点是创新活动已取得阶段性进展，员工规模、业务规模得到一定增长，企业具有良好的成长性和持续发展能力。比如，大部分实施股权激励的企业技术研发和产品开发已取得突破，产品进入试用或小规模量产阶段；在剔除员工人数超过1000人的3家企业后，样本企业员工规模均值为43人，而实施股权激励的企业员工规模均值为58人；样本企业对外融资次数均值为2次，实施股权激励的企业对外融资次数均值为4次。

（2）实施股权激励的企业主要集中在人工智能、集成电路、新能源、生物医药等新兴产业和高技术领域，说明在这些领域存在比较明显的人才结构性短缺问题，同时也表明通过采取恰当的激励措施可以在一定程度上抵消人才吸引力不足的劣势。

（3）企业实施股权激励的方式呈现多元化特征。从具体模式看，大部分企业直接向激励对象授予普通股权,也有部分企业通过设立有限合伙企业的方式让激励对象间接持有公司股权,还有少数企业采用了虚拟股权、股票期权等过渡性激励模式。从激励范围看,激励对象主要集中于核心技术人员,其次是关键市场人员和管理人员。从激励程度看,用于激励的股权占全部股权的比例介于5%~18%,均值为12.53%。

(4)核心创始人的经营理念、合作精神对实施股权激励具有决定性影响。在实施股权激励的企业中,很多创始人都强调要高度重视人才,并愿意与团队分享企业发展成果。比如,样本企业中实际控制人的平均持股比例为43.82%;在实施股权激励的企业中,这一数值降低为37.31%;在同时实施股权激励和员工持股计划的企业中,这一数值进一步降至35.64%。但从实际情况看,无论是业务进度还是创新效果,这些企业都呈现出良好的发展态势。

3. 股权激励措施的局限性

股权激励发挥作用的基础是企业愿意与团队分享利益、团队愿意与企业共担风险,其本质是双方对企业长期发展的责任和信心达成共识,一旦信心基础出现问题,股权激励的效果也会大打折扣。实践中,影响股权激励实施效果的主要因素包括:(1)时机选择不当,在企业发展前景不明朗或者发展遇到困难的时候,实施股权激励的动机往往受到怀疑。比如,企业是否借机圈钱来缓解资金困难、参与激励计划是否会被长期套牢等,这种情况下不论方案如何设计都很难得到积极响应。(2)激励方案要考虑周全,不能因为实施股权激励引发矛盾或造成不公平。有的企业为了引进关键人才不惜开出包括给予股权在内的各种优厚条件,从加快发展的角度看本无可厚非,但其他成员可能会有不同看法。因此,核心创始人需要与其他成员提前沟通,达成共识,以免影响团队合作和成员积极性。(3)激励方式要考虑股权的流动性及其对公司治理的影响。直接授予普通股权可以最大限度发挥股权的激励约束作用,也是对激励对象最有利的方式,但在需要对经营团队作出调整的情况下,这种方式往往限制公司的选择余地。间接持股或虚拟股权虽然在结构设计上相对复杂,但从股权流动和结构调整的角度看则更加灵活。

二、员工持股计划

1. 员工持股计划的主要功能

员工持股计划（Employee Stock Option Program）起源于20世纪50年代的美国。通常认为，员工持股计划是实现员工的股票所有权的一种形式，是企业所有者与员工分享企业所有权和未来收益权的制度安排，员工通过购买企业部分股票或股权，拥有企业部分产权并获得相应管理权。员工持股计划的主要作用包括增加员工参与企业管理的机会，提高企业民主管理基础；扩大企业资金来源，增加员工收入；增加企业员工队伍的稳定性，为员工提供更多的安全保障；调整企业收益权结构，转变企业约束机制等。这一制度引入我国后，理论界和实务界结合我国实际情况进行了必要调整，我国创业企业在采用员工持股计划时更强调员工的收益功能、企业的融资功能及稳定员工队伍的功能。

在激励对象、股权来源、权属性质等方面，员工持股计划与股权激励措施存在较大差别。从激励对象看，股权激励重点关注核心管理团队和部分技术骨干，员工持股计划涵盖的范围则远大于股权激励的范围，既可以包括关键岗位人员，也可以包括中层管理人员和业务人员。从股权来源看，用于股权激励的股权要么来源于创始人持有股权的转让，要么来源于企业增发的股份；员工持股计划的股权则主要来源于增发的股份。从权属性质看，股权激励既可以采用直接持股方式，也可以采用间接持股或虚拟股权方式，在直接持股的情况下，激励对象拥有参与企业管理决策的权利；员工持股计划则主要采用虚拟股权或间接持股方式，对企业管理决策的影响并不明显。

实践中，很多创业企业并不严格区分股权激励措施和员工持股计划。比如，通过设立一个有限合伙企业，同时承担团队股权激励和员工持股计划的功能，团队成员和其他员工的主要差别表现为各自持有不同的有限合伙人份额。这种结构安排的主要原因是企业在早期阶段员工数量有限，核心成员和普通员工的界限并不清晰。但其局限性也非常明显，随着企业进一步发展，单纯以有限合伙人身份对核心成员进行激励可能无法满足其参与企业管理决策的诉求。

创新创业的六个维度：基于 260 家创业企业的深度观察

2. 员工持股计划的实践情况

（1）企业实施员工持股计划的情况并不普遍。样本企业中，实施员工持股计划的企业占比 12.75%，同时实施股权激励和员工持股计划的企业占比 8.51%，这与创业企业在过渡阶段整体上仍处于人员规模小、业务发展不稳定的现实情况基本吻合。此外，现有员工持股计划全部采用有限合伙企业作为载体，持股比例介于 3%~18%，均值为 8.35%。无论从股权比例还是持股方式看，其对企业管理决策的影响都非常有限。

（2）员工持股计划与引进外部投资同步实施。大部分员工持股计划与企业 A 轮或 B 轮融资同步启动，这种安排既有企业为员工提供投资机会的考虑，也有外部投资人希望企业保持员工队伍稳定、建立更加有效的激励约束机制的因素。

（3）与股权激励相比，员工持股计划的激励条件更加市场化。企业通常以同一时期引入外部投资人时的估值作为员工持股计划的定价依据。与其他投资人相比，企业可能会在款项缴纳时间、方式等方面为员工提供必要的便利，但在价格方面一般不存在优惠或折扣。股权激励则可能表现为对激励对象的奖励甚至赠与，或者其本身就是人才引进对价的一部分。

3. 员工持股计划实施中的问题

员工持股计划实施过程中最突出的问题是资金的来源问题。虽然理论上可以通过企业借款、企业担保支持银行信贷等方式解决，但在企业自身资金紧张、担保能力有限的背景下，这些方式很难适用。实践中，比较通行的做法是从员工薪酬中定期代扣部分款项，分期缴纳股权对价。这种做法原则上并不违法，但在计算员工社保缴纳基数、所得税核算等环节容易引发纠纷，同时也存在员工接受度的问题。企业需要关注的另一个问题是员工持股计划实施后的人员流动问题。因加入或退出员工持股计划引发的争议并不少见，主要问题是合伙协议的约定不够细致。比如，未对入职、离职、退休、继承等情况下的入伙条件、退伙事由等作出约定，因条款约定不明造成理解歧义引发纠纷等。此外，虽然大部分企业选择在引入外部投资时实施员工持股计划，但从实际效果看，更早启动员工持股计划不仅有助于降低员工的参与成本，也更容易取得员工的信任。

比如，深圳乾行达在首轮融资前一年就完成了第一期员工股权激励，员工的参与度和反馈效果都非常理想。

三、建议关注的几个问题

1. 激励措施要实事求是，量力而行

在过渡阶段，创业企业在选择激励方式时常常面临两难，从发展的角度看，可能更倾向于采用中长期激励以减少当期成本支出，但在这一阶段采用股权或期权等激励措施对员工通常没有足够的吸引力。在长期激励无法达到预期效果的情况下，企业只能将短期激励作为主要激励手段，包括提高工资水平、增加项目提成、发放福利奖金等。这些做法虽然有一定效果，但很容易遇到"由俭入奢易、由奢入俭难"的问题。在无法维持现有激励水平的情况下，对员工薪酬结构、工资水平的调整通常面临非常大的阻力，激励效果也显著降低。比如，一家企业在获得外部投资后，通过大幅提高薪酬待遇激发员工的积极性，效果也不错；但在发展遇到困难时，很多员工不是选择与企业共渡难关，而是尽快辞职，留下来的人也不愿意接受降薪，企业被迫裁员。在企业仍然处于投入阶段、无法通过业务收入补充现金流的情况下，可以采取适当激励措施加快创新进程，但要综合考虑员工激励和企业发展的关系，将激励水平控制在可持续、可承受的范围内，不能把非经常性收入作为实施激励的依据或主要资金来源。

2. 重视股东的短期行为及其影响

有效的激励机制不仅包括对员工的激励约束，也包括对股东各类短期行为的约束。（1）对原始股东特别是主要创始人"套现"行为的约束。在参与创业企业投资的过程中，投资人出于对交易价格、公司股权结构、治理结构等因素的考虑，可能愿意以股权转让的方式受让原始股东的部分股权。这种方式既有利于适度分散公司控制权，也能让创始人获得阶段性回报。但这个"度"往往很难把握，单纯的股权比例或交易价格并不足以准确判断转让行为对创始人的价值和行为取向的影响。要消除"套现"问题对企业发展的影响，可以通过交易方案设计来规避各种风险，但更主要的是靠企业家的责任感和自我约束。为了打消投资人对公司股权结构过于集中的顾虑，小土科技创始人祝金甫在公司

创新创业的六个维度：基于 260 家创业企业的深度观察

融资时将自己持有的部分股权转让给了投资人，但他随即将股权转让收入又以借款方式投入公司技术研发，不仅让员工深受感动，也进一步增加了投资人对企业的信心。当然反面案例也不少，比如，一位企业家在股权"套现"后，热衷于参加各种社会活动，将公司事务交给其他团队成员打理，结果技术研发长期停滞不前，不仅让投资人十分被动，员工也纷纷离职。（2）对机构股东分红要求的约束。持续保持高强度技术投入是很多创业企业快速成长的重要原因。但做到这一点并不容易，特别是在业务有所起色、现金流改善的情况下，股东对企业发展方式、发展节奏往往容易产生分歧。比如，视美乐、清华阳光等都曾遇到类似问题。清华阳光是我国太阳能技术行业的启蒙者，也是世界首部全玻璃真空太阳能集热管国家标准的参与者，早在 2011 年就建成了全球首条集热管自动化生产线。但在引入外部投资后，股东对公司发展战略发生了严重分歧，很多重大决策趋于保守，利润也主要用于分红，致使企业没有足够的资金用于发展。清华阳光虽然是太阳能行业的拓荒者，但并没有在行业快速发展中把自身的潜力真正发挥出来。

3. 物质奖励与精神激励的平衡问题

任正非曾经谈到，管理者与员工之间的矛盾的实质是公司目标与个人目标的冲突。公司考虑的是企业的长远利益，员工则主要考虑短期利益，因为员工不知道将来是不是还在华为工作。华为为此不断调整员工薪酬结构中短期回报和长期回报的比例关系，适当增加一些短期性待遇，包括确保员工生活无后顾之忧，压缩分红、提高奖金，把"工作"作为工作的报酬等，其中把"工作"作为报酬即属于精神激励的范畴。华为公司明确将组织权利分配或任职资格、处理问题的权利和责任、职位晋升等职业成长机会列在经济利益之前，充分肯定精神激励的价值。

从我们观察的情况看，创业企业虽然也重视对员工的精神激励，但总体上看并没有将其放在与物质奖励同等重要的位置进行考虑。其突出表现在：（1）激励措施针对性不强，没有客观反映创业企业的人才特点和员工需求。明略科技创始人吴明辉说："在企业业务模式不清晰的时候，最优秀的人因为选择过多，机会成本很大，所以很难留住。绝大多数时候，企业第一天就能留住、跟企业干的人，一定不是最优秀的那批人。但是在这个过程中，企业要帮助有潜力的人成为最优秀的人。"从人才成长的角度看，很多员工可能更看重工作经验和职业技能的培养而非单纯的物质需求。虽然很多企业都强调员工学习的重要性，但实际效果并不明显。比如，培训计划缺乏系统性、师父教徒弟缺乏耐心、对员工的个性化培养不足等。结果是企业花费了大量精力，但员工并不满意。(2) 对激励措施的作用规律认识不够深入，忽视精神激励的情感属性。精神激励的核心是通过对员工行为的肯定和宽容去激发其认同感、创造力和获得感。有些激励措施，包括职位晋升、授予荣誉称号、提供学习机会等本身具有很强的情感属性，不能单纯按照商业化思维去评价其实施效果。这就要求企业家要充分重视与员工的沟通交流，通过逐步建立信任关系，在帮助员工成长的过程中找到恰当的激励措施。

扩展阅读

创业企业为什么频发劳动争议？

劳动争议是创业企业经常遇到的法律纠纷。样本企业中，劳动争议案件占全部诉讼案件的比重超过18%，涉案企业数量接近25%，但整体胜诉率仅为12%。造成这一现象的主要原因：(1) 缺乏规范管理意识，比如，不按照法律和政策要求与劳动者订立劳动合同，随意调整或变更劳动岗位及薪酬待遇，劳动合同解除程序不规范等；(2) 缺乏法律知识和案件应对能力，比如，对法律政策不熟悉，没有专业管理人员，未建立相关规章制度等；(3) 维权意识不强，纠纷处理不及时，比如，矛盾发生后不及时与劳动者沟通，案件应对准备不足，缺乏必要的证据意识等。以下我们结合具体案例对实践中的常见问题进行梳理总结。

创新创业的六个维度：基于 260 家创业企业的深度观察

一、劳动合同订立和变更中的常见问题

1. 关于未与劳动者签订书面劳动合同

《中华人民共和国劳动合同法》（以下简称《劳动合同法》）第十条明确规定，"建立劳动关系，应当订立书面劳动合同。已建立劳动关系，未同时订立书面劳动合同的，应当自用工之日起一个月内订立书面劳动合同。用人单位与劳动者在用工前订立劳动合同的，劳动关系自用工之日起建立。"第八十二条规定，"用人单位自用工之日起超过一个月不满一年未与劳动者订立书面劳动合同的，应当向劳动者每月支付二倍的工资。用人单位违反本法规定不与劳动者订立无固定期限劳动合同的，自应当订立无固定期限劳动合同之日起向劳动者每月支付二倍的工资。"根据上述规定，劳动合同是用人单位与劳动者建立劳动关系之必备文件，应由用人单位在用工之日起的一个月内主动与劳动者订立。逾期未订立的，应承担向劳动者发放二倍工资的责任。

2. 关于未与劳动者续签劳动合同

《中华人民共和国劳动法》（以下简称《劳动法》）以及《劳动合同法》对此未作出明确规定，但结合现有司法解释和司法实践，基本可以认为，劳动合同期满后，劳动者仍然在原用人单位工作且用人单位未表示异议的，应当在劳动合同期满前与劳动者续签劳动合同，否则应向劳动者每月支付二倍工资，该二倍工资的起算点为劳动合同期满之次日，设有一个月续签的宽限期。统计案例中，除用人单位能够证明系劳动者拒绝订立劳动合同外，对于未签订书面劳动合同的情形，用人单位均被判向劳动者支付二倍工资差额。

3. 关于劳动关系认定

确认是否存在劳动关系，应当结合双方权利和义务的履行情况进行判断，并从双方是否存在人身依附性及财产性，劳动者是否实际受用人单位管理、指挥或者监督等方面进行综合考量。实践中，用人单位股东安排员工至用人单位任职以及用人单位安排员工到股东单位或其他岗位任职的情形并不少见。对于此情形，劳动关系的认定应当结合劳动者的工作内容、管理以及工资发放、社保缴纳等因素综合确定。

4. 关于调整劳动者工作岗位和薪酬

《劳动法》第四十七条规定："用人单位根据本单位的生产经营特点和经济效益，依法自主确定本单位的工资分配方式和工资水平。"依照上述规定，用人单位拥有用工自主权，有权根据自身生产经营需要，员工的工作能力、工作态度以及绩效情况调整工作岗位及薪酬标准，但用人单位调整劳动者的工作岗位应符合合法性、合理性、必要性以及非侮辱性、非惩罚性要求，否则劳动者有权拒绝用人单位的调岗要求并继续在原岗位工作。《劳动法》以及《劳动合同法》等均明确规定，劳动者的工资不得低于用人单位所在地最低工资标准。因此，无论用人单位因何原因调整劳动者薪酬，都不得低于当地最低工资。此外，现有的劳动法规虽然并不完全禁止用人单位调整劳动者薪酬，但应当正当、合法、具有合规事由。统计显示，在用人单位以经营状况转差为由降低劳动者薪酬的案件中，司法机关认为该理由不充分的主要原因在于用人单位的薪酬调整制度不完善、调薪流程不明确、相关证据不充分。

5. 关于调整劳动者工作地点

用人单位调整或变更劳动者的工作地点的相关事项，法律并无明确规定。由于工作地点变动不仅涉及劳动合同变更问题，还关系到劳动者的住房、子女教育、家庭等诸多现实问题。因此，在客观情况未发生重大变化的情况下，公司不应随意调整劳动者的工作地点。企业因工作内容和工作性质必须对劳动者工作地点进行调整的，建议在劳动合同和公司规章制度中予以明确，并做特别说明。司法实践中，用人单位对相关调整及其合理性负有举证责任，建议企业高度重视相关调整的规范性，包括建立健全相关规章制度确保有章可循，进行必要的公示和培训，加强与员工沟通并保存相关证据等。

二、劳动报酬及员工福利待遇方面的常见问题

1. 关于工资支付

依照《劳动法》《劳动合同法》的规定，按照劳动合同约定和国家规定及时足额发放劳动报酬是用人单位的义务，违反上述规定的，用人单位除应补足工资外，还需额外加付赔偿金。同时，劳动者在年休假、产假、婚假等法定带

薪休假期间，用人单位亦应足额发放工资。用人单位将劳动者工资拆分为岗位工资（基本工资）加绩效工资加补贴等多个部分的，若不存在与业绩、考核挂钩的部分，应为劳动者发放全额工资，不得以劳动者休假为由仅发放基本工资。实践中，为保持劳动者稳定性，用人单位通常设立年终奖对劳动者提供奖励，部分用人单位也将年终奖数额明确约定于劳动合同中；或者虽未作约定，但每年均发放固定数额的年终奖。这种状况下，年终奖事实上构成劳动者工资的一部分，用人单位若无正当、合法事由，不得无故取消。但对于与业绩挂钩的绩效工资和年终奖，用人单位有权根据劳动者的考核情况、业绩状况等作出调整，相关调整应具有合同依据和制度依据。

2. 关于加班

加班的具体含义及其举证责任分配是司法审判中的难点。《最高人民法院关于审理劳动争议案件适用法律问题的解释（一）》第四十二条规定，"劳动者主张加班费的，应当就加班事实的存在承担举证责任。但劳动者有证据证明用人单位掌握加班事实存在的证据，用人单位不提供的，由用人单位承担不利后果。"这一规定表明，加班事实的初步举证责任在劳动者一方。在统计案例中，劳动者往往自行提供或申请用人单位提供考勤记录，用工作时间证明加班事实的存在。但仅有该证据的，一般难以被法院支持。司法机关的主要理由是加班不仅仅是时间的经过，而是劳动者在正常工作任务之外，为完成用人单位工作任务继续从事劳动，加班必须以特定的工作内容为支撑。在劳动者主张加班工资并胜诉的案例中，其证据可归纳为三类：（1）除考勤记录外，劳动者提供了用人单位布置工作任务的微信群聊天记录；（2）劳动合同明确记载采用标准工时制度，比如，劳动者的工作时间规定为每周一至周六，每天工作8小时，该约定已经超出了《劳动法》规定的正常工作时间，可被认定为加班；（3）用人单位向劳动者支付了加班待遇，比如车补、饭补等。用人单位根据自身经营特点安排劳动者加班在所难免，但应合理设置加班制度，避免支出不必要的费用。具体措施包括规范劳动合同约定，避免劳动合同约定的工作时间超出劳动法规定的限度；完善加班审批制度，加强加班流程管理，并确保审批制度的有效性和严格执行；通过培训、公示等方式确保劳动者知晓、同意加班规定和加班流程；加班福利应与审批制度相辅相成，避免出现加班审批与加班福利相冲突。

3. 关于报销款、垫付款

极少数案例中，法院将报销款、垫付款认定为用人单位的内部管理问题，因此在劳动者通过仲裁程序主张权利时，未予以支持。大多数案例中，法院考虑报销款、垫付款发生的原因以及劳动者自行主张的难度，在审查证据三性后支持了劳动者的请求。针对以上司法态度，建议用人单位完善财务制度，加强财务管理，规范财务借款、报销流程。

4. 关于旷工

从统计情况看，用人单位援引劳动合同或者员工手册关于劳动者旷工的规定，主张有权解除劳动合同的案件，企业的胜诉率并不高，主要原因是用人单位用于证明劳动者旷工的证据不能达到高度盖然性标准。要解决这一问题，一是要加强考勤管理，根据不同的岗位性质确定不同的考勤方式，对于无需外勤或者外勤频次较少的岗位，应明确上下班打卡时间，同时结合休假审批制度，明确旷工的认定标准；二是确保考勤的准确性，尽量避免线上、线下两种考勤方式并行；三是劳动者出现旷工情形时，及时沟通并保存沟通证据。

三、社会保险缴纳、工伤保险待遇方面的常见问题

1. 关于员工社会保险

按照《劳动合同法》规定，用人单位未依法为劳动者缴纳社会保险的，劳动者可向社会保险行政部门举报或者据此解除劳动合同。劳动者向社会保险行政部门举报的，用人单位将承担较大数额的罚款；而劳动者据此解除劳动合同的，用人单位应向劳动者支付经济补偿金。无论何种方式，用人单位都将产生较大损失。

2. 关于工伤保险待遇

《中华人民共和国社会保险法》规定用人单位应当自用工之日起三十日内，为其职工向社会保险经办机构申请办理社会保险登记。也就是说，用人单位无需在用工之日为劳动者缴纳工伤保险。但从相关司法案例看，如果劳动者已入职，但企业尚未为其缴纳工伤保险，在劳动者发生工伤事故的情况下，并不免

除用人单位的责任。因此，在建立劳动关系的同时同步缴纳相关社会保险，对明确双方责任非常重要。

3. 关于停工留薪

《工伤保险条例》第三十三条第一款规定："职工因工作遭受事故伤害或者患职业病需要暂停工作接受工伤医疗的，在停工留薪期内，原工资福利待遇不变，由所在单位按月支付。"本条第二款规定，"停工留薪期一般不超过12个月。伤情严重或者情况特殊，经设区的市级劳动能力鉴定委员会确认，可以适当延长，但延长不得超过12个月。工伤职工评定伤残等级后，停发原待遇，按照本章的有关规定享受伤残待遇。工伤职工在停工留薪期满后仍需治疗的，继续享受工伤医疗待遇。"根据上述规定，劳动者处于停工留薪期或者停工留薪期届满后医疗期内的，用人单位不得与劳动者解除劳动合同，且需按照规定发放工资或医疗期待遇。同时，在前述期限内，劳动合同期限届满的，自动延长至停工留薪期或者医疗期届满。

四、劳动关系解除中的常见问题

1. 关于劳动者单方解除劳动合同

劳动者单方解除劳动合同分为劳动者自愿解除和劳动者被迫解除两种情形。《劳动合同法》第三十七条规定："劳动者提前三十日以书面形式通知用人单位，可以解除劳动合同。劳动者在试用期内提前三日通知用人单位，可以解除劳动合同。"此种情况属于劳动者自愿解除劳动合同，用人单位仅需为员工结清工资、垫款等费用，无需支付经济补偿金。劳动者被迫解除劳动合同主要涉及《劳动合同法》第三十八条规定的情形，此种情况下，劳动者单方解除劳动合同的，用人单位除应结清工资外，还需支付经济补偿金。

2. 关于用人单位单方解除劳动合同

用人单位单方解除劳动合同分为过失性辞退、无过失性辞退、经济裁员以及违法解除四种情形。根据《劳动合同法》的有关规定，用人单位依据过失性辞退条款辞退劳动者的，无需支付经济补偿金；用人单位依据无过失性条款辞退劳动者的，应当支付经济补偿金；用人单位依据经济性裁员条款解除劳动合同的，除依据企业破产法规定进行重整的之外，无需支付经济补偿金。除此之外，用人单位与劳动者解除劳动合同的，属于违法解除劳动合同的情形，应当向劳动者支付经济赔偿金。

3. 关于双方协商一致解除劳动合同

用人单位与劳动者协商一致解除劳动合同是司法审判的难点。根据《最高人民法院关于审理劳动争议案件适用法律问题的解释（一）》第四十四条规定："因用人单位作出的开除、除名、辞退、解除劳动合同、减少劳动报酬、计算劳动者工作年限等决定而发生的劳动争议，用人单位负举证责任。"用人单位对劳动合同的解除承担举证责任。而在诉讼中，除双方签订的解除协议明确系协商解除外，用人单位很难证明双方属于协商解除劳动合同的情形，证据链条稍有瑕疵就会被认定为违法解除，从而支付巨额经济赔偿金。因此，用人单位与劳动者解除劳动合同时，应当尽量采取邮件、微信等方便保存证据的方式，且在提出解除方案时应结合法律规定，选择合法合理的方式。

4. 关于经济补偿金和经济赔偿金

《劳动合同法》第四十七条规定："经济补偿按劳动者在本单位工作的年限，每满一年支付一个月工资的标准向劳动者支付。六个月以上不满一年的，按一年计算；不满六个月的，向劳动者支付半个月工资的经济补偿。劳动者月工资高于用人单位所在直辖市、设区的市级人民政府公布的本地区上年度职工月平均工资三倍的，向其支付经济补偿的标准按职工月平均工资三倍的数额支付，向其支付经济补偿的年限最高不超过十二年。本条所称月工资是指劳动者在劳动合同解除或者终止前十二个月的平均工资。"《劳动合同法》第八十七条规定："用人单位违反本法规定解除或者终止劳动合同的，应当依照本法第四十七条规定的经济补偿标准的二倍向劳动者支付赔偿金。"

5. 关于用人单位与劳动者协商一致签订解除协议后的反悔问题

《最高人民法院关于审理劳动争议案件适用法律问题的解释（一）》第三十五条第一款规定："劳动者与用人单位就解除或者终止劳动合同办理相关手续、支付工资报酬、加班费、经济补偿或者赔偿金等达成的协议，不违反法律、行政法规的强制性规定，且不存在欺诈、胁迫或者乘人之危情形的，应当认定有效。"因此，用人单位与劳动者就解除劳动合同事宜签订协议后，公司又以签订解除协议时存在误解等理由主张不履行解除协议的，法院不予支持。

五、其他问题

1. 关于员工参与公司股权激励计划问题

员工同意以每月扣发固定数额工资的方式参与公司股权激励计划，离职后，主张公司返还被扣发工资问题的，司法实践中通常认定上述做法系劳动者与用人单位协商一致变更薪资待遇的结果，而非用人单位单方克扣其工资。针对上述问题，建议用人单位保存相应的证据，避免因举证不能而败诉。

2. 关于争夺公司控制权引发的劳动争议

员工兼具劳动者和公司股东身份，并因此引发公司控制权的案件并不少见，比如，员工私自取走公司印章、营业执照、税务资料等。从相关案件处理情况看，司法机关通常区分劳动争议与股东纠纷，并适用不同纠纷处理程序。

3. 关于竞业禁止和竞业限制

（1）注意区分《公司法》中关于竞业禁止的规定，以及《劳动合同法》中关于竞业限制的规定。前者是法定义务，后者是基于劳动合同约定；前者的主要义务主体是董事、高级管理人员，后者则包括任何与公司签订竞业限制条款的劳动者；前者仅约束义务主体在职期间的行为，后者则可以约束员工离职后的竞业行为，时间最多不超过两年。（2）关于竞业禁止的认定，司法实践中通常认为义务主体以自己名义从事与公司业务相同的经营活动、为他人从事与公司业务相同的经营活动、担任与公司业务相同的其他企业的合伙人、侵占公司商业机会、利用公司为自己创造商业机会、利用公司知识产权为自己或相关企业谋取利益等行为构成对竞业禁止义务的违反。（3）企业要按月向负有竞业限制义务的劳动者支付经济补偿，劳动者违反竞业限制义务的，应向企业支付违约金。

第四章

对外融资：时机、渠道和风险管理

资金短缺是制约创业企业发展的突出问题，那么，融资为什么难，难在哪里？股权融资有没有规律？如何选择恰当的融资策略和融资结构？本章以创业企业融资过程中的突出问题、典型经验和融资数据为基础，介绍企业在过渡阶段进行股权融资和债权融资的基本情况，讨论主要融资方式的基本策略、交易结构、主要风险，总结不同融资形式的基本规律。此外，从风险管理的角度看，不同融资方式涉及的法律关系和融资风险差别很大，建议企业结合具体融资条件，客观判断融资风险及其对企业发展的影响。

第一节　对外融资概况

本节介绍样本企业股权融资的基本情况、面临的主要困难。从融资数据和资金类纠纷案件反映的情况看，创业企业需要充分了解股权融资的基本规律，重点解决影响融资效率和融资效果的关键障碍。

一、股权融资基本情况

1. 获得外部股权投资的情况

截至2021年底，样本企业中有75.10%的企业获得1次及以上股权投资。其中，如图4-1所示，22.82%的企业获得1次投资，13.28%的企业获得2次投资，13.28%的企业获得3次投资，11.62%的企业获得4次投资，5.81%的企业获得5次投资，4.15%的企业获得6次投资，2.07%的企业获得7次投资，2.07%的企业获得8次及以上投资，另外有24.90%的企业未得到任何外部股权投资。

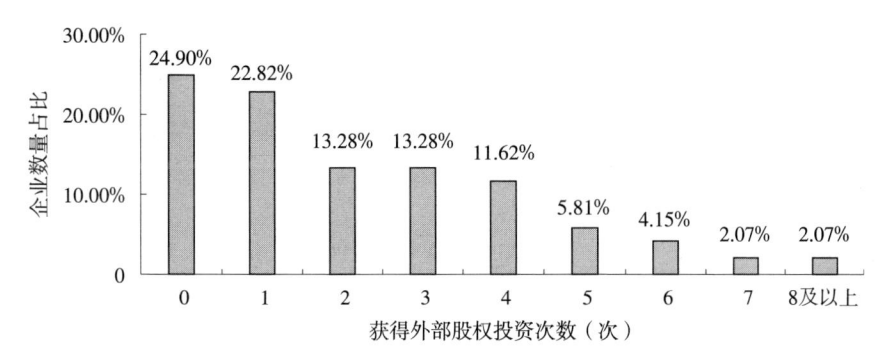

图4-1　样本企业股权融资情况

2. 获得外部股权投资的时间

以公司设立日期为起算时间,样本企业获得第一次外部股权投资的平均时间为 20 个月,获得第二次投资的平均时间为 34 个月,获得第三次投资的平均时间为 48 个月,获得第四次投资的平均时间为 61 个月,获得第五次投资的平均时间为 74 个月,获得第六次投资的平均时间为 86 个月,获得第七次投资的平均时间为 88 个月,获得第八次投资的平均时间为 91 个月,获得第九次投资的平均时间为 94 个月,获得第十次投资的平均时间为 102 个月。

3. 不同轮次的投资金额

如图 4-2 所示,投资机构对样本企业进行第一次股权投资的平均金额为 1131.88 万元,第二次投资的平均金额为 3656.25 万元,第三次投资的平均金额为 11811.51 万元,第四次投资的平均金额为 20470.57 万元,第五次投资的平均金额为 29361.87 万元,第六次投资的平均金额为 47135.25 万元,第七次投资的平均金额为 15845.50 万元。其中,在第一次投资中,投资金额为 10 万~100 万元的占比 18.90%,100 万~200 万元的占比 32.22%,200 万~500 万元的占比 4.44%,500 万~700 万元的占比 15.56%,第一次投资金额低于 500 万元的占比合计为 55.56%。

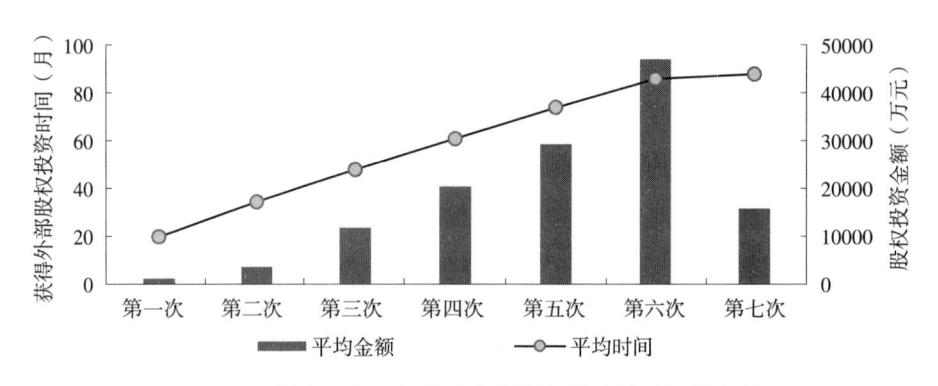

图 4-2 样本企业不同轮次获得股权投资的时间及金额

4. 重点投资行业分布

从投资次数看,获得外部股权投资轮次较多的行业依次是集成电路、信息技术、大数据和人工智能、生物医药、电子商务、新能源、快消品和消费电子。从融资金额看，首轮融资金额较多的行业依次是药物研发和生物医药、集成电路、大数据和人工智能、网络安全、电子商务、智能制造、新材料和新能源。从融资时间看，自公司设立起首次获得投资时间较短的行业依次是快消品和消费电子、大数据和人工智能、信息技术、文化和教育、医疗器械、电子商务、集成电路等。

通过以上数据可以发现创业企业股权融资主要有以下特点。

（1）创业企业在很长时间内需要靠自己解决资金问题。数据显示，样本企业首次获得外部股权投资的平均时间为公司成立后近20个月。同时，约25%的企业从未获得过外部股权投资，另有22.82%的企业仅获得过1次投资。考虑到第一次融资主要是种子轮或天使轮，融资金额并不高，这就意味着接近50%的企业难以通过外部股权融资缓解资金压力，只能通过创始人补贴、其他零星融资方式解决资金短缺问题。

（2）股权融资市场存在较大不确定性。从投资的时间分布看，股权投资市场周期性波动非常明显。比如，从2004年第一笔机构投资开始，样本企业发生的股权融资数量逐年增加并在2016年达到高峰，其中2015年至2017年投资数量占比高达54.32%，但随后又呈逐年下降趋势，2018年至2020年的投资数量占比分别降至14.71%、9.23%、7.24%。从融资速度看，虽然企业获得不同轮次投资的间隔时间整体上呈逐步缩短趋势，比如前5次获得投资的间隔时间均值分别为15个月、14个月、13个月、11个月，但企业间存在显著差异。比如，雅康博在公司设立18个月后获得第一笔投资，但时隔74个月后才完成第二次融资；九州华兴、比格威、烯湾科技等第二次和第三次融资的时间间隔均超过40个月。这些现象表明，虽然股权融资是最重要的融资手段，但在我国多层次资本市场还处于不断发育和完善的背景下，完全依赖股权融资解决资源约束问题并不现实。

（3）不同企业在投资吸引力方面存在类型化差异。从融资效率看，相对于创新难度较高的企业，创新难度较低的企业，比如电子商务、快消品和消费电子、文化和教育企业等略占优势，在首次融资时间最快的前50家企业中，前者

创新创业的六个维度：基于 260 家创业企业的深度观察

占比45%，后者占比55%。主要原因在于后者的总体投入相对较小、技术研发和产品开发速度以及客户积累和市场开发进度更快，在商业模式相对清晰、风险释放程度更高的情况下更容易获得投资人认可。但从累计获得投资的次数和首次融资金额看，创新难度较高的企业则具备较大优势，在累计融资超过 4 次的企业中，集成电路、人工智能、药物研发、新材料等新兴产业和高技术领域的企业占比高达 75%；在首次融资超过 2000 万元的企业中，生物制药、人脸识别、无人机、网络安全、新能源等领域的企业占比达到 70%。

（4）股权融资非常重要，但并非影响企业发展的决定性因素。样本企业中，有些企业的股权融资工作进展非常顺利，但此后的发展并不理想。比如，紫晶立方在公司设立半年后就获得了第一笔股权投资，随后在第二年、第三年又相继完成了第二轮和第三轮融资，但公司先后出现管理团队股权纠纷、商业模式不清晰、产品推广和市场开发效果不理想等问题；希澈科技在成立 3 年多的时间里先后完成了 4 轮融资，金额累计数千万元，但仍然面临找不到合适的产品加工商、智能牙刷产品市场发育缓慢等问题。这些企业的遭遇从一个侧面印证了创业企业成长的复杂性，资源约束只是众多不确定性因素之一，企业在关注融资机会的同时，必须结合创新实践做好技术和产品开发、商业模式的调整优化工作，在与外部环境不断磨合、适应过程中尽快建立竞争能力。

二、面临的主要困难

1. 资金严重短缺

样本企业中，超过 25% 的企业表示资金短缺是制约企业发展的最大问题，主要原因包括：（1）原始投入不足。由于没有足够的启动资金，很多创始人只能用工资或其他收入来解决资金问题。比如，海博思创的启动资金几乎全部来自张剑辉在西门子担任首席技术官的收入，丁丹通过变卖自己的房产才帮助九州华兴渡过难关。（2）技术研发投入巨大。如何维持持续性、高强度的投入是很多高技术企业面临的难题，包括人力成本、数据授权成本、技术验证和产品测试成本等，其中不断上升的人力成本让企业承受非常大的压力。比如，云道智造创始人屈凯峰坦言："科技类项目起步是比较难的，项目前期的研发投入比较大、研发周期比较长、对人才的需求也比较强烈。"(3)缺乏经营性现金流。产品开发进度不理想、市场发育缓慢是创业企业面临的普遍问题，在缺乏"造血"业务的情况下企业随时可能面临生存危机。迈测科技在2011年推出激光测距仪产品后凭借良好的性价比获得众多代理商的青睐，但产品质量不稳定被大量退货，由于销售工作跟不上，企业连续9个月亏损，俞智不得不通过裁员和抵押房产来补充流动资金。易净星创始人肖鹏飞也曾告诫大学生创业者："创业不是闹着玩的，可以从创新含量高但投入成本不高、现金流可以很快能回来的产品做起。"

2. 融资非常困难

融资困难主要表现为融资成本高、融资渠道少、融资结构不合理。从融资成本看，相对于大型企业或国有企业，中小企业银行信贷融资成本要比基准利率高30%以上甚至更高。在借款利息之外，企业可能还要承担咨询费、担保费、财务顾问费等若干中间费用，从而进一步推高融资成本。从融资渠道看，受企业规模、资产结构、担保能力等因素影响，创业企业利用银行现有信贷评价体系融资仍然存在诸多困难，通过各种民间借贷方式融资仍然是重要渠道。从贷款结构看，近年来中小企业信贷余额保持不断增长态势，但仍以短期借款和担保贷款为主，虽然针对科技企业的知识产权质押融资等政策支持不断加大，但金融机构出于风险控制的考虑，总体上对此仍保持较为谨慎的态度。此外，金融机构和投资人对创业企业的技术、商业模式不了解也是企业难以获得融资的重要原因。比如，依科曼当初在寻求融资过程中曾遇到投资人对生物农药不了解、无法进行风险评估的问题；晶泰科技也遇到过国内市场对通过算法预测药物晶型结构技术不理解的困难，不得不首先寻求与辉瑞等欧美企业建立合作关系。

3. 缺乏融资经验

企业因经验不足影响融资效果的情况并不少见，主要表现在：(1)对资本市场不熟悉，找不到合适的融资机会。很多大学生创业者、归国创业者最初都是通过朋友介绍接触投资人，对国内股权投资市场的具体情况并不了解。比如王绍迪和郭昕婕早在2016年就完成了存算一体芯片的技术验证工作，但因为没

创新创业的六个维度：基于 260 家创业企业的深度观察

有经验和渠道，直到 2018 年才在老师的帮助下找到启迪之星和兆易创新对项目进行投资。（2）不具备相关专业知识或经验，比如，八度阳光曾被投资人"放鸽子"，华迈兴微被投资人欺骗等。（3）缺乏风险意识，包括盲目接受不切实际的投资条件、投资人选择不当等。比如，中电智联对业务增长的预判出现严重偏差，在对赌失败后，公司被投资人接管；安蒙科技因为投资人与创始人经营理念出现分歧，致使公司长期处于动荡状态等。

三、资金案件反映的问题

1. 案件数量

在 823 件已结诉讼案件中，涉及融资纠纷的案件合计 71 件，其中债权融资类案件 52 件、股权融资类案件 19 件，融资纠纷类案件合计占比接近 9%。从案件分布看，共涉及 40 家企业，占全部样本企业的 15.38%。平均每家企业发生案件约 2 件，最多的达到 7 件。

2. 案件类型

融资纠纷案件中，涉及的具体融资行为比较分散，其中，如图 4-3 所示，未及时偿还借款本息的借款纠纷类案件占比 18%，融资租赁和贸易融资纠纷类案件占比 20%，涉及担保责任效力及担保合同履行的担保类案件占比 15%，员工集资类案件占比 12%，债权或应收账款转让纠纷类案件占比 7%，股权增资款和股权转让纠纷类案件占比 23%，其他融资纠纷类案件占比 5%。

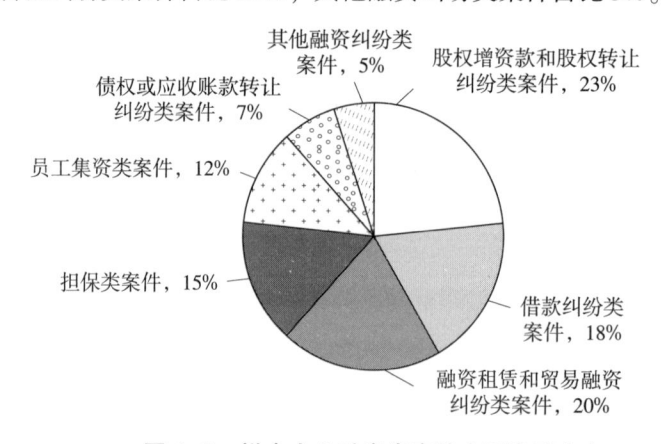

图 4-3　样本企业融资类案件主要类型分布

3. 争议金额

债权或应收账款转让纠纷类案件的平均争议金额为160.43万元，其中争议金额在100万元及以下的案件占比64.71%，争议金额在100万~1000万元的案件占比29.41%，争议金额在1000万元以上的案件占比5.88%。股权增资款和股权转让纠纷类案件的平均争议金额为43.87万元，其中争议金额在100万元以下的案件占比超过85%。

4. 案件结果

融资纠纷案件中，债权融资纠纷类案件中，创业企业或担保人作为被告的案件占比为95%；股权融资纠纷类案件中，创业企业作为被告的占比为47%。从案件审理结果看，企业在债权融资纠纷类案件中的胜诉率仅为18.22%，败诉或通过和解方式结案的案件占比超过80%。在股权融资纠纷类案件中，通过和解或企业胜诉方式结案的比例接近70%，企业败诉的主要原因包括承诺事项与实际情况不一致、未完成约定的投资条件、不履行股权回购义务等。

通过对融资纠纷案件的分析，可以看出创业企业在对外融资方面有以下特点。

（1）企业不得不借助多种融资方式缓解资金压力。全部融资纠纷案件中，各类债权融资纠纷类案件的占比超过70%，说明企业在早期阶段主要通过债权方式解决融资问题，其中因员工集资、应收账款质押或债权转让等引发的纠纷占比较高，说明民间借贷在企业融资结构中占有非常重要的位置。在这些案件中，企业普遍面临借贷利率高、附加条件多等问题。比如，很多借贷合同约定的利率远远超出银行同期借款基准利率，实际控制人需要提供连带责任保证，企业在正常利息之外要额外承担咨询费等中间费用、"砍头息"等融资成本。从案件类型和案件处理效果看，造成违约的主要原因是企业无力偿付借款本息、担保人担保能力不足，在很大程度上也表明融资难、融资贵问题仍然是困扰创业企业发展的重要因素。

（2）业务发展缓慢是影响企业支付能力的主要原因。从诉讼地位看，绝大部分债权纠纷案件都是因为企业不能及时履行还款义务引发的。从案件标的看，无论是债权融资纠纷还是股权融资纠纷,案件争议金额并不高。数据显示,创业企业的支付能力并不理想,除融资渠道和融资能力有限外,最主要的原因是经营性现金流不足,在无法通过提供产品或服务得到资金补充的情况下,单纯依靠外部融资难以保证资金周转和必要的偿债能力。造成这一状况的原因,除了产业发展和市场发育阶段等环境因素外,从企业内部看,既有技术研发和产品开发进度不理想的问题,也有商业模式选择方面的问题。比如,有些节能企业采用向终端用户后收费模式形成大量应收账款,在将应收账款转让或保理融资过程中发生纠纷;有的企业在采用融资租赁方式购买生产设备的过程中因租金支付等发生纠纷。

(3)管理能力不足造成资金紧张状况进一步加剧。现金流短缺、业务进展不及预期固然是企业不能及时履行还款义务的客观原因,但管理行为不规范、管理能力不足也要引起重视,突出表现为融资行为不规范,问题处理不及时、处理效果不理想以及案件处理成本高。比如,在几起债权转让融资纠纷案件中,企业被诉的主要原因是债权转让协议违反了基础业务合同关于债权不得转让的约定;在涉及股权增资的案件中,原始股东擅自增资稀释投资人股权、公司决策过程不规范成为投资人提起诉讼的直接诱因。从案件处理过程看,很多案件都是经过两审才最终结案,在明知胜诉无望的情况下,有的企业仅为了拖延时间,最终支付的诉讼费、律师费以及违约金、逾期利息、罚息等费用大幅攀升,有些案件的处理成本甚至远高于争议本金。这些做法,不仅消耗大量时间和精力,也让资金短缺问题雪上加霜。

第二节 对外融资的主要经验

样本企业对外股权融资的主要经验包括充分了解投资人的投资逻辑,根据企业所处的发展阶段和创新难度选择恰当的融资策略,在公司治理、资金使用、业务合作等领域与投资人建立稳定的信任关系和长期合作关系等。

第四章　对外融资：时机、渠道和风险管理

一、了解投资逻辑

1. 了解投资人的决策过程

通常认为，企业与外部投资者之间的信息不对称，特别是投资人对创业企业的技术、商业模式以及创始团队和企业内部情况不了解，是投资人难以进行决策的重要因素。为了规避风险，投资机构在考虑外部经济形势、区域创新活跃度、创业资本供需关系、商业基础设施的完善程度等环境因素的同时，着重从微观层面来评价和判断潜在投资项目的投资价值，主要包括：项目管理团队的经验和能力、企业所在市场的潜在商业价值、企业所处的发展阶段及其风险释放程度，以及企业对资金需求的迫切程度、资金供需双方的谈判能力或博弈空间等。在综合考虑相关宏观因素和微观因素的基础上，很多投资机构形成了自己的投资理念和投资逻辑。比如，高瓴资本坚持将聚焦前沿技术和新技术趋势、聚焦全国或全球一流的研发团队、聚焦具有高技术壁垒和稀缺性的项目作为在科技产业领域的投资策略；IDG将技术竞争力、团队管理能力和管理业绩、市场和销售渠道、企业成长潜力以及企业发展计划的可行性等作为选择创投项目的基本指标。此外，从决策程序看，一个完整的投资过程通常包括项目立项、项目评估、交易结构设计、商业谈判、股权交割和投后管理以及投资退出等步骤。在这个过程中，双方会产生频繁互动和信息交换，投资人也会根据实际情况及时调整管理措施和投资策略。

2. 减少融资活动的盲目性

有的时候，企业为了尽快实现融资，常常需要与不同投资机构同时保持接触，这对增加成功概率非常必要，但也要注意"漫天撒网"的成本问题。比如，梆梆安全在进行A轮融资的过程中，阚志刚先后见了不下500个投资人，这一方面说明创业企业融资确实非常艰难，但也从一个侧面反映了企业在寻找投资人方面的效率问题。从投资策略看，每家机构都有自己的投资偏好和投资标准，对这些情况提前做功课可以在很大程度上避免工作的盲目性。在对股权投资市场和投资机构缺乏了解的情况下，很多企业的经验是依托科技园区、政府科技部门等帮助寻找潜在投资人。在清华科技园、中关村科技园区的帮助下，很多企业完成了早期融资，这些机构及其所属基金在提供种子投资、天使投资之外，还利用专业优势帮助介绍其他投资人以满足企业在不同发展阶段的融资需求。

3. 提高与投资人的沟通效率

商业计划书是投资人了解企业的最初信息来源或主要载体，虽然其格式和内容没有统一标准，但通过商业计划书应当让投资人对企业的基本情况，包括商业模式、技术特点、团队情况、产品和市场、竞争情况以及成长阶段和发展预期、财务及资金需求等有清晰的认识。编制商业计划书过程中常见的问题包括：面面俱到、重点不突出；过度强调技术，把商业计划书写成技术分析报告；市场调研准备不足，缺少对市场竞争情况和竞争对手的分析；对风险及其应对策略考虑不周，对业务发展和财务状况的预测过于乐观等。从投资人的角度看，商业计划书中最突出的问题是信息不真实、不客观，比如财务数据和收入结构与实际情况存在严重偏差、合同订单与市场开发进度不符、将尚未授权或已失效的知识产权计入资产等。这样做虽然有可能在项目筛选阶段打动投资人，但随着交流的深入，很容易给人留下不诚实的印象并直接影响融资效果。经验表明，实事求是地向投资人介绍企业的实际情况，既把优势和能力说清楚，也不回避存在的困难和风险，是与投资人建立信任关系的前提，也是保证融资效果的重要基础。在航天驭星的发展过程中，公司在融资、技术研发和市场开发等方面遇到了很多难题，但赵磊始终告诫团队："要踏实，尤其在说技术、聊事情、谈项目的时候要踏实，要实在。"正是凭借这种求真务实、踏实肯干的精神，他们得到了元航资本、峰谷资本、东方证券等多家投资机构的认可，先后完成了3轮近2亿元融资，公司在国内商业卫星测控服务领域也实现了快速发展。

二、选择恰当的融资策略

1. 尊重企业在不同阶段的融资规律

从完成首次股权融资的平均时间看，创业企业在成立的第一年、第二年很难实现股权融资，这与我国中小企业在第一年至第四年主要依靠业主和所有者出资、亲友借款和政府投资等作为资金来源的统计结论（张帏 等，2018）相吻合。对处于启动阶段的创业企业而言，应当重点通过内部挖潜、积极争取政府和政策支持等非市场化方式来解决资金问题。其中，主要创始人对解决企业早期阶段的资金需求负有特殊责任，很多企业家在这方面展现出高度的责任感和企业家精神。比如，航顺芯片的刘吉平、麦乐文创的李兆翔等不惜抵押或卖掉房产以保证企业的研发投入；蔚蓝仕的黄正宇宁愿自己掏钱也要保证员工的基本福利；清航紫荆、博铭维的管理团队长期坚持不拿工资等。相反，有的创始人一味强调资金紧张、融资难，但自己并不以身作则。比如，样本企业中很大一部分的企业创始人不能足额按时缴纳注册资本，其中实际控制人实缴资本金不足认缴金额50%的企业占比超过27%。

在过渡阶段，企业的资金需求更加迫切。但经验表明，通过广泛接触投资机构寻求市场化融资的条件并不成熟。这一阶段，在坚持自力更生的基础上，企业要充分利用与外部建立联系的过程寻找融资机会。一是主动参与各类创新大赛、创业孵化或加速营项目，在向外界展示企业创新成果的同时，积极争取相关天使基金、政府扶持基金的支持，早期投资的金额虽然不高，但示范效应和宣传效应很强。二是用好创新支持政策，比如针对中小企业和高技术企业的信贷支持政策、税收政策，各级地方政府设立的科技创新基金、产业引导基金以及知识产权和科技成果转化支持措施等。数据显示，我国中小企业在设立前5年内的主要资金来源中，政府资金支持和政策性投资的占比高达39%（张帏等，2018）。特别是在北京、上海、深圳等创新活跃的地区，来自政府层面的支持已经成为创业企业解决早期资金问题的重要渠道。

2. 关注创新难度对融资活动的影响

对于创新难度较低的企业，投资人的基本投资策略是资金安全和稳定的回报预期，商业模式、目标市场、业务增长以及财务表现是投资人进行投资决策优先考虑的指标。从企业角度看，过渡阶段的融资策略是尽快完成商业模式和业务流程的验证工作，通过释放风险、降低不确定性增强对投资人的吸引力，借助外部投资加快成长。比如，胖虎科技、傲基科技、上海泰坦等电子商务企业都是在商业模式已经走通、业务达到一定规模的情况下完成了第一轮融资，并通过加快业务布局提高持续融资能力。

对于创新难度较高的企业，投资人关注的重点集中在产业层面和技术层面，

创新创业的六个维度：基于260家创业企业的深度观察

包括产业吸引力和市场前景、技术先进性和转化能力以及团队背景和创新能力等，投资决策总体上具有追求"高风险、高回报"的特征。从企业角度看，恰当的融资策略是利用现有条件加快研发进程，尽快实现技术创新的阶段性突破，将项目稀缺性和技术优势对冲风险。从瑞博生物、北醒光子、晶泰科技的融资过程看，这些企业整体上都处于过渡阶段，但其技术优势和阶段性创新成果仍然得到了投资人的高度认可。比如，截至2022年底，瑞博生物还没有产品进入市场，但已建立起国际领先的小核酸技术研发能力和完备的小核酸药物研发平台，在亚洲率先实现了GalNac递送技术突破，这些进展帮助企业先后完成了4轮融资，其中首次融资规模就超过1亿元。

3. 客观看待融资预期和企业估值

企业估值是股权融资中的核心问题，创业企业希望通过提高估值用较少的股权换取尽可能多的融资金额，投资人则希望通过控制估值水平用较少的投资获取尽可能多的股权份额。实践中，常用的估值方法主要是相对估值法和折现现金流法（DCF），具体包括市盈率法（P/E）、市净率法（P/B）、市销率法（P/S）、企业价值倍数法（EV/EBITDA）等。对创业企业而言，采用上述方法进行估值的突出问题是在很多情况下没有数据或数据无法适用。比如，DCF要求企业有稳定的利润或现金流、相对估值法需要找到合适的可比企业，但对处于早期阶段的创业企业来说多数情况下并不具备这些条件。此外，高技术企业普遍存在固定资产少且知识产权等无形资产占比较高的现象，采用传统资产评估方法很难真实反映企业的资产特点和资产价值。为了解决这些问题，有些企业通过期权估值法和分阶段投资法来平衡双方之间的分歧。分阶段投资允许投资人根据实际情况分阶段、分批次对目标企业进行估值和投资，并有权根据投资效果决定是否进行后续投资。

关于估值的另一个问题是，要从持续融资的角度客观看待估值水平，并不是估值越高越有利于企业发展，也不要指望通过一次融资就一劳永逸地解决资金问题。深海精密的创始人吴元曾说："企业估值越高，未来经营压力越大，不要用一直'烧钱'的方式经营企业，要用谨慎的态度把产品和技术做好，扎扎实实地让企业赚到钱，这是企业经营的根本。"实践中，很多企业因为对估值看得太重错失融资机会,也有些企业在真正需要钱的时候才发现估值已经高到"骑虎难下"的地步,不仅无法获得新的投资,前面几轮投资人也被深度套牢。十六进制的刘丹峰曾感慨道:"不能一张口就好几个亿的估值,要避免给自己以后埋雷,好多公司融不到钱并不是因为产品不好,而是因为原来的估值太高了。"

三、与投资人建立信任

1. 尊重投资人的股东权利

投资人的股东权利主要包括依法享有资产收益、参与重大决策、选择管理者以及对公司章程、股东名册、股东会会议记录、董事会会议记录、监事会会议决议、财务会计报告等的查阅权和信息知情权。通常情况下,投资机构对创业企业的早期投资对企业治理结构的实质影响并不大,即便委派董事或监事也主要反映在重大决策和公司监督方面,对企业日常管理和经营的干预并不多见。但越是如此,企业越要注意公司治理的规范性。实践中比较突出的问题是企业很少召开股东会或董事会,重大问题仍然由创始人说了算,只是在需要时再补一个股东会决议或董事会决议,这些做法在侵害小股东利益的同时也极易引发矛盾。从很多企业的经验看,比较有效的办法是采用相对灵活的方式加强与投资人的沟通,比如经常保持电话沟通,时不时约着吃吃饭或举行体育活动,通过微信主动介绍企业情况等,这些非正式的沟通方式既能得到投资人的认可,也有助于增进感情。

2. 用好融资款

用好融资款项最重要的经验是两条,一是始终坚持创新发展,二是始终坚持节约办企业。从投资的角度看,无论是原始股东还是股权投资机构,投资回报最终体现为企业的盈利能力。正如同心医联的刘奇伟所说:"作为企业,不能一直靠投资人的支持活着,所有的商业前提一定是业务模式、盈利模式要走得通。"而打通业务模式、盈利模式的关键是加大创新投入、加快创新发展,很多企业不仅将融资全部用于技术研发,还千方百计从有限的业务收入中拿出资金加大技术投入。比如,智联安、踏歌智行、图湃医疗等长期保持高强度的研发投入规模,他们的创业理念和创新进展也得到了市场和投资人的高度认可。节约办企业既是对投资人负责，也是企业家精神和企业家责任的基本要求。但从了解的情况看，企业在完成融资后的各种浪费和乱投资现象并非个案。比如，有的企业将融资用于购买或建设办公楼；有的企业员工薪酬显著高于同行业平均水平，但长期处于亏损状态；有的将融资款用于委托理财，结果造成巨额损失。这些企业的共同特点是满足于一时成绩忘记了创业的初心，融资不但没有帮助企业实现快速成长，反而使企业迷失了方向。

3. 争取投资人的长期支持

投资人既是公司的股东，也是企业建立外部联系的重要渠道和合作伙伴。样本企业中，很多投资人在股权投资之外还利用其专业优势帮助企业通过各种方式解决发展问题。比如，有接近30%的投资机构参与了被投企业的后续股权融资，有的积极帮助企业协调解决短期流动资金借款问题，或者帮助企业争取各种政策支持和资金补贴等。此外，很多投资人在帮助企业了解行业、发现人才、提高管理能力等方面也发挥了积极作用。比如，许明炎从美国回国创立海普洛斯时对国内医疗行业和医院不熟悉，在投资人的介绍下很快与中国医学科学院等建立了联系；图湃医疗通过与清华系投资机构合作，不仅解决了早期发展的资金问题，在技术孵化和成果转化、人才需求、医疗器械专业培训等方面也得到了清华工研院及其所属全球健康产业创新中心的大力支持。这些企业的经验表明，融资只是双方合作的起点，与投资人保持长期合作一定要彼此信任、相互认同，建立信任关系的关键是企业家一定要坚持"双赢"的理念和标准来维护与投资人的合作关系。正如王颖奇所说："如果创始人不是为了短期套现走人，而是怀揣着事业和理想，在投融资问题上就不能太在意一时得失。不能只向'钱'看齐，投资机构的长期陪伴和带来的优质资源对初创企业非常重要。"

第三节 股权融资中的风险管理

创业企业需要高度重视股权融资中的三类风险：一是要审慎判断投资协议等法律文件中的附加条件对公司发展的影响；二是要重视不同投资人基于身份

特点、资金属性等在决策机制、资金安全等方面的差异化要求及其影响；三是要充分重视特殊条款对公司治理效率的影响。

一、附加条件及其风险

股权投资的基本形式是股权转让和增资扩股。股权转让是指现有股东依法将其所持创业公司的股东权益全部或部分转让给投资人；增资扩股是指企业增加注册资本，由投资人认购新增股权，投资款或者全部计入注册资本或者部分计入资本公积。上述两种方式在实践中都被采用，但以增资扩股为主。正常情况下，在签订股权转让协议或增资协议并支付对价，依据公司法和公司章程办理工商变更程序后，股权交易即告完成。但有些投资人出于投资策略、投资期限等考虑，往往要求企业接受一些附件条件，企业要根据实际情况对其中的风险进行判断。

1. 股权回购

公司法上的股权回购专指有限责任公司回购股东所持有的公司股权。同时，创业企业股权融资实践中也大量存在投资人要求创业企业或其实际控制人在特定条件或约定的时间购买其所持股权的现象。严格意义上讲，由企业实际控制人购买投资人股权的安排属于附条件或附期限的股权转让合同，并非公司法意义上的股权回购。投资人之所以要求回购股权主要是基于对投资期限、资金安全、退出渠道等因素的考虑，特别是在早期投资中，投资人普遍面临投资期限长、企业不确定性大、投资风险高以及退出渠道少等问题。本质上讲，股权回购在很大程度上具有投资担保的属性。

2018年《中华人民共和国公司法》（以下简称《公司法》）第74条规定的股权回购主要包括以下情形，一是公司连续五年不向股东分配利润，而公司该五年内连续盈利，并且符合本法规定的分配利润条件的；二是公司合并、分立、转让主要资产的；三是公司章程规定的营业期限届满或者章程规定的其他解散事由出现，股东会会议通过决议修改章程使公司存续的。从上述规定看，股权回购制度主要是针对公司运营过程中的特殊事项为保护异议股东权利而设置的。股权融资实践中投资人要求创业企业回购股权在法律上并没有适用空间，因此

创新创业的六个维度：基于 260 家创业企业的深度观察

司法机关对相关股权回购协议的效力持否定态度。2019 年 11 月最高人民法院发布《全国法院民商事审判工作会议纪要》（以下简称《会议纪要》）之后，司法态度有所变化，即如果投资人要求目标公司回购股权，应当审查是否存在"股东不得抽逃出资"及违反股权回购强制性规定的情形。《会议纪要》虽然为目标公司回购投资人股权留出了空间，但从司法实践的角度看仍然存在很大不确定性：一是股权回购需要通过减资方式进行，依照 2018 年《公司法》的规定，减资不仅要求公司形成有效的股东会决议，还要进行减资公告、对异议债权人提供担保或提前履行合同义务等，这些附加条件在实践中是否能够实现存在很大不确定性；二是现行法律规定，减资决议适用 2018 年《公司法》第 43 条的规定，即决议须经代表全体股东三分之二以上表决权的股东通过，但从司法实践看，多数法院是以全体股东是否一致同意作为判断减资决议效力的标准，这让股权回购通过公司层面进行操作的难度进一步增加。虽然 2024 年《公司法》（2024 年 7 月 1 日起施行）进一步扩大了股权回购的范围，并允许股东通过定向减资退出公司，但作为同比例减资原则的例外，定向减资必须基于法律规定、有限责任公司全体股东另有约定或者股份有限公司章程另有规定，定向减资的适用条件仍然十分严格。

从实际效果看，无论是实际控制人回购，还是企业通过减资进行回购都普遍面临支付能力不足的问题。在部分股权纠纷案件中，当事人无力履行回购义务是引发案件的主要原因。鉴于此情形，投资人就算打赢了官司也很难收回投资。为了避免出现"双输"的尴尬局面，企业和投资人在协商具体投资条件，特别是约束条件时，需要谨慎评估其效果及其对企业的实际影响。从企业的角度看，虽然回购条款及其执行在法律效力及其执行效果上存在一定的不确定性，但不应将这种不确定性作为判断是否接受相关条款的基础，必须对无法履行协议的情况下可能产生的不利后果考虑清楚。从投资人的角度看，为应对投资风险设置必要的保障措施非常必要，但必须实事求是，对创业企业的成长规律、资产特点、创始人的支付能力等要有客观认识。提高投资安全性的根本在于帮助企业良性发展，而不是设置不切实际的约束条件。经验表明，重视对投资款使用的监督，加强投后管理，帮助企业解决在管理、人才、客户、市场开发等方面遇到的突出问题更有利于提高投资效果。

2. 优先股

优先股是指在《公司法》规定的普通股份之外另行规定的其他种类的股份，其持有人优先于普通股股东分配公司利润和剩余财产，但参与公司决策管理等权利受到限制。从立法角度看，我国关于优先股的制度规定尚不完善。2018年《公司法》并未对优先股作出明确规定，仅通过第34条和第42条为优先股的适用预留了一定空间。其中第34条规定，有限责任公司的股东按照实缴的出资比例分取红利，但全体股东约定不按照出资比例分取红利的除外；第42条规定，股东按照出资比例行使表决权，但是公司章程另有规定的除外。依照上述规定，有限责任公司可以通过公司章程允许部分股东拥有利润分配方面的优先权和表决权方面的限制。但除此之外，2018年《公司法》未对优先权制度作出进一步规定。比如在公司剩余财产分配方面严格规定股东按照出资比例分配，并未为优先权股东留出空间。2005年11月，国家发展改革委、科技部等联合发布《创业投资企业管理暂行办法》（以下简称《办法》），其中第15条规定，创业投资企业可以以股权和优先股、可转换优先股等准股权方式对未上市企业进行投资。该《办法》虽然首次以规范性文件的形式提出优先股的概念，但并未对相关规范和操作细则作具体规定。2013年11月国务院发布《国务院关于开展优先股试点的指导意见》，对优先股的优先分配权、优先清算权、优先股的转换和回购及表决权限制等作了规定，但同时将优先股的发行人限定为上市公司和非上市公众公司，包括创业企业在内的有限责任公司未被纳入试点范围。2024年《公司法》虽然规定公司可以发行优先或者劣后分配利润或者剩余财产的股份，但适用范围限于股份有限公司，有限责任公司有关优先股的安排仍然需要通过公司章程或具体交易文件做出特殊约定。

虽然立法和理论探讨尚未结束，但实践已经远远走在前列。优先股在很多针对创业企业的股权投资中被广泛采用。这些安排在为投资安全提供一定保障的同时，也反映出创业企业在融资过程中的弱势地位。对创业企业来说，采用优先股方式融资的优势是相对债权融资资金使用期限较长，在到期前无需偿还本金，同时对包括创始人在内的普通股股东的权益稀释没有影响，对公司治理

创新创业的六个维度：基于 260 家创业企业的深度观察

结构的影响也较小；但其缺点也很明显，包括优先股股利无法进行税前扣除，股息水平通常高于债务融资成本等。

从风险管理的角度看，采用优先股融资要重点关注两个问题：（1）双方之间权利义务平衡问题。优先股制度的初衷是投资人通过放弃部分股东权利换取相对稳定的投资收益，但有些投资人在优先分配权之外往往同时要求其他权利，比如优先认购权、优先清算权、反稀释权等。这些要求一方面在现行法律上没有依据，相关约定的法律效力本身存在很大不确定性；另一方面很容易对公司管理决策产生影响，比如，企业不同轮次的融资通常涉及企业估值的重新调整，在优先股股东同时拥有反稀释权的情况下，其对估值调整的态度对后续融资具有直接影响。（2）财务成本和支付能力问题。从理论上讲，优先股的股权收益既可以是固定股息，也可以是浮动股息；既可以进行累积分配，也可以进行非累积分配，股息来源一般为当年可分配税后利润，在当年可分配利润不足的情况下，可将应付股息计入下一年度再行分配，也有在盈利不足或出现亏损时通过变卖资产支付股息的做法。但从创业企业在过渡阶段的表现看，多数企业长期处于亏损状态，可供出售的固定资产也非常有限，很难通过盈利或业务活动产生的现金流支付股息。从近几年的情况看，优先股股息水平大致为年化利率 8%~10%，算上财务顾问费等中间费用，实际成本更高，受业务发展和支付能力的影响，拖欠或无法如约支付股息的现象时有发生。因此，企业在采用优先股方式进行融资时，在对其中的法律风险进行判断的同时，也要对相关财务风险和违约成本做到心中有数。

3. 名股实债

名股实债又称明股实债，是指投资人以增资或受让原股东股权的方式对创业企业进行投资，但要求企业定期支付固定利息，并在一定期限通过回购股权等方式退出的融资方式，本质上属于双方之间的借贷关系。名股实债产生的主要原因，一是有些投资人，比如商业银行、保险公司等对资金安全、投资期限等有政策要求，不允许进行高风险投资；二是创业企业本身有降低资产负债率的需求，在会计处理上可以将名股实债项下的融资款不计为负债。通过增资扩股实施的名股实债融资行为主要涉及两个法律关系：一是投资人与创业企业之间的股权投资关系，二是投资人与实际控制人提前约定的股权转让关系。就前者而言，虽然形式上采用了股权投资的方式，但双方的真实意思表示是借贷关系，依据《民法典》第146条第1款的规定，股权投资行为属于以虚假意思表示实施的法律行为，应属无效；就后者而言，其实质是由实际控制人为资金提供方提供债权担保，依据《会议纪要》的规定属于有效的非典型担保。

司法实践中，法院在判断相关融资行为是借贷关系还是股权投资关系时，主要考虑如下因素：一是是否存在固定收益条款，投资人的收益回报是否与公司经营业绩挂钩；二是投资人是否承担公司经营管理失败的风险；三是投资人是否参与目标公司重大事项的决策或实际经营管理。从形式上看，名股实债与股权回购有很多相似之处，比如，都涉及事先约定回购主体、回购条件和退出时间等。但二者区别也十分明显，名股实债本身是一种常见的融资方式，而股权回购更多的是作为融资退出的附加条件或担保措施，在名股实债之外，股权回购措施也经常被用于创业企业的早期股权投资以及典型的债权融资等场合；名股实债虽然存在被认定为借贷关系或股权投资关系的不确定性，但无论认定为哪种法律关系都不涉及融资行为本身的效力问题。但如前所述，股权回购在有些情况下则存在被认定无效或在操作层面无法执行的风险。

避免名股实债法律风险的核心是交易双方要明确各自的真实意思表示。从企业的角度看，可以通过向资金提供方提交书面借款申请，或者制作股东会决议的方式明确相关融资行为的法律性质，交易文件要对交易性质、交易金额、交易期限、资金用途、资金回报方式等进行详细约定，避免因约定不明产生法律纠纷。如果是股权投资，应当将投资人参与公司决策、经营管理等细节约定清楚；如果是借贷关系，应当妥善保管资金出借及支付利息、偿还本金等证明文件，同时将相关交易情况通过适当方式对外公示，保障其他债权人的知情权。我们发现，有些企业为了尽快完成融资或基于其他因素的考虑，对具体融资行为的法律性质并不太重视，或者有意保留一定的模糊或解释空间。从司法实践看，这种做法的风险非常高，在发生纠纷的情况下，资金提供方通常采用比较

创新创业的六个维度：基于260家创业企业的深度观察

极端的方式解决争议，包括把尽可能多的当事人拉进诉讼或仲裁案件、查封企业及其关联公司的账户、最大化资产保全范围等。于此情形，不仅企业生产经营受到很大影响，案件处理结果的不确定性也显著提高。

二、投资人的身份问题

股权投资基金可以按照不同标准进行分类。按照被投企业的发展阶段，可以划分为创业投资基金、成长基金、并购基金、夹层基金、重振基金、上市前投资基金及投资于上市公司的基金等；按照基金的资金来源，可以划分为人民币基金和外币基金；按照基金的组织形式，可以划分为公司制基金、契约型基金和有限合伙制基金等。创业企业在过渡阶段的股权投资主要来源于创投基金和成长基金，其中既有国有机构，也有非国有机构；既有内资机构，也有外资机构。不同机构在投资策略、政策环境、资金来源等方面存在很大差异，对创业企业融资活动及其风险管理也提出了不同要求。

1."国控基金"

在有限合伙企业的认缴份额中，如果国有出资份额低于认缴份额的30%，且没有签署任何形式的控制协议；或者虽然超过30%但低于50%，并且国有出资企业不是第一大出资人；或者几家国有企业的出资份额合计虽然超过50%，但第一大出资人为非国有企业的，一般不会被认定为国有实际控制企业的有限合伙制私募基金，即非"国控基金"。

"国控基金"的特殊性主要体现为其对外投资需要遵守相关国有资产监管规则，创业企业在接受"国控基金"投资时要了解相关监管要求及其对融资交易、企业运行的具体影响。具体包括：（1）在企业估值方面，虽然《企业国有资产评估管理暂行办法》规定现金投资无需事前评估，但"国控基金"通常会将具体投资行为报告国资监管部门并履行评估备案程序。从企业的角度看，现有估值方法很难适用于创业企业，双方在估值方法选择上容易发生分歧。同时，评估备案工作可能花费较长时间，对融资进度和融资效率也会产生影响。（2）在股权转让方面，依照《企业国有资产交易监督管理办法》的规定，"国控基金"转让其所持国有股权必须进行资产评估并在产权交易机构公开交易，同样面临评估方法选择和企业估值问题。此外，在存在对赌协议或其他交易条件的情况下，如何处理公开交易和合同约定的关系往往也会产生争议。

2. 外资基金

外商参与创业企业股权投资的主体主要包括外商投资创投企业、外商设立的有限合伙制投资基金以及外商设立的投资性公司等。外资基金是创业企业，特别是高技术领域企业的重要投资者和资金来源，很多样本企业不同轮次投资中都有外资基金的参与。比如，红杉资本先后投资了海纳医信、吉瑞科技、明略科技、云道智造；IDG 先后投资了海博思创、北醒光子、无讼网络；华平投资投资了蓝晶微生物、美中宜和等。

企业引进外资基金投资需要关注的重点是国家外资投资相关政策法规，要依照《外商投资产业指导目录》来判断外资基金投资的合法性及具体投资比例，避免出现因投资人无法完成商务部门的年度备案对融资效力产生不利影响。与此相关的一个问题是外资基金的身份认定问题，若基金的普通合伙人或管理人为境外投资者、有限合伙人为国内投资者，则市场监管部门通常不对此类基金加注外资标记。但实践中存在将其认定为外资基金的情况，比如，国家发展改革委在相关批复文件中明确，上海黑石股权投资合伙企业应按照外资政策法规进行管理，其投资项目按照《外商投资产业指导目录》进行调整。因此，建议企业在融资过程中对投资人的身份、投资范围及其限制等进行必要的核实确认，避免出现违反相关产业政策或法律法规的情况。

3. 其他投资机构

与市场化风险投资机构相比，传统金融机构参与设立的投资基金在投资策略、投资范围、资金监管等方面受政策约束和监管规则调整的影响更大。比如企业年金投资必须符合《企业年金基金管理办法》的规定，保险资金只能按照《中国保监会关于保险资金投资创业投资基金有关事项的通知》《中国保监会关于设立保险私募基金有关事项的通知》等规范性文件的要求参与股权投资。基于政策要求和机构属性，金融机构所属或参与的各类投资基金在投资策略上更注重资金的安全性、收益的稳定性，投资期限的可控性，他们对企业的成长性和投资回报预期可能没有过高要求，但对企业现金流和盈利能力要求通常比较高。为了确保资金安全和期间收益，投资人一般会要求企业或实际控制人提供相关担保或增信措施，比如股权质押、回购、账户监管、重大事项决策权等。从本质上讲，这类融资虽然以股权投资的形式进行，但已经具备债权融资的很多特征，企业需要综合考虑融资成本和财务压力。此外，受资金来源和资金性质影响，传统金融机构控制的基金投资期限通常较短。比如，底层资金来源于企业年金、银行理财资金的，其投资期限不能超出资金委托人和受托人之间约定的管理期限，企业需要对未来一段时间的资金需求、投资人退出后的资金空缺以及企业支付能力提前进行筹划安排。

三、特殊条款与公司治理

与普通的股权转让协议或增资协议相比，投资人通常在协议中加入一些特殊条款，主要原因包括：针对企业发展的不同阶段及其风险情况作出个性化的交易安排；为避免实际控制人、公司治理结构发生重大变动，针对企业在不同阶段的融资活动和股权变化增加一些对企业及实际控制人的约束条件；针对股权投资的阶段性特征，为减少争议提前对退出条件和交易方式作出安排。投资协议中保护投资人的特殊条款主要包括以下几方面。

1. 对赌条款

对赌条款又称估值调整条款，通常以股权投资协议补充协议的方式出现，是指投资人与创业企业或实际控制人约定以公司在特定时间实现的业绩为标准，通过适当方式对投资人的股东权益进行调整，在超过约定业绩标准的情况下，投资人需要增加投资或减少持股比例；在未达到约定的业绩标准的情况下，企业需要通过支付现金、回购股权或增加投资人持股比例等方式对投资人进行补偿。

2. 一票否决权

投资人通常要求企业修改公司章程并将若干事项的决策程序纳入股东会或董事会一致同意的范畴，即要求对重大决策事项的一票否决权，包括企业股权结构变动、组织结构调整、大额资金使用等，其主要目的是保证投资款项的合理使用及企业规范运行。

3. 优先认购权

优先认购权是指企业在通过增资方式引入新的投资人时，须提前将增发对象、增发数量、交易价格等通知投资人，投资人有权但无义务按同等条件认购相应份额。

4. 反稀释条款

反稀释条款是指企业此后以任何方式引入新的投资，应确保新的投资人的投资价格不低于本轮投资价格，如果违反相关约定，实际控制人或控股股东需要通过无偿转让部分股权或支付现金的方式对投资人进行补偿。

5. 随售权或共售权

如果企业控股股东拟全部或部分转让股权，投资人有权但无义务在同等条件下将其持有的相应数量的股权出售给拟购买待售股权的第三人。

6. 拖售权或领售权

如果企业业绩达不到约定的标准或不能实现公开上市，投资人有权强制要求控股股东按照投资人与第三方达成的转让价格和交易条件，与投资人共同向第三人转让股权。

7. 优先清算权

发生清算事由后，企业在依照法律和公司章程依法支付相关费用、清算债务后，在依照出资比例向股东分配剩余财产后，如果投资人分到的财产低于其累计实际投资金额，控股股东有义务补足。

在选择是否接受保护投资人的特殊权利条款时，企业要重点关注以下问题：（1）认真评估特殊权利条款对公司决策机制和决策效率的影响。比如，一家企业在引入某企业年金投资时，投资协议约定的一票否决权范围不但包括大额资金调配、年度分红等事项，还包括企业债务融资、资产处置、对外投资、股权合作等其他事项，结果几乎所有股东会、董事会决策事项只有在全体一致的情况下才能作出决议，决策难度和决策成本非常大；另一家企业在引入一家国有投资基金时也写入了一票否决权条款，结果投资人委派的董事对所有董事会议题都要按照其所在企业要求层层上报，导致决策时间大幅拉长，有些比较紧急的事项甚至因为决策效率低而无法进行。（2）要审慎判断特殊权利条款对控权和公司治理的影响。因对赌失败影响企业运营和公司控制权的案例并不少见，中电智联、真机智能、紫科环保等都曾因对赌问题产生争议或纠纷。比如，在对赌失败后，中电智联的投资人世纪瑞尔在公司的持股比例已超过57%。从这些案例看，最大的问题是企业对市场发展速度、产品盈利能力等过于乐观，对完成对赌业绩过于自信。从企业成长规律看，创业企业，特别是创新难度较大的企业，尤其要对对赌条件保持谨慎，轻易不要针对业务规模、盈利水平等进行对赌，这不仅让企业面临的不确定性显著提高，也很容易引发短期行为、偏离创新路线。（3）要综合考虑对特殊权利条款的接受范围和接受程度。为最大限度保护自己，投资人往往在投资协议中尽可能多地加入各种特殊条款。从企业的角度看，需要充分识别融资交易结构和这些条款的潜在风险，特别是要结合企业的阶段性重点工作对其影响进行评估。在过渡阶段，持续性融资、技术合作、人才引进、业务拓展等都需要通过与外部建立联系来实现，这些工作不可避免地会对公司的股权结构、资本结构、治理结构产生影响。如果限制条件太多，来自内部的意见分歧或决策的障碍将极大限制企业对外合作的空间。

第四节　债权融资和新型融资

本节介绍创业企业通过民间借贷、对外担保以及部分新型融资方式解决资金约束的主要做法和存在的问题。民间借贷风险控制的核心是熟悉相关法律法规和政策，严格审核借贷合同的关键条款；规范对外担保行为的重点是完善决策程序、避免管理漏洞；采用新型融资模式需要充分了解相关交易结构及其法律效果。

一、民间借贷

创业企业的债权融资主要包括银行信贷、民间借贷、债券融资、融资租赁、信托融资等方式,其中民间借贷在企业债权融资实践中占有重要地位,也是创业企业早期阶段融资的主要形式。民间借贷主要指自然人之间、自然人与法人或其他组织之间以及法人或其他组织之间,以货币或其他有价证券为标的进行的资金融通行为。综合相关案例和融资实践,企业通过民间借贷融资需要重点关注如下问题。

1. 合同效力

为企业提供民间借贷融资的主体很多,既包括自然人、企业,也包括小额贷款公司、互联网融资机构等。为确保融资行为合法有效,需要从合同主体、资金来源、资金用途等多角度对合同进行严格审查,具体包括:(1)参与民间借贷的企业应具备完全民事行为能力,企业必须合法存续并正常经营,必须在其被核定的经营范围内行为;(2)借贷目的要合法,借款用途限于解决企业的生产、经营资金不足,而不得用于其他目的;(3)出借人用于民间借贷的资金应确保来源合法,一般只能用自有或合法经营所得的资金用作出借资金,应特别避免将银行贷款、其他借款、内部职工集资等进行转贷;(4)从事经常性出借业务的企业应具备相应的特殊经营资质;(5)企业间的借贷行为不得违反国家法律法规的强制性效力规定。

2. 融资条件

民间借贷及纠纷中比较突出的是"砍头息"、中间费用、违约责任问题。"砍头息"是指贷款人在放款时将一定期限的利息和其他融资费用预先扣除,导致借款人实际借入的本金减少;中间费用是指贷款人在利息之外要求借款人承担因尽职调查、合同谈判等发生的法律、公证、保险等费用,有的直接写入贷款协议,也有的通过签订资金托管协议、财务顾问协议、融资服务协议等方式来加重借款人的融资负担;违约责任方面的主要问题是合同通常约定对借款人非常苛刻的逾期偿还借款责任,比如借款人因逾期付款在支付罚息的同时还要为逾期支付的利息支付罚息等。相关法律法规和监管规则为规范民间借贷行为、控制融资成本等作出了一系列约定。比如,《民法典》第 670 条规定,借款的利息不得预先在本金中扣除,利息预先在本金中扣除的,应当按照实际借款数额返还借款并计算利息;《商业银行收费行为执法指南》第 9 条规定,商业银行收费行为应当遵循依法合规、平等自愿、息费分离、质价相符的原则。受融资能力和谈判地位等因素影响，虽然很多企业在融资实践中不得不接受对自己不利的融资条件，但从风险控制管理的角度看，有必要对相关合同条款的法律效力及其影响作出准确判断。

二、担保行为

1. 主要越权担保行为

债权融资中，借款人通常要求企业或实际控制人提供不同形式的担保，包括连带责任保证、股权质押、动产质押、权利质押等。在涉及创业企业为借款提供担保的情况下，企业要特别关注越权担保问题。一是公司股东越权担保，依照《最高人民法院关于适用〈中华人民共和国民法典〉有关担保制度的解释》（以下简称《担保制度解释》）第 7 条的规定，公司法定代表人未经股东会决议加盖公司印章为实际出资人的借款提供担保，属于越权担保；二是创业企业公司层面的越权担保，依照 2024 年《公司法》第 15 条的规定，公司为公司股东或者实际控制人提供担保的，应当经股东会决议。

2. 越权担保风险管理

从法律效果看，在存在越权行为的情况下，未经公司追认，担保合同对公司不发生效力，企业既无须承担担保责任，也不必承担缔约过失责任。因此，被担保人在签订担保协议时应及时查阅借款人的公司章程，并依照公司章程指引对担保是否经股东会决议进行审查。从企业的角度看，为避免承担担保责任或因越权担保行为引发争议，一方面要重视文件管理、印章管理、授权管理的规范性，另一方面要在公司章程中对法定代表人的权限、对外借款、对外担保的条件和决策程序等事项作出详细规定，避免因管理漏洞承担法律责任。

三、供应链金融

1. 供应链金融主要模式

供应链金融是指从供应链产业链整体出发，运用金融科技手段，整合物流、资金流、信息流等信息，在真实交易背景下，构建供应链中占主导地位的核心企业与上下游企业一体化的金融供给体系和风险评估体系，提供系统性的金融解决方案，以快速响应产业链上企业的结算、融资、财务管理等综合需求，降低企业成本，提升产业链各方价值。实践中，供应链金融的基本参与主体包括交易方、平台提供方、风险管理方、流动性提供方等。主要业务模式包括针对物料采购阶段的预付款融资，即保兑仓模式；针对运营阶段的动产质押融资，即融通仓模式；针对销售阶段的应收账款融资，即保理模式。

2. 供应链金融中的突出问题

（1）交易真实性风险，包括交易主体虚假、贸易背景虚假、交易单据虚假等。企业要避免陷入"虚假交易""重复或虚假仓单"或"自保自融"等无效法律行为或商业犯罪行为。（2）融资过程中的动产质押风险。在规范质权设立的同时，要特别关注质押物保存、流转、交割等关键交易环节和过程跟踪。（3）数据和信息安全风险。企业在融资过程中披露的基础信息、业务数据和财务数据等涉及核心商业秘密，应高度关注交易过程中信息的提供范围及其必要性和安全性问题。

3. 供应链融资的成本问题

部分案例显示，有些核心企业在为包括创业企业在内的中小企业提供供应链融资服务过程中，通过转嫁融资成本、增加服务费用、改变支付工具、拖延结算时间等方式实现强化供应链控制、降低交易成本的目的。比如，有的大量使用商业票据作为融资工具，企业不得不承担高额贴现成本；有的以技术服务费、平台使用费等名义在融资资金利息之外，还要求企业承担其他额外费用，整体算下来，综合融资成本并不低。

四、知识产权融资

1. 知识产权融资的主要形式

知识产权融资包括专利融资、商标融资、版权或著作权融资等不同形式。就专利资产而言，主要包括专利质押融资、专利资产证券化等。其中，专利质押融资是指在对专利进行评估的基础上，企业将自己持有的专利质押给银行等贷款机构，贷款人向企业发放贷款的行为；专利资产证券化是指发起人将其拥

创新创业的六个维度：基于 260 家创业企业的深度观察

有的专利许可收益权出售给以证券化为目的的特殊机构（SPV），由 SPV 对专利收益权和风险进行重组，构造资产池发行证券，同时通过专业机构对证券进行增信和评级，以专利许可收益产生的未来现金流支付证券投资者收益。在国家创新战略和政策支持下，知识产权融资市场快速发展。我国首个以专利许可费为基础资产的知识产权证券化产品"广州开发区专利许可资金支持专项计划"2019 年在深交所发行。重庆市截至 2021 年底，经国家知识产权局登记的知识产权质押融资累计金额突破 60 亿元。

2. 知识产权融资存在的问题

从金融机构和资产证券化的角度看，知识产权融资的主要问题是评估难、稳定性差、变现难，具体包括：银行现有评估体系主要针对有形资产，对商标、专利等无形资产没有成熟的评估方法；专利在质押过程中可能发生因企业不缴费失效、与第三人产生侵权纠纷等问题，金融机构缺乏有效干预手段；专利质量参差不齐，价值波动和流动性较差，在企业违约时难以通过行使质权变现。从企业的角度看，一是贷款条件苛刻，金融机构除了要求企业提供知识产权质押物，往往还要求其他担保措施，同时，银行对贷款金额掌握过严，通常放款额度仅为评估价值的 20%~30%；二是知识产权融资常常沦为信用贷款的附属物，银行通常对企业业务规模、应收账款、现金流等与偿债能力相关的事项等更为关注。

3. 知识产权融资的实践经验

总结创业企业知识产权融资的经验，可以发现有些问题源于技术因素或政策因素，比如，针对专利资产的价值评估方法和评估体系不健全，现行专利权质押及专利授权许可的登记制度不完善等，但制约知识产权融资发展的根本问题是专利质量问题。对创业企业来说，一是要高度重视专利质量，要真正把专利与技术创新和技术应用结合起来，专利资产评估虽然存在很多难题，但通过产品应用、授权许可等仍然能比较直观地发现其实际价值。二是企业要充分重视对知识产权相关融资政策的研究跟踪，及时发现融资机会。在雄安新区获批知识产权证券化试点后，小眼科技积极在雄安进行业务布局，先后两次获得专利质押融资贷款，金额达数千万元。第一笔贷款中，小眼科技质押了已应用到相关人脸识别产品上的 8 件核心专利，数量虽然不多，但得到银行的高度认可。

同时，双方通过采用第三方智能化专利评价体系成功解决了专利评估难题，在业务模式、专利筛选、价值评估等领域进行了大胆创新。

扩展阅读

史河科技如何在 6 年内完成 6 轮融资？

北京史河科技有限公司（以下简称史河科技）成立于 2015 年，是一家从事智能特种机器人自主研发的科技公司，实现了高空作业机器人产业化。创始团队来自清华大学、北京航空航天大学、人民大学等知名高校，核心成员具有在华为、海康、美的、中船等大型企业的工作经历。公司在爬壁机器人等特种机器人领域具有领先技术优势和产品开发能力，通过对船舶、化工、能源、桥梁、建筑等行业的深入探索，将行业工艺与立面移动平台深度融合，成功开发出船舶除锈、化工防腐、球罐打磨、火电检测等多个领域的产品和服务，为中船、中远、招商局系统的 50 余家修造船厂提供船舶除锈作业，为中石油、国家电投、国家特检院、中石化、浙江特检院等提供智能机器人除锈除污作业及自动化检测服务。截至 2022 年底，公司先后完成 6 轮股权融资，资金额达数亿元，受到多家投资机构和投资人的高度认可。以下我们从投资人的角度分享史河科技的创新和成长历程。

第一阶段。2016 年 2 月，公司获得泰有基金和启迪之星创投基金种子轮投资。启迪之星创投总经理刘博表示，人工登高爬壁是极为危险且效率低下的劳动方式，急需用现代智能化手段解决问题，史河科技针对高空清洗作业推出的智能化解决方案，抓住了行业的真正痛点。他们依托清华大学的技术背景，产品研发和落地能力比较强，希望攻克行业难点，为行业创造一个安全的劳动环境。

在成立不到一年的时间里，史河科技开发的船舶除锈机器人已开始小批量

创新创业的六个维度：基于 260 家创业企业的深度观察

生产，化工打磨、火电检测机器人也进入量产阶段，建筑清洗机器人已开始研发测试。从投资人的点评可以看出，优秀的团队、卓越的技术开发能力和产品能力，以及切合市场需求的技术和产品定位是影响投资人早期投资决策的重要因素。

第二阶段。2018 年 3 月，公司完成千万级天使轮融资，熊猫资本领投，启迪之星、老鹰基金跟投。熊猫资本合伙人李心毅认为，在智能机器人行业高速发展的背景下，史河科技作为一家拥有核心技术优势的公司，有着优秀的产品和工程能力，未来能够不断打造适合多元化场景的机器人产品。史河科技团队有着较强的执行力并拥有创业基因，CEO 许华旸有过成功的创业经验。老鹰基金合伙人白松涛表示，劳动力机械化是人口红利降低大环境下的必然趋势，特种高危行业是率先开花的领域之一。史河科技针对爬墙高空作业领域的种种技术创新，顺应当下的市场需求和技术趋势。同时，创始团队具有清华大学教育背景，拥有成熟的研发和产品落地能力，相信他们会有不俗的产品和市场表现。

从种子轮融资到天使轮融资，史河科技在技术、产品、市场等领域都取得了重大进展。其中，专利申请数量累计超过 180 件；高空爬壁机器人初步建立市场影响力，逐步具备进入巡检侦查、消防救灾、物流配送等新业务领域的技术能力和产品能力。经过三年的发展，公司的市场方向、技术和产品能力得到验证，企业面临的风险和不确定性得到一定程度释放，良好的发展前景和更为确定的成长性成为打动投资人的关键因素。

第三阶段。2018 年 12 月，公司完成 2000 万元 Pre-A 轮投资，BV 百度风投领投、智能电网创投跟投，老股东熊猫资本继续追投。BV 百度风投 CEO 刘维表示，随着 AI 技术的发展，智能机器人的环境感知能力、决策能力、任务能力都将快速提高，成本快速降低，在更多场景下有了用武之地。高空爬壁是人类很不擅长的作业场景，相信会出现一家平台级的智能机器人公司，为我们带来更干净、更安全、更可靠的工业环境和城市空间。智能电网创投管理人聂思聪表示，高空作业相关市场空间巨大，整体是一个蓝海市场。史河科技具备丰富的高空作业机器人相关专业技术储备和多个软硬件研发项目成功经验，有助于保证技术的及时更新和产品的快速迭代，做出最好的产品，不断向"让世上没有危险的工作"的愿景前进。熊猫资本合伙人李心毅表示，自从天使轮投资后，公司的新产品研发能力和商业化潜力进一步显现。此次追加投资，熊猫资本持续看好 Robot++在高空作业机器人细分市场上的变革作用，期待 Robot++在这一领域取得更多的突破。

种子轮融资和天使轮融资之后，公司资金短缺状况得到一定程度的改善。在此期间，公司在继续做好高空爬壁机器人产业化的同时，持续加大技术研发力度，积极寻找更多的技术和产品应用场景，在除锈除污、自动检测等领域陆续开展多项技术研究和项目实验，并逐步摸索出"产品销售+服务运营"的商业模式，市场影响和客户数量快速增加，企业风险得到进一步释放，投资人对公司的前景和信心进一步增强。

第四阶段。2019 年 10 月，公司完成 3500 万元 PreA+轮融资，中关村发展集团与银盈资本联合领投，盛世投资、京信供销基金、科鑫资本跟投。中关村发展启航投资合伙人马建平表示，随着机器人技术进步和人口红利的逐渐消失，机器替代人将在更大规模和更多场景下发生，持续看好智能机器人和特种机器人领域的投资机会。史河科技选择的船舶清洗除锈、火电锅炉探伤、化工罐体打磨等场景都是行业刚需且对从业人员不够友好的环境，机器替代人不仅能够将人从高危作业环境中解放出来，还能够显著提高生产效率，有着广阔的成长空间。创业团队基本功很扎实，又深入理解客户需求，产业化水平走在了行业前列。银盈资本合伙人王宏伟认为，特种机器人解决了目前行业存在的高危、低效、高成本的痛点，史河科技凭借深厚的知识储备、技术研发实力和强劲的市场开拓能力在国内高空作业机器人细分领域众多竞争对手中脱颖而出，率先实现产业化，产品在船舶、化工、火电、风电等不同行业的相继落地也极大推动了行业的进步发展。

经过 4 年多的发展，史河科技成为实现高空作业机器人产业化的高技术企业，先后获评中关村高技术企业和国家高新技术企业。在持续加大技术和产品开发、扩大产品线的同时，公司初步具备搭建智能化机器人开发应用平台的能力，平台化战略进一步打开了公司的想象空间，成为投资人持续加大投资的重要考量。

第五阶段。2021 年 1 月，公司完成亿元 A 轮融资，众为资本领投，荷塘创

创新创业的六个维度：基于 260 家创业企业的深度观察

投跟投，老股东百度风投、启迪之星追加。众为资本合伙人姚安民说，史河科技在诸多场景中技术沉淀多年，产品已经落地，深受客户的好评，看好创始团队能继续推动国内高空机器人行业的发展，未来创造出更大的社会价值。荷塘创投董事总经理韩周表示，史河科技已成为高空机器人领域的龙头企业，公司拥有高空机器人领域的平台技术，并已经在船舶除锈领域实现规模化落地应用和销售，大大提升了高空机器人行业的整体水平，看好史河科技在这个领域的发展前景，并对其持续研发和拓展应用领域充满信心。

PreA+轮融资之后，史河科技的主要进展体现在以下几个方面：一是平台化战略取得实质性进展，以数据收集分析、信息反馈、快速响应、模块化开发等为核心的技术平台生态系统逐步成型；二是产业化和规模化效应逐步显现，产品应用成本显著降低，作业效率大幅提高，客户投资回报周期快速缩短；三是市场地位进一步提高，公司已经成为高空机器人领域的龙头企业，并逐步向其他行业和领域拓展。从投资人的角度看，本轮投资的基本逻辑是公司的市场地位初步确立、技术优势更加明显、经济价值和社会价值逐步凸显。

第六阶段。2022 年 5 月，公司完成 B 轮融资，美团和复星领投，智盈投资等跟投。美团创始人王兴认为，机器人对美团非常重要，是美团投资的关键垂直领域之一，作为智能化硬件产品，在机器人等各种先进技术驱动下，生活服务领域还有巨大潜力去提高效率、降低成本。美团战略和投资部朱文倩表示，美团持续围绕具有长期发展价值的前沿科技投资，积极布局机器人等高技术领域符合美团的投资协同策略。

投资人看好公司技术和产品在不同领域的应用潜力，并建立现有业务与被投企业之间的战略协同是本轮投资的主要逻辑。一方面，公司的 Robot++船舶除锈机器人经过多次迭代更新，产品稳定性、易用性、作业效率、回收率等指标均居行业前列，相关产品已批量出货，客户和合作伙伴大幅增加，企业逐步进入良性发展轨道，投资风险显著降低、投资回报具有稳定预期；另一方面，在传统产业竞争日益加剧的背景下，投资人可以借助史河科技的技术优势和产品开发能力提升现有业务的竞争能力，公司利用技术优势赋能传统产业的价值逐步显现。

第五章

建立技术优势的障碍和主要经验

创业企业建立技术优势的主要障碍是什么？是缺乏技术能力，还是面临资源约束？是市场环境问题，还是战略选择问题？很多创业者都认识到尽快建立技术优势的重要性，但同时感慨建立技术优势并不容易。本章从创业企业在技术研发领域遇到的突出问题和困难入手，总结企业加快建立技术优势的实践经验和技术战略。重点讨论三个问题：一是通过分析大企业和创业企业的差别，发现创业企业技术创新的有利条件；二是总结梳理实践中比较成功的技术开发战略及其适用条件；三是介绍加强技术保护的基本方向和主要经验。

第一节　技术研发概况

技术能力是关乎创业企业成长和竞争地位的关键因素，本节从专利数据、企业家视角、知识产权案件等角度介绍创业企业在技术研发领域面临的困难和问题。研究发现，技术和专利成果的持续产出能力、技术成果的转化能力、权利意识和技术保护能力对企业技术研发具有重要影响。这些能力的培养既受资源投入和资源约束的影响，又与企业自身的创新意识和管理能力高度相关。

一、专利数据

1. 专利申请和授权情况

截至2022年底，样本企业累计专利申请数量为14823件，平均每家企业57件；授权专利累计数量5982件，平均每家企业23件，专利授权率均值40.36%。此外，有9家企业的157件PCT专利申请进入中国国家阶段且已获得授权。

2. 专利结构

授权专利中，如图5-1所示，发明专利为1772件，占比29.62%，平均每家企业7件；实用新型专利为2847件，占比47.59%，平均每家企业11件；外观设计专利为1363件，占比22.79%，平均每家企业5件。

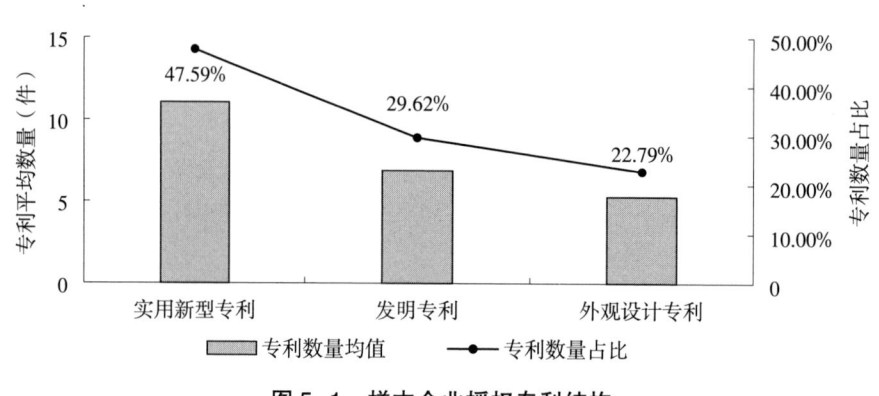

创新创业的六个维度：基于 260 家创业企业的深度观察

图 5-1 样本企业授权专利结构

3. 专利申请时间和数量

如图 5-2 所示，从公司设立时间起算，第 1 年至第 11 年，样本企业平均专利申请数量依次为 5 件、8 件、9 件、13 件、14 件、22 件、15 件、16 件、6 件、6 件、9 件；自公司设立第 1 年至第 11 年，每个年度有专利申请的企业数量依次为 204 家、133 家、116 家、104 家、86 家、71 家、56 家、31 家、20 家、16 家、11 家。

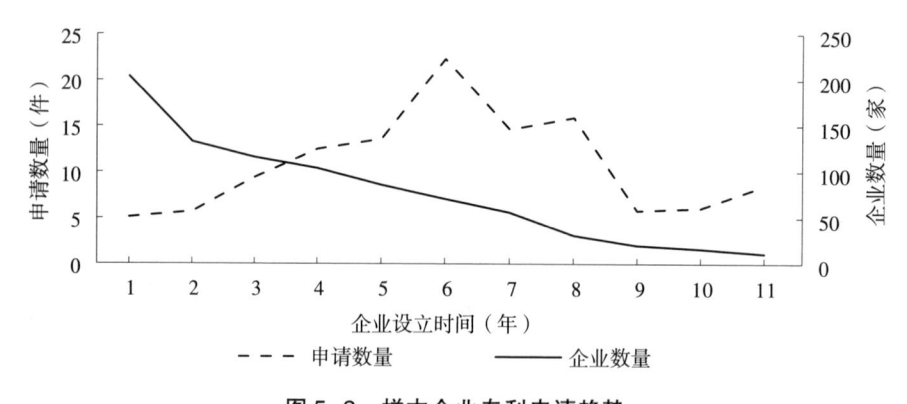

图 5-2 样本企业专利申请趋势

4. 专利权转移情况

样本企业中，发生授权许可、专利质押、专利权转让等各类专利权转移行为共 759 件次，涉及企业 72 家，占比 27.69%。

专利数据虽然不能反映企业技术创新的全貌，但通过对专利数量、专利质量的分析仍然能够发现创业企业在技术研发和技术应用领域的一些特点，具体包括以下几方面。

从专利数量看，企业技术创新能力存在显著差异。从整体上看，创业企业对技术创新工作非常重视，但企业间差异非常明显，包括：（1）全部样本企业中，超过15%的企业从未进行过专利申请；（2）企业专利申请数量均值为57件，约80%的企业在均值之下，其中接近13%的企业累计申请数量不足10件；（3）专利授权率均值为40.36%，授权率超过70%的企业不足10%，授权率低于20%的企业占比接近25%。数据显示，创业企业在技术成果专利申请及技术成果产出方面的分化非常严重，在专利申请数量最多的20家企业中，创新难度较高的企业，特别是人工智能、智能制造、新能源等新兴产业领域的高技术企业占比接近80%，比如北醒光子、史河科技、海目星等企业的申请量都超过了200件，表明这些企业对技术创新的重视程度更高，权利意识更强。

从专利结构看，技术创新的质量需要进一步提高。根据国家知识产权局公布的数据，我国2021年授权专利中，发明、实用新型、外观设计的占比分别为15.12%、67.80%、17.08%。与上述数据相比，样本企业的发明专利占比明显高于全国平均水平，从专利的评价标准、授权难度看，创业企业在整体上表现出较高的创新质量。此外，从不同专利的占比看，创业企业也存在明显的结构性差异，比如梆梆安全、瑞莱智慧、卫蓝新能源、主线科技等企业的授权专利以发明专利和实用新型专利为主，其中瑞莱智慧、梆梆安全的发明专利占比超过98%；傲基科技、明略科技、泰坦科技等企业的授权专利中实用新型专利和外观设计专利的占比很高，其中明略科技的外观设计专利占比接近80%，傲基科技外观设计专利占比超过47%。这些数据在一定程度上反映了企业业务结构、创新方向、发展阶段和创新难度等方面存在显著差异。

从专利申请的持续性看，技术创新"后劲"不足。从数量上看，样本企业专利申请整体上先上升后下降的趋势，申请高峰集中在公司设立之后的第3年至第8年，此后年份的申请数量明显下降。从企业数量看，基本上呈现逐年递减的趋势，特别是从第2年开始，申请专利的企业锐减至近50%，此后逐年下

创新创业的六个维度：基于 260 家创业企业的深度观察

降，在第 9 年时申请企业数量已不足样本企业的 10%。这些现象一方面反映了企业在技术创新方面面临各种困难，包括持续研发、高强度投入等，但同时也表明企业持续创新意识和创新能力存在欠缺。对创业企业特别是高技术企业而言，虽然技术创新面临很多困难和资源约束，但技术能力是建立竞争优势的基础和关键，如果无法解决创新的持续性问题，则很难适应产业发展和外部环境变化的要求。1995 年，华为开始申请第一件专利，1998 年获得第一件专利授权，此后长期保持高强度的研发投入和专利申请量。华为在 2011 年至 2020 年的研发投入占全年收入比始终保持在 11.60%~15.90%，专利申请数量达到每年几千件，甚至有些年份超过 1 万件。截至 2020 年底，华为全球有效授权专利超过 10 万件，其中 90% 以上为发明专利。通过授权、交叉许可、转让等方式，华为在 2019—2021 年的知识产权收入超过 12 亿美元。❶ 从华为的经验看，技术创新和技术成果本身有一个长期积累的过程，这个过程非常考验企业的耐心和决心，投入压力也非常大，但一旦形成技术优势和技术壁垒，也能为企业带来巨大回报和竞争优势。

从专利权转移看，技术成果转化应用能力有待提高。数据显示，样本企业专利发生权利转移的次数占全部授权专利的约 13%。考虑到融资行为中的专利质押情况，专利权进行市场化交易的比例将进一步降低。调研中，我们发现企业申请专利的动机多种多样，很多企业是从权利保护、知识产权战略的角度进行专利申请。也有不少企业是出于其他目的，有的是为了满足申请高新技术企业资质，有的是为了争取更多的政策补贴，也有的是为了对外宣传或融资需要。从总体上看，为这些临时性需要申请的专利普遍存在创新性不足、审核通过率不高等问题。比如，权利要求数量、专利权利要求文件页数是评价专利质量的重要指标，统计显示，上述两项指标与企业专利申请数量的比值均值分别为 827%、117%，其中接近 50% 的企业的权利要求数量达不到均值，超过 60% 的企业的专利权利要求书页数低于均值，这进一步表明专利质量是制约技术成果应用和专利权转让的重要因素。

---

❶ 数据来源于《华为创新和知识产权白皮书 2020》。

二、企业反映的主要困难

1. 技术开发难度大

一是企业选择的技术方向和关键技术本身具有很高的开发难度。集成电路、信息技术、工业软件等领域本身对企业的技术能力就有很高的要求。同时，国外领先企业和大型企业经过多年积累已经形成了很强的市场能力和技术壁垒。对创业企业而言，既要找到关键突破机会，又要绕开专利壁垒，确实不容易。比如，华卓精科经过长期努力已完成光刻机双工件台的商业化生产，代表了国内该领域的最高水平，但其DWS系列双工件台只能用于65nm及以上节点的干式光刻机，与ASML等相比还存在很大差距。二是企业自身能力难以支撑技术开发的要求。很多创业企业在技术能力、技术人员、技术基础设施等方面都曾饱受困扰。比如，唯酷光电、北京志道生物、迈测科技等都遇到过关键技术难以突破、多学科技术整合无法解决等困难。唯酷光电创始人李风华在2013年曾针对数据中心专用交换机产品进行技术攻关，由于技术难度太大，团队经过半年努力仍然没有实现技术突破，只能关门止损。

2. 技术研发投入大

技术投入大是企业家反映比较集中的问题，包括技术人员薪酬在企业支出中占比很高、来源于经营性活动的现金流严重不足、面临巨大的融资困难等，长期保持高强度技术投入确实让企业承受非常大的压力。从融资的角度看，虽然高技术企业在股权融资的速度、金额等方面具备一定优势，但从获得首次融资的时间看，在公司设立后一年内获得融资的企业不足35%，第二年获得融资的企业仅为12.50%，这意味着大多数企业在设立后的头两年无法通过股权融资方式得到外部资金支持。从投入规模看，有些项目的启动资金本身就很高，比如航顺芯片初期研发投入超过2亿元；航天驭星为建设商业卫星测控系统在全球范围内部署了几十套地面检测站点，每个站点的投入在几百万元到数千万元不等；图湃医疗在2021年的技术投入超过5000万元，但仍未实现盈亏平衡。

3. 技术成果转化难

一是技术成果在从实验室到工厂、从设计原型到商业化产品的过程中需要

创新创业的六个维度：基于 260 家创业企业的深度观察

大量的验证、测试、调整、优化工作，创业企业通常缺乏必要的设施和能力。比如，蔚蓝仕在创业初期，黄正宇团队在无力购买设备的情况下只能因陋就简，甚至用电风扇叶片旋转替代光学斩波器来做光学试验；清航紫荆为了测试无人机性能参数不得不像打游击似的到处寻找测试场地。二是成果转化需要开发大量配套技术和设施。比如，中钢矿院、八度阳光在无法购买到现成生产设备的情况下，只能自己对关键设备进行技术开发和研制；视美乐失败的一个重要原因是当时国内电子产品领域的配套能力不足。三是有些产品需要通过严格的认证程序才能进入市场，比如药品、医疗器械以及其他关系公共安全和人民生命安全的领域，相关认证程序非常复杂，认证标准也非常严格，这些要求客观上对企业的技术能力、产品性能，特别是安全性，提出了很高的要求。比如，比格威早在 2015 年就开始智能 OCT 设备的研发工作，其 BV1000S 型眼科光学相干断层扫描仪直到 2022 年 12 月才通过注册；中钢新型在研发新型石墨材料过程中不仅面临大量技术和工艺验证工作，而且核石墨的辐照试验也需要数年时间才能完成。

4. 开展对外合作难

创业企业开展对外技术合作的主要障碍是技术不成熟、规模太小，很难给出有利的合作条件。踏歌智行在最初进入矿用车辆无人驾驶领域时，面临的最大问题是找不到技术验证机会，余贵珍曾说："一台矿用卡车需要 2000 多万元人民币，说服企业购买这样一台车辆让踏歌智行去做实验困难很大，面对这样一笔巨额支出，企业方面决策并不容易。"此外，创业企业通常没有能力支付委托开发费用，在科研机构无法或不愿意接受以出让股权获取技术合作的情况下，企业只能与技术专家个人合作，这种方式不仅存在合规风险，在合作对价、权利归属、技术应用等方面也容易发生纠纷。

三、知识产权案件反映的问题

在与样本企业相关的 823 件诉讼案件中，涉及知识产权和技术开发、技术成果应用的案件共 137 件，占比 16.65%。其中，如图 5-3 所示，申请注册商标、宣告商标无效案件共 40 件，占比 29.20%；专利申请案件为 23 件，占比

16.79%；专利权、著作权、商标权等知识产权侵权案件为 26 件，占比 18.98%；不正当竞争案件为 11 件，占比 8.03%；技术开发合作及费用支付案件为 13 件，占比 9.49%；其他案件为 24 件，占比 17.52%。从创业企业发生的知识产权案件的数量、结构、成因等角度看，主要存在以下问题。

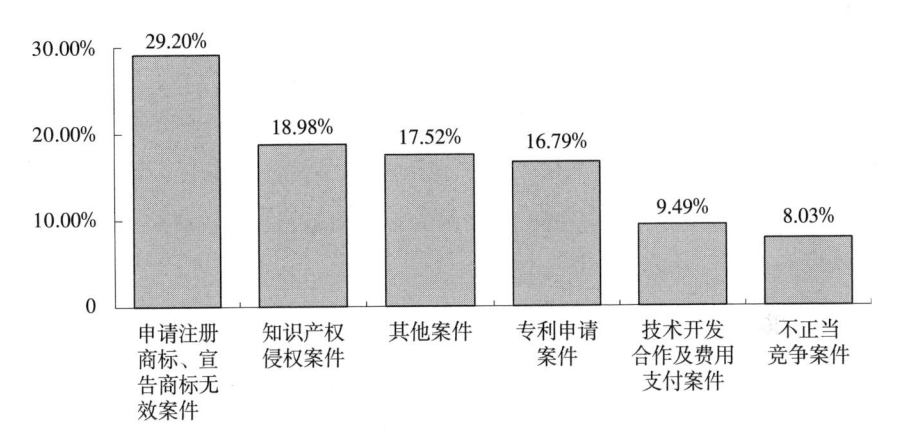

图 5-3　样本企业知识产权法律纠纷案件结构

一是发生知识产权纠纷的情况比较普遍。主要包括：（1）与全国平均水平相比，样本企业涉及的知识产权案件占比很高，我国知识产权案件在全部诉讼案件中的占比基本保持在 0.12%~1.50%，样本企业同类案件的占比远高于这一数据；（2）涉及知识产权诉讼案件的企业超过 18%，其中部分企业发生多起争议案件；（3）案件涉及多个案由，涉及企业技术创新和知识产权管理的不同环节。这些现象从一个侧面反映了样本企业在技术领域的创新活跃度和成长规律，同时也表明企业在知识产权管理方面有很大的改善空间。

二是技术纠纷对创业企业具有重要影响。在海斯凯尔与弹性测量体系弹性推动公司等专利侵权纠纷案件中，虽然海斯凯尔最终胜诉，但付出的代价也非常巨大，包括长达数年的案件审理时间、为处理案件支付的代理费用和其他支出，以及复杂的取证过程、司法鉴定程序等；2010 年，联飞翔在与永清县永恒滤清器制造有限公司技术合同开发纠纷案件中败诉，不仅要向原告支付 100 余万元的专利转让收益款和经济损失，还要为此支付诉讼费、律师代理费等案件处理成本。经验表明，知识产权类案件，特别是技术和专利纠纷，往往对企业的创新活动和技术应用产生实质性影响。虽然争议在所难免,但通过采取恰当的技术保护策略、规范各类技术合作行为能够有效防范发生纠纷的风险。

三是知识产权管理对创业企业非常重要。从案件处理结果看,在通过判决结案的知识产权案件中,企业胜诉率不足15%,反映出创业企业在权利申请、技术合作、市场竞争、知识产权权属管理等领域存在漏洞或不规范行为。比如,因注册商标申请、专利申请等引发的案件多达63件,其中很大一部分是因为企业申请的商标不具备显著性特征,申请的专利达不到新颖性、创造性、实用性认定标准被驳回而引发的;在技术开发和技术合作纠纷案件中,有些问题的成因是合同条款不清楚,但也有些问题是因为不严格依照合同约定执行造成的。

第二节 技术创新的有利条件

与大企业相比,创业企业应当充分利用更加灵活的利益分配机制解决技术创新面临的资源约束问题;避免资源分散使用,应专注于特定领域实现技术突破;进一步增强技术创新的紧迫感,充分认识技术突破对加速企业成长、释放企业风险的重要性。

一、大企业的创新优势

1. 大企业创新活动的特点

毕海德(2018)对大企业创新活动的特点进行了系统梳理,主要包括:(1)充裕的资源。大企业很少受到资源约束的困扰,"可持续的竞争优势"或者"特许经营权"能够产生足够的现金收入支持其创新活动,严密的控制体系和公司治理结构中的制衡机制有助于防止决策者滥用权力,对创新活动多层次、多角度的评估有助于充分识别项目风险,对低风险项目的偏好能够避免企业进入不可预测或不确定性高的投资项目或领域。(2)计划管理和流程管理。与创业企业相比,大企业主要通过系统搜寻的方式发现机会,并对潜在机会进行广泛研究、制订谨慎的计划；受制于创新活动的复杂性，项目一旦启动，将严格按照事前计划执行，很少进行中途调整。（3）资源获取能力。大企业能够以较低的代价获得创新所需的资源，比如资金、供应链、推广渠道和客户等；外部资源供给者面临相对更低的转移成本和识别成本，大企业能够通过各种方式为资源提供者承担风险。（4）对成功的要求。初始条件或发起前的条件和观念对大企业的创新活动非常重要，主要通过明确创新目标、提供资源保障、严格执行计划等对创新过程进行管理；决定大企业创新效果的关键不是少数人的天分，而是整个组织广泛的组织能力，以及相关的责任分配和激励约束机制。

2. 国有企业创新活动的特点

高旭东（2022）在实证研究的基础上总结了大型央企的创新优势和面临的挑战。其中，主要优势包括：（1）创新资源的投入能力，有些央企的科技投入能力已经走在世界前列；（2）科技成果转化和应用能力，包括技术支撑体系和创新平台建设能力、关键技术攻关能力以及集成创新能力等；（3）内外部创新资源的整合能力，包括推动对外交流合作的能力、产学研协同攻关的能力、广泛建立技术联盟的能力等。主要挑战包括：一是创新能力有待进一步提高，二是创新人才有待进一步增加，三是创新激励有待进一步改善，四是对国有企业的地位和作用仍然存在认知误区，五是管理体制和管理方法有待进一步思考，六是对企业主要领导人的激励和培养有待进一步加强。

3. 公司创业的主要特点

公司创业主要指在现有企业内部进行的创新和创业活动。张帏等（2018）对公司内部创业模型和阶段性特征、不同创业模式，以及外部环境要素和企业组织要素与公司创业战略的关系进行了梳理和研究。其中，根据 Block & MacMillan 的公司创业过程六阶段模型，公司内部创新过程包括新业务构想、选择新业务、计划组织并启动新业务、调控新业务、继续支持新业务以及总结提升六个阶段；公司创业包括内部创业和外部创业两种基本形式，前者主要包括由下而上的自发性创新行为和由上而下的诱导性创新行为，后者主要包括公司层面的风险投资和战略性投资并购两种方式；公司创业的主要机制包括筛选机制、考核机制以及激励机制等。

创新创业的六个维度：基于260家创业企业的深度观察

二、创业企业的有利条件

研究显示，大企业的创新优势主要体现在强大的资源保障能力、完备的项目选择和管理能力以及广泛的外部合作和协调能力；存在的问题或局限性主要是制衡机制和控制体系减缓了决策和创新效率、严格的评价体系和投资标准限制了创新机会的选择范围，以及创新活动的组织和协调成本过高等。与大企业相比，虽然创业企业在技术创新领域存在很多劣势，比如因为规模小、对产业链依赖严重而面临"后来者劣势"，创新决策的科学性差、质量不高，"浓厚的家族氛围"难以吸引创新人才等（高旭东，2022）。但创业企业也有自身的优势，主要体现在以下几方面。

1. 更有效的利益分配

通常认为，创业企业最大的优势是机制优势，包括决策效率高、管理方式灵活、创新氛围浓厚等。这些固然是解释机制优势的重要因素，但我们认为，创业企业最主要的优势在于利益分配机制，即创业企业具有大型企业难以采用的利益分配措施，比如股权、管理层激励、灵活的薪酬和奖励机制，其中最重要的是股权分配。从适用范围看，受股权结构、决策机制以及成本和代价的影响，股权激励并不是大企业最重要的利益分配手段，即便进行股权激励，多数也是通过员工持股计划、期权池等非管理性股权方式，很难真正建立双方的"命运共同体"。比较而言，创业企业，特别是处于早期阶段的企业则拥有更为灵活的股权分配和处置权，通过股权激励可以将管理团队和核心技术人才的利益与企业发展进行捆绑。从利益关系看，在缺少固定资产和市场声誉的情况下，股权融资是创业企业最重要的融资方式，股权是企业得到外部资金支持的主要对价，虽然创始人的股权比例或股东权益在融资过程中被稀释，但企业风险也相应得到释放，融资过程中的股权变动实际上也是利益和风险重新分配的过程。相反，大企业依靠长期积累的资产和信用更多地采用成本更低的债权方式进行融资，债权人虽然承担的风险更低，但对企业本身的关注也更少，客观上并不具有像投资人那样积极支持创业企业发展的动力和压力。从利益分配的灵活性看，为尽快解决资源约束，创业企业可以接受业绩对赌、股权回购、投资人特殊权利条款等结构化安排，这些安排虽然对企业股权结构稳定性和公司治理效率产生影响，但也让投资人与企业的利益关系更为紧密。对大企业而言，将股权层面的结构化安排或公司治理结构的特殊安排作为融资或合作对价则难以想象。

2. 没有选择障碍

没有选择障碍意味着没有选择余地，坚持做好技术创新是创业企业建立市场地位和竞争能力的唯一选择。从竞争的角度看，大企业可用的竞争手段有很多，比如人才优势、规模优势、产品组合优势、成本和价格优势、渠道优势等，而创业企业除了技术能力，很难找到其他参与竞争的手段；从资源条件和创新机会看，大企业在资源保障、项目选择、对外合作等方面可以选择的空间非常大，而创业企业恰恰相反，除了最初的方向并没有其他选择。"选项"的唯一性是解释创新不确定性和失败率高的重要理由，但也是很多创业企业成功的重要原因，正因为缺少"选项"，才能心无旁骛、集中精力进行创新。实践证明，集中资源、重点突破是创业企业尽快走出过渡阶段的重要经验。比如，云道智造从2012年开始通过一行一行写代码，用三年多的时间开发出了第三代工业仿真软件系统；航天驭星创始人赵磊也强调："创业公司资源有限，宜集中资源做精做专某一细分领域，不宜贪大求全，什么都做。"这些经验说明，选择余地太大、机会太多对创业企业并不见得是好事，在不同的创新方向或技术路线之间游移不但不利于资源的集中使用，也会让团队无所适从，很难静下心来进行技术研发。

3. 创新的紧迫感更强

对大企业来说，创新是解决"活得更好""活得更久"的问题，但对创业企业而言，则是能不能"活下来"的问题。从这个角度看，创业企业的创新动力更强、更紧迫。创业者的动力可能来源于不同方面，比如，实现个人理想、让家庭过上幸福生活、为国家多做贡献，但让企业活下去无疑是最基本、最重要的考虑，而"活下去"最大的希望是技术创新不断取得突破，为吸引外部资源、对外合作创造条件。企业股权融资数据显示，投资人对企业的认可度与企业技术研发的进展情况紧密相关，在公司设立第一年就获得股权融资且融资金

创新创业的六个维度：基于 260 家创业企业的深度观察

额超过 1000 万元的企业中，基本上都完成了关键技术研发或取得了实质性突破。比如，蓝晶微生物、图湃医疗、海普洛斯、智谱华章、晶泰科技等，这些企业的共同特点是技术含量高、应用方向明确、具备较强的研发能力，但项目投入大、周期长，如果不能解决资金问题很难进行后续研发和产品开发，在集中精力实现技术突破后，通过阶段性技术成果向市场证明了企业的发展前景和投资价值，比较好地解决了企业与外界的信息不对称问题，为股权融资和快速发展铺平了道路。

第三节　选择恰当的技术战略

本节总结创业企业在过渡阶段常用的技术战略，包括技术领先战略、快速转化战略、技术聚焦战略、合作开发战略，以及实施不同战略所需的条件、面临的主要困难和需要关注的重点问题。

一、技术领先战略

技术领先战略是企业通过高质量、持续性研发获取革命性或突破性的技术创新，领先其他企业开发新产品投放市场，以技术能力为基础建立市场地位和竞争优势的战略。

1. 适用条件

实施技术领先战略需要满足特定条件，包括强大的技术力量和自主研发能力，支撑高强度技术投入的资源保障能力，相应的技术转化能力和产品设计能力，以及有效的技术保护和知识产权管理能力。对创业企业而言，大多数企业在早期阶段并不具备上述能力，因此选择技术领先战略需要慎重。

2. 主要困难

创业企业实施技术领先战略主要面临两方面的困难。一是技术能力难以满足实施技术领先战略的要求。从技术来源看，创业企业大部分技术源于创始人的学习和工作经历或企业委托科研机构开发的技术成果,基于高校、科研机构的技术成果转化项目仅占20%左右;从专利质量看,发明专利的平均占比不足30%,其中超过70%的企业发明占比在均值以下。此外,PCT专利数量、专利权转移次数等指标也显示,创业企业的专利质量和技术应用情况并不理想。二是企业的资源能力无法支撑大规模技术投入。项目启动成本高、技术投入大是高技术企业普遍面临的问题,从融资规律和股权融资数据看,受企业成长阶段和资本市场波动的影响,企业在早期阶段的融资存在很多不确定性,只有极少数企业能够得到外部投资的支持。从样本企业的情况看,单纯依靠初始启动资金和创始人投入很难满足技术研发的需求,有不少企业因为资金问题被迫搁置或延缓技术开发进程。

3. 对战略实施的可行性进行必要评估

对战略实施的可行性评估包括从创新的角度对技术的先进性进行判断,从商业化应用的角度对技术转化和产品开发难度进行评价,从投入规模、资源保障的角度判断是否可以承受等。对技术人员来说,这些问题可能并非其专业领域,也缺乏必要的资源。按照毕海德(2018)的观点,初创企业通常缺乏进行事前调研的能力或者认为对项目进行系统调研没有必要,但从技术领先战略的适用条件看,在投入规模大、持续时间长的高技术项目中,如果对这些问题没有比较清晰的认识,一旦出现方向性或战略性错误将严重影响创业效果。从史河科技的经验看,虽然背靠清华大学和北京航空航天大学,团队拥有很强的技术背景和技术能力,但在选择进入特种机器人领域之前,他们仍然做了大量深入细致的调研工作,包括国内外机器人领域的技术趋势、市场规模、竞争态势、需求变化等,在充分掌握信息的基础上最终选择将高空爬壁机器人作为重点突破方向。相反,也有一些企业因为对技术转化难度、产业政策、市场发展情况、技术投入等缺乏充分认识遭受挫折,企业长期在过渡阶段徘徊的案例,在体外诊断、集成电路、人工智能领域,出现上述情况的企业不在少数。

4. 尽可能做好公司设立前的准备工作

一是利用各种条件进行技术准备,在对技术路线、技术方案及其可行性进行论证、测试的同时,通过前期工作消化部分研发费用,尽可能降低项目的启

创新创业的六个维度：基于260家创业企业的深度观察

动成本。比如，小土科技成立时，祝金甫已经对影视大数据的工业化应用技术进行了十多年的研究；瑞莱智慧、智谱华章本身是清华大学的技术孵化项目，公司设立时主要技术框架和关键技术研发已基本完成。二是保持与科研机构和技术专家的紧密联系。加强与科研机构和技术专家的持续合作对研发进程、研发质量非常重要。比如，瑞莱智慧的主要创新方向是提供安全可控的人工智能基础设施和解决方案，技术源于清华大学人工智能研究院，创始人田天等也毕业于清华大学计算机系，为便于交流，公司直接将办公地点设置在清华科技园，并聘请清华大学人工智能研究院名誉院长张钹院士和计算机系朱军教授担任公司首席科学家。三是积极争取创新资源，改善资源条件。比如图湃医疗通过与清华大学合作，不仅解决了部分启动资金问题，在专业人才、技术孵化、行业经验等方面也得到大力支持，为解决技术应用和产品转化奠定了基础。

二、快速转化战略

快速转化战略是指以市场需求为导向，通过加快技术应用和产品开发，迅速投放产品，建立市场地位和竞争优势的策略。

1. 适用条件

快速转化战略的主要实施条件包括：技术难度和成本可控，技术相对成熟；有明确的市场需求或目标市场；通过现有产业生态可以解决相关配套技术、供应链和生产组织问题。从企业的资源条件和技术特征看，大部分在传统产业创业、创新难度较低的企业都可以采用这一战略。与创新难度较高的企业相比，应用性技术开发不以革命性或颠覆性技术创新作为主要目标，其着眼点往往集中在改善产品性能、提高交易效率、降低交易成本、实现进口替代等方面，因此，技术研发难度相对较低，启动成本和技术投入也相对可控。比如在冰箱领域，海尔在很长时间内没有选择将压缩机等核心部件作为主要技术攻关方向，而是通过对结构设计、功能提升等周边技术的开发应用快速进入市场，"局部创新"让海尔在有效利用现有产业资源的同时，也进一步避免了技术层面的市场进入障碍。

2. 深入了解市场

快速转化要求企业持续关注市场趋势和需求变化，在了解市场的过程中不断完善技术、发现更多的技术应用方向。在天瑞仪器发展过程中，公司多次抓住机会快速推出新产品，将 X 射线荧光分析仪的应用领域从钢铁、地矿和质检等传统领域扩展到贵金属、电子电气设备、玩具安全检测等几十个行业，涵盖了光谱、质谱、色谱分析仪器领域 90% 的应用领域。天瑞仪器的成功，得益于企业已经掌握光谱仪的关键技术和生产工艺，但更重要的是在与市场长期打交道的过程中，能够敏锐地捕捉到各种潜在机会。

3. 用好产业资源

借助产业资源加快发展是创业企业解决资源约束的重要方式。一方面，通过产业合作可以避免资源的分散使用，有利于集中资源加快关键技术创新（闫如 等，2019）。实践中，很多企业通过委托加工等方式减少在生产组织环节方面的投入，或者通过购买配套技术来提高研发效率，这些做法在成本控制等方面发挥了积极效果。另一方面，通过产业上下游合作和部分业务"外包"能够解决企业管理能力不足的问题，有效降低管理活动的复杂性，避免多线作战。对创业企业而言，开展产业合作的主要困难是企业规模小、技术不稳定，彼此很难建立信任关系。为此，很多企业进行了各种尝试：一是选择产业资源丰富、创新环境友好的地区，比如，影石创新将企业搬到深圳，比较好地解决了全景相机开发过程中的技术人才需求和供应链配套问题；二是优化团队结构，及时补充懂生产、懂市场的专业人才，加强与外部市场建立联系的能力，比如，易马达、华迈兴微通过引入熟悉供应链管理的人才，及时解决了技术转化、产品生产和市场推广的衔接问题；三是建立合作关系要实事求是，必须考虑企业的实际情况和双方的风险分配问题，合作伙伴对创业企业的技术稳定性、产品生产连续性等存在疑虑非常正常，要客观看待因此增加的合作成本。

4. 需要关注的问题

实施快速转化战略要注意几个问题：（1）避免片面强调开发速度。快速转化战略强调技术应用和产品开发速度，但必须以技术达到相应成熟度为前提，如果在技术不成熟的情况下急于开发产品，很容易"欲速则不达"，在电子消费产品、仪器仪表等领域，很多企业都为此付出了沉重代价。（2）防止开发与应用脱节。很多企业和技术人员非常看重基础技术或关键技术开发，但对产品技术和工艺技术不太重视，有的是因为长期从事科研工作形成的习惯，有的可能认为这些技术不够"高大上"。但不管什么原因，都会让战略失去技术支撑，难以达到实施效果。对科研出身的创业者来说，这个问题尤为关键，其本身也是创业者及时进行身份转换的重要内容。（3）避免过度关注业务增长。快速转化战略的优势是快速占领市场、实现业务增长，劣势是技术壁垒不高、竞争比较激烈。因此，在关注当前市场的同时，需要高度关注现有技术对业务增长的支撑能力，以及如何通过新技术、新产品开发保持持续竞争力。

三、技术聚焦战略

创业企业实施技术聚焦战略的主要原因是企业面临严重的资源约束，没有足够的能力和手段与大企业展开竞争，聚焦的主要目的是通过集中使用资源率先在一个点上取得突破，先获得"立足点"再考虑其他问题。无论是创新难度较高的企业，还是创新难度相对较低的企业，聚焦都是企业在早期发展阶段应当高度重视的战略。虽然很多企业意识到了聚焦战略的重要性，但真正实施起来并不容易，"走形"现象并不少见。经验表明，实施聚焦战略需要妥善处理好内外部关系，并根据实际情况及时调整优化相关战略措施。

1. 凝聚共识

凝聚共识是解决企业内部，特别是团队之间的认识问题。首先是主要创始人要有聚焦意识，不能一心二用。比较典型的现象是，有的学者或科研人员一边搞研究，一边创业；或者创始人同时投资多家企业或担任多家企业的法定代表人或实际控制人。从实际效果看，这种做法既很难把企业搞好，也经常受到投资人的质疑。其次是团队要达成共识，避免"后院起火"。一家医疗器械企业在讨论业务方向时团队产生分歧，有的合伙人认为在保持传统业务的同时应重点发展人造血管材料以提高产品的技术含量和竞争能力；有的合伙人则认为企业目前没有能力进行新技术和新产品开发，应当优先保障现有业务的资源使用，通过扩大现有业务逐步积累资金再考虑其他事项。在谁也说服不了谁的情况下只能相互妥协，两项业务同时开展，结果传统业务和新产品开发工作都没有做好。

2. 排除干扰

数据显示，创业企业对外投资企业的数量整体上呈逐年上升趋势，其中在公司设立后第三年出现明显增长。样本企业中，对外投资企业、实际控制企业数量超过 10 家的企业均超过了 10%。对外投资是企业与外部建立联系的重要方式，但从实际情况看，很多对外合作并没有产生预期效果，反而分散了资源和精力。一家智能制造企业先后在全国各地设立了 7 家子公司或分公司，有的是为了享受优惠政策或财政补贴，有的是合作进行技术开发，有的是为了开发区域市场，有的是为了项目合作等。但多数都处于停业或搁置状态，具体原因包括业务不可持续、合作效果不理想、管理跟不上等。从企业参与对外投资或设立分支机构的动因看，其中部分原因是参与各种招商引资的结果。通过招商引资等形式争取外部支持本身并没有错，关键是要处理好短期利益与长远发展的关系，避免为未来发展埋下隐患。比如上述企业在进行股权融资时，投资人明确提出把清理不必要的关联企业作为投资的前提，但注销或清算相关企业的过程非常麻烦。

3. 明确重点

聚焦战略从总体上要求企业集中使用资源进行技术创新，但在具体实施过程中要考虑企业在不同发展阶段的工作重点，以及在创新难度、技术能力、业务结构等方面的差异，要根据企业发展的实际情况对聚焦的方向、重点等适时进行优化调整。比如，在启动阶段，可能更多的是充实研发力量，完善技术方案和技术细节；在过渡阶段，需要将重心逐步转移到技术优化、产品制造工艺上来；对尚未实现技术突破的企业来说，聚焦核心技术和关键技术研发是很长时间内都要坚持的发展策略，在技术相对成熟并实现产业化应用后，阶段性工作重心则聚焦于业务和市场领域。阿丘科技是专注于工业视觉 AI 软件的创业企业，在技术研发阶段，黄耀与技术团队直接睡在工厂里，每天只休息 4 个小时左右，最终在 2019 年上半年开发出标准化的软件产品。为了解决销售问题，黄耀又马不停蹄地组织销售，在一个多月的时间里见了几十家销售机构，先后开发了维信诺、富士康、立讯精密、宁德时代、深南电路等客户，产品在 3C、半导体、新能源汽车等 10 余个行业、100 余家工厂实现应用。

四、合作开发战略

技术合作是创业企业解决技术能力不足、提高创新效率的重要方式，也是很多企业的做法。除了联合攻关、委托开发等传统合作方式外，企业也非常重视利用自身的创新能力和项目优势寻找合作机会，在积极争取外部支持的同时，为加快技术积累、技术转化和产品开发创造条件。企业采取的合作方式主要包括以下几种。

1. 借助外部力量突破技术难题

借助外部力量包括委托科研机构进行专项技术开发，聘请知名技术专家担任首席科学家或技术顾问，与科研机构或大企业联合设立实验室、科研工作站等。比如，海兰信通过与清华大学电子工程系合作解决了船载航行数据记录仪研发过程中的一系列技术问题；德厚科技与深圳大学合作快速突破了透明隔热材料关键技术。很多企业在技术合作过程中充分利用在机制、激励、利益分配等方面的优势，平衡双方的权利义务关系，通过各种灵活的合作方式比较好地解决了资源约束与技术投入之间的矛盾，比如航顺芯片、德厚科技等在技术合作中都使用了股权工具。

2. 通过对外合作加快数据积累

在人工智能、大数据、网络安全等领域，数据积累，特别是初始数据积累，是制约企业技术开发和产品开发的关键问题之一。虽然相关公共机构在不断推动信息公开，但现实中的数据孤岛、数据封闭等问题仍然非常突出，企业普遍面临数据渠道有限、采购和使用成本高等问题。在缺少开源数据或数据渠道的情况下，有些企业只能通过爬虫、黑市交易等方式获取数据，不仅存在合法性风险，也面临不可持续、数据质量参差不齐问题。为了解决这些问题，有些企业通过与机构合作、积极参与公益事业等方式来加快数据积累。比如，海普洛斯联合深圳市人民医院启动万人癌症基因测序计划，在帮助早期筛查、预后监测及个性化用药指导的同时，建立了中国首个大型癌症基因数据库，为进行精准医疗技术开发奠定了基础；比格威通过设立眼健康科普馆，在为公众提供科普和诊疗服务的同时，进一步加快了在OCT三维切片数据方面的积累。

3. 通过合作加快技术孵化

各地不断完善的科技创新服务体系，以及各种创新支持政策对推动创新发挥了重要作用，依托科技园区、孵化器等成为很多创业企业解决资源约束，实现快速发展的捷径。比如海斯凯尔，邵金华在开发肝脏弹性检测技术和设备时利用当地的人才引进和创业支持政策选择在无锡落地，无锡高新区不仅提供了80万元的启动资金，还提供了办公场地三年免租金、人才公寓三年免费的政策优惠，在医疗生产许可证办理、业务对接、融资等各个方面全程提供"保姆式"服务。从很多企业的经验看，企业在利用各种支持政策加快自身发展的同时，也要积极回应地方政府的关切和诉求，包括发挥技术带动作用，帮助地方加快人才培养、增加就业，产业培育和投资本地化等，要尽量避免各种短期行为对政企关系和长期合作的影响。

4. 积极争取技术验证和推广机会

技术验证和产品测试对高技术企业完善技术、优化产品十分关键。在企业层面很难找到合适的技术验证机会或基础设施的情况下，通过与地方政府合作，由政府提供或协调解决技术验证机会成为很多企业在参与招商引资过程中非常看重的条件。比如，仙途智能在落地郑州时争取到了在郑东新区龙湖地区进行无人驾驶清洁车辆路面测试的机会；云科新能源在落户成都时，地方政府为帮助其园区级车路协同技术验证测试作了大量协调工作。除了与地方政府合作，很多企业还选择与专业学会、行业协会等社会组织，以及相关技术管理机构开展合作，加快关键技术的应用和推广。比如，霆科生物与国家食品安全风险评估中心合作，积极推动微流控芯片技术应用和产品开发；戴纳科技积极参与中国出入境检验检疫协会主持的相关行业标准的起草制定工作等。

5. 重视合作中的风险和利益分配

大企业之所以对与创业企业开展技术合作不积极，除了风险方面的考虑，还存在双方利益失衡问题。对创业企业而言，通过大企业提供的技术测试机会可以迅速解决技术应用和产品工艺问题。但对大企业来说，合作不能马上带来效益，合作过程往往耗时很长，对现有业务的影响也比较大。比如，踏歌智行与包钢集团在白云鄂博铁矿的矿车无人驾驶技术试验项目早在2019年就已经开始,直到 2022 年才陆续完成车辆编组运行和 7×24 小时"安全员下车"等技术的开发应用。为了解决利益失衡问题,很多企业在合作模式、技术成果分享、风险防控等方面积累了很多经验。比如,永安信通在牵头承担神东煤炭智能煤炭井下动目标高精度定位技术项目时,联合中国矿业大学、天地自动化公司等单位加强项目的技术保障能力和实施能力,通过统筹项目实施过程中的论文发表、软件著作权和专利申请、技术标准制定等事项,在加强项目知识产权保护的同时,对提高参与各方的行业影响力和宣传效果也具有积极作用。

第四节　高度重视技术保护

本节介绍创业企业在技术保护领域面临的突出问题、主要经验,以及实施技术保护应当关注的重点问题、行之有效的管理措施等。

一、技术保护的突出问题

1. 企业反映的主要困难

企业反映的主要困难主要包括:(1)缺乏专业管理知识,技术保护意识不够。比如,不熟悉专利检索方法,不了解专利申请流程和文件要求,不清楚专利布局的意义,担心申请专利造成技术泄露等。(2)技术投入大,权利维持成本高。专利数量少对关键技术难以进行有效保护,但大量申请成本较高。如果从专利防御、专利布局的角度考虑大量申请,则企业财务压力太大。(3)技术管理工作本身很复杂。比如,哪些技术能够申请、哪些需要申请,技术人员、技术数据、技术秘密怎么管,这些问题涉及很多岗位和环节,加上人员流动,管理工作更难开展。(4)发生技术纠纷或侵权争议很难处理。比如,侵权行为如何认定,证据怎么收集,需要具备较强的专业知识,花费大量时间、人力、物力,维权成本很高,企业没有能力承担。

2. 专利管理和诉讼案件反映的问题

从调研的情况以及专利数据、技术纠纷案件看，企业在技术管理和技术保护方面的问题集中在以下几个方面：（1）技术管理不规范。比如，存在因缴费不及时造成权利失效的现象，已授权专利因未续缴年费失效的占比超过1%；技术流失、泄露现象时有发生，对技术侵权行为不处理或处理不及时；知识产权管理局限于对权利申请和现有专利的管理，对企业技术特点和保护规律的研究不够。（2）技术保护投入不足。比如，专利申请数量不高、持续性不强，对关键技术的保护不充分；选择知识产权服务机构时，重价格轻质量；不重视技术防御和专利布局，PCT专利数量偏少。（3）知识产权管理机制不健全。比如，很多企业虽然强调重视技术保护，但设立知识产权管理岗位或管理部门的企业不足25%，针对关键岗位、技术数据以及电脑、网络等技术设施，也缺乏相应的技术保护措施和管理制度。

二、技术保护的主要经验

1. 高度重视对关键技术的法律保护

海兰信在发展的早期阶段，为解决技术能力不足问题，除了与清华大学合作，还与意大利、俄罗斯等国外技术团队合作进行技术开发，但研发方向、技术成果和专利申请由国内负责，以确保关键技术和知识产权自主可控。卫蓝新能源围绕其核心技术和业务领域，在全球100多个国家申请了近200项专利，其中80%以上是发明专利，通过超前和整体化专利布局，对其在固液电解质锂离子电池和全固态锂电池领域的关键技术进行了比较周密的保护。

2. 通过技术应用和持续开发建立技术壁垒

从专利申请的持续性看，很多企业在重视对现有技术进行专利保护的同时，非常注重技术的实际应用和持续成果产出，通过现有技术的应用不断发现新技术，真正将技术保护和技术应用结合起来，不但提高了技术保护的有效性，也逐步建立起较强的技术壁垒。比如，罗森博特在公司设立第一年就针对骨科手术中的植入物位置自动规划、对象还原复位方法等申请了10件专利，在此基础上不断加大技术和产品研发力度，针对骨科手术机器人开发中的结构设计、牵引方法、关键器具、驱动方法等新技术陆续提出权利申请，在骨科手术机器人技术领域逐步建立起完备的技术壁垒。唯酷广电、联飞翔、北醒光子等企业，都是在持续研发过程中不断扩大、优化技术保护策略和保护范围，在核心技术领域建立起明显的技术优势。

3. 积极维权、打击侵权

从总体上看，虽然创业企业存在对专利侵权纠纷重视程度不高、维权力度不够等问题，但也有部分企业通过主动发起或积极应对诉讼案件、提起专利权无效宣告请求等方式积极维权。比如，迈测科技、泰坦科技等企业针对技术侵权行为先后发起多起诉讼，有效维护了企业自身权益。在海斯凯尔与Echosens、福瑞股份等企业的知识产权纠纷中，海斯凯尔针对对方提出的不正当竞争、专利权无效或侵权、商标权无效或侵权等诉讼请求积极应对，并主动发起诉讼，通过案件的妥善处理确保了在肝纤维化无创检测领域的技术优势。在收到胜诉判决后，邵金华感慨地说："其实这个是长期压在企业身上的'顽石'，判决结果出来之后我们舒了一大口气。"

三、建议重点关注的问题

1. 尊重知识产权管理和保护规律

事前防范、事中控制、事后救济以防范和控制为主、事后救济为辅是风险管理的基本规律，与中医上讲的"治未病"是一个道理，这个规律放在技术和知识产权方面仍然适用。但从实际情况看，很多企业只有在发生问题后才被动应对，对事前和事中环节的重视明显不足。比如，一家建筑材料企业发明了陶瓷干法制粉工艺技术并申请了发明专利，与传统湿式制备工艺相比，新技术在环保和节能方面都具有明显优势。但该企业后来才发现，专利权利要求书要求的权利数量和权利范围非常不完善，如果以许可或转让等方式对外开展合作，现有专利很容易被竞争对手绕开，为此不得不重新进行专利布局。也有的企业为了防止技术泄露，坚持由创始人直接开发和控制技术，这种做法在开始阶段可能问题不大，但企业如果长期按照"作坊式"方式进行管理，很难壮大。从长期看，还是要按照知识产权管理的一般规律和现代企业治理规则的要求完善技术管理体系（邓世鑫 等，2022）。简单地说，就是该花的钱一定要花、该建的制度一定要建、该给的激励一定要给。比如，选择知识产权中介机构一定要考虑其专业能力及其对权利申请的影响，既要强调保护意识的培养，也要重视通过制度完善和执行将管理要求落到实处；保护策略既要看到防范措施的作用，也要重视正向激励的积极作用。

2. 加强对相关法律和创新政策的研究

知识产权管理是政策性很强的工作，技术管理和技术保护要根据相关法律和政策变化及时进行调整。在加强创新战略和知识产权保护战略的大背景下，国家和地方层面的法律法规和支持政策也在不断发生变动，企业要积极跟踪、研究相关政策变化，用好政策带来的机会和红利。比如，国家知识产权局在全国先后建立了60多家知识产权保护中心，在专利申请绿色通道建设、打击侵权行为、快速维权等方面为企业提供各方面的指导和帮助。实践中，很多企业通过与政府科技部门、科技园区、知识产权服务中介机构等保持沟通，及时了解相关政策信息，收到了很好的效果。比如，北京市从2019年12月26日起实施为期3年的知识产权保险试点工作，涉及专利执行保险及专利被侵权损失保险等。截至2023年11月，北京市已支持472家企业投保了4818件专利保险保障金额超过53.9亿元。在此基础上，北京银保监局与北京市科学技术委员会等于2022年发布北京保险业支持科技创新和高精尖产业高质量发展的通知，这些政策不仅显著降低了维权成本，也极大激发了企业维权的积极性。

3. 高技术企业要特别重视技术保护

对创新难度较高的企业，特别是高技术企业，强调技术保护的重要性主要是基于两面的原因：（1）高技术领域发生技术纠纷的情况比较普遍，技术纠纷对企业的影响非常严重。《最高人民法院知识产权法庭年度报告（2021）》显示，最高法院审理的涉及技术前沿领域的案件大量涌现，其中新一代信息技术、高端装备制造、节能环保、新材料、新能源等战略性新兴产业领域的案件超过25%并呈快速增长趋势。对处于过渡阶段的创业企业来说，由于技术领域比较单一、技术保护措施不完备，一旦发生专利失效或被认定侵权，企业将面临巨大损失。在广州天赐高新材料股份有限公司与安徽纽曼精细化工有限公司等技

创新创业的六个维度：基于 260 家创业企业的深度观察

术秘密纠纷案中，安徽纽曼最终需要承担的赔偿金额达到 3000 万元；在嘉兴中华化工与王龙集团等"香兰素"侵权纠纷案中，法院最终判赔金额更是超过 1.5 亿元。除了财务压力，企业因技术纠纷导致业务严重受阻的情况也并不少见。比如，有些企业因为存在未结技术纠纷，因此难以进行股权融资或者影响上市进程；有的因为专利被宣告无效，被迫退出市场等。(2) 在新兴产业建立技术优势，既面临机遇，也面临挑战。从机遇角度看，受产业发展阶段和产业吸引力的影响，创业企业在技术领域面临较少的技术障碍和技术壁垒，通过快速进入、高质量技术创新，可以迅速抢占技术制高点。比如，非凡食品在人造肉领域以 125 件发明专利申请遥遥领先其他企业；在区块链领域，布比科技从 2015 年开始技术攻关，已提交 50 多项专利申请，逐步形成了大规模商用级的区块链技术和产品，应用范围涉及保险、证券、银行、供应链金融、数字资产、供应链溯源、联合征信等，企业客户超过 120 家。但与此同时，企业也面临竞争条件重大变化等不确定性，如大企业加速进入、技术方向发生重大变化等。为了应对上述风险，创业企业在做好技术保护的同时，需要加快技术开发和产品应用，积极推动产业发展，尽最大努力让自己在产业演化过程中处于"主航道"和技术领先地位。比如，很多企业积极参与行业技术规范制定工作，推动自己的关键技术作为标准必要专利纳入相关行业标准等，对防止"技术变轨"具有非常重要的意义。

扩展阅读

海斯凯尔如何快速建立技术优势？

无锡海斯凯尔医学技术有限公司（以下简称海斯凯尔）成立于 2010 年，公司致力于改变目前肝病病理改变而无法在早期发现的现状，联合清华大学在肝脏瞬时弹性检测技术领域进行持续研究开发，旗下核心品牌 iLivTouch 及 Fibro-

Touch 已成为肝脏无创检测的全球领先品牌，被广泛用于肝脏疾病的早期筛查、诊断和治疗评估。公司持续获得国家"十二五"科技支撑计划、国家"十三五"科技重大专项等国家重点科技项目支持，产品获得中国、美国、韩国、俄罗斯、欧盟等国家和地区的权威机构认证，在国内数千家医疗机构使用，装机数量超过 2000 台，出口 40 多个国家和地区，服务数百家海外医疗机构。目前，公司在肝纤维化无创检测设备领域已成为市场占有率领先的企业。那么，海斯凯尔是如何快速建立技术优势和市场地位的呢？

1. 树立远大目标，坚持技术领先战略

"让国产医疗器械走向世界"是邵金华在海斯凯尔创立之初就提出的企业愿景和奋斗目标。回顾海斯凯尔的创新历程，这一目标不仅激励团队克服了一个又一个技术障碍，也为企业赢得了广泛尊重和社会支持。在"研发具有自主知识产权的肝脏检测设备"目标感召下，公司汇聚起一大批优秀技术人才，在较短时间内打破了国外企业在早期肝病无创筛查领域的技术和产品垄断，填补了国内空白。作为在空白领域创业的高技术企业，邵金华深知只有尽快实现技术突破才能站稳脚跟，为加快创新进程，海斯凯尔坚持每年拿出营收的 20% 以上投入技术研发，坚持将股权融资筹集的资金优先用于建立技术竞争能力。2012—2021 年，海斯凯尔先后进行多轮股权融资，筹集资金数亿元，除部分资金用于市场和产品推广外，其余全部投入技术和产品研发。持续的高强度研发投入让公司收获了累累硕果，2011 年取得第三类医疗器械生产企业许可证，2012 年取得两项医疗器械产品注册证，此后 iLivTouch、FibroTouch、CellTouch、EQTouch 等产品陆续面世。

2. 聚焦核心技术，快速占领技术高地

观察海斯凯尔的创新过程，可以发现公司的技术路线高度聚焦，非常专注。从技术方向看，专利申请全部集中在回波信号、剪切波、超声波、程序代码、处理器等领域。其中，截至 2022 年底，回波信号、剪切波、超声波的专利申请量分别达到 79 件、63 件、56 件。2019 年剪切波专利申请量接近全国同期同类申请量的 10%。从产品方向看，专利技术主要集中在光学成像装置及设备、定位结构、振镜设备及调节装置、弹性成像装置及控制系统、超声设备、探头耦

创新创业的六个维度：基于 260 家创业企业的深度观察

合器件等领域，表明公司产品的技术路线、产品结构、硬件和软件系统全部由公司自主开发并拥有自主知识产权。从专利构成看，发明专利、实用新型专利、外观设计专利的占比分别为 66.66%、21.31%、12.04%，发明专利和实用新型专利合计占比接近 88%。2016—2022 年，公司先后荣获世界物联网博览会新技术新产品成果银奖、第二十届中国专利优秀奖、华夏医学科技奖一等奖、中华医学科技奖二等奖，充分展示了公司的技术能力和创新质量。2014—2022 年，海斯凯尔的专利申请量和授权量如图 5-4 所示。

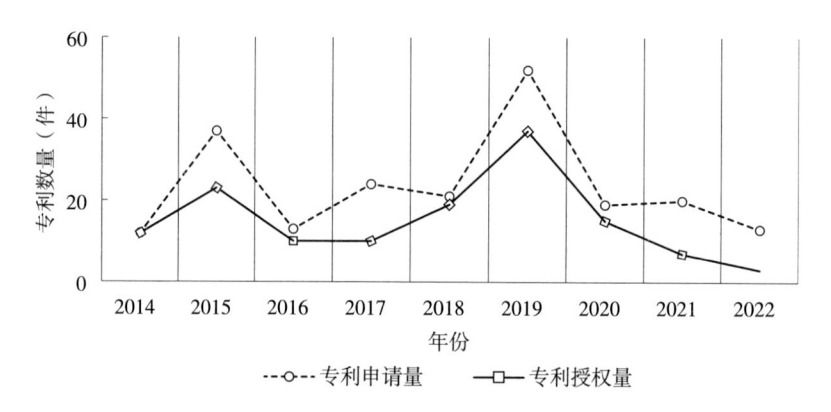

图 5-4 海斯凯尔历年专利申请量和授权量

3. 抓住关键环节，加快产品推广应用

（1）尊重技术成果转化规律，深刻把握真实需求。邵金华说："创业的关键在于解决终端需求问题，就是明确为谁服务的问题。"为此，他们深入医疗机构，充分听取临床专家的意见、了解临床需求，及时调整研发方向。比如，通过大量调研走访和临床试验，公司 FibroTouch 全系列产品增加了对脂肪衰减参数的定量检测，有效解决了脂肪肝患者检测准确率问题。（2）坚持技术研发与产品开发同步进行、统筹考虑。2010 年，公司成立不久就开始筹划医疗器械的生产和许可问题，在设立北京技术中心的同时，开始在无锡筹建生产基地，并在地方政府帮助下加快相关行政许可的申请。公司成立不到两年就取得了生产许可证和产品注册证，在无创肝纤维化诊断系统研发成功的同时即具备了快速生产、快速推向市场的条件。（3）广泛建立对外联系，加快建立市场地位。

2017年，公司与北京陈菊梅公益基金会联合发起"健康丝绸之路——肝病防治协作带"项目，依托清华大学的技术优势和基金会专家资源构建多级多层肝病防治体系；2018年，公司与国药控股、懿诺医疗签署战略合作协议，加强在高端医疗技术领域的合作，共同促进国产高端医疗器械发展；2021年，公司与美年健康进行战略合作，合作开展肝脏健康检测技术应用项目；2022年，公司与医康互联合作推动基层医疗机构专科赋能中心、重大专项课题共建项目，共同构建基层区域医疗生态平台；2023年，公司与和瑞基因、泰康在线、安华农业保险等围绕肝癌早筛的普及应用、建设可持续发展的肿瘤早筛生态圈等达成多项合作协议。通过持续扩大自己的朋友圈，海斯凯尔不仅找到了更多的技术合作伙伴和产品应用场景，同时也逐步建立起与医疗机构和医疗企业之间的合作关系，为快速进入市场、提高市场占有率创造了条件。

4. 提高权利意识，高度重视技术保护

海斯凯尔加强技术和知识产权保护的主要经验是：既坚持主动保护，也重视法律维权。在织实、织密知识产权围墙的同时，积极应对各种侵权或纠纷案件，通过完善技术和管理体系确保企业的技术优势，具体体现在：(1) 高度重视专利申请，优化专利布局。2014—2022年，公司申请专利211件，获得授权136件。其中，发明专利申请量为142件，授权量为66件，发明专利授权率为46.48%。在通过专利申请建立技术门槛的同时，公司还重点加强对核心技术和核心产品的专利布局。以FibroTouch为例，围绕该产品进行的专利申请超过150件，其中76件是PCT国际专利。海斯凯尔是该领域专利数量和产品线全球领先的企业。高质量的技术成果和严密的技术保护不仅帮助企业快速建立技术优势，也为公司尽快打开海外市场创造了条件。(2) 建立知识产权管理体系，坚持专业化管理。海斯凯尔在创业之初就设立了专门的知识产权部门，建立起完善的管理体系。知识产权部门除建立专业管理制度、组织专利申请、学习培训、合作交流外，还不断创新管理方式。比如，重大项目立项前坚持进行知识产权评估和预警，为重要技术成果和知识产权投保海外侵权责任险，加强对知识产权合作机构的评估和动态调整等。(3) 针对技术纠纷和侵权案件积极应对、主动维权。2019年12月，最高人民法院针对法国弹性推动公司诉海斯凯尔侵害发明

创新创业的六个维度：基于 260 家创业企业的深度观察

专利权纠纷案作出判决，认定海斯凯尔的技术方案与法国弹性测量体系弹性推动公司存在显著差异，海斯凯尔终审胜诉。案件胜诉的背后是海斯凯尔长达 5 年的坚持，以及大量专业、复杂的取证、鉴定和论证工作。邵金华说，公司虽然为此付出了巨大的成本和精力，但也锻炼了队伍，提高了案件应对能力，增强了建立技术领先企业的信心。此外，在海斯凯尔已结诉讼案件中，公司主动提起的案件占比 56.25%，涉及技术和知识产权纠纷的案件占比高达 68.75%。无论是主诉案件占比，还是技术类案件占比，海斯凯尔的上述数据均显著高于成长期创业企业的均值，表明公司已经建立起较强的案件处理能力和主动维权意识。

第六章

产品开发的基本规律和主要策略

创业企业如何解决产品工艺和质量控制问题？针对生产成本居高不下的状况，哪些措施更加有效？为什么要高度重视生产组织和供应链协调问题？本章讨论创业企业的产品开发和生产组织问题，主要包括新产品开发的主要特点、面临的实际困难和典型经验，不同的产品开发战略及其适用条件，以及新兴产业领域产品开发需要关注的重点问题和主要机会。实践中，很多创业企业将实施平台化战略作为基本方向和产品载体，对处于过渡阶段的创业企业而言，需要结合自身的资源情况和业务特点，审慎评估实施平台化战略的条件和时机。

第一节 产品开发面临的主要困难

本节介绍创业企业产品开发的基本情况，从企业面临的主要困难、产品争议案件两个角度总结企业在产品开发领域遇到的突出问题。

一、产品开发概况

1. 产品数量

样本企业中，除少数企业因设立时间较短或仍然处于技术集中研发阶段等因素外，大部分都推出了面向市场的产品或服务。企业拥有的产品数量为1~200个，均值为2个。其中，如图6-1所示，产品数量超过10个的企业占比为5.00%，5~9个的企业占比为9.50%，3~4个的企业占比为21.00%，1~2个的企业占比为64.50%。

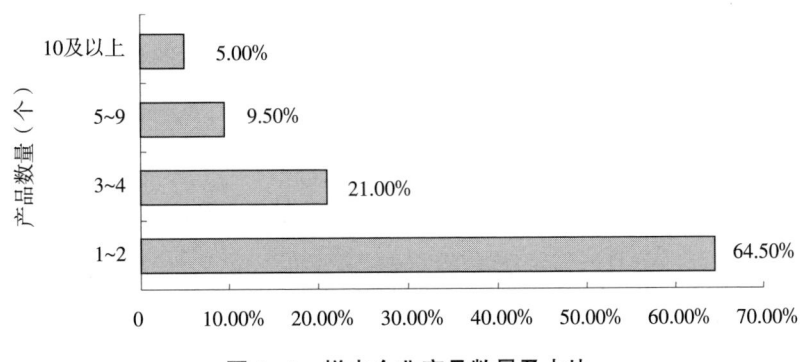

图6-1 样本企业产品数量及占比

创新创业的六个维度：基于 260 家创业企业的深度观察

2. 产品定位

企业识别的主要产品创新机会集中在提高效率、降低成本、填补市场空白、实现进口替代、推动技术升级、加强网络和信息安全以及节能环保等领域。其中，以提高交易效率和产品使用效率作为主要市场切入点的占比 41.42%，以降低使用成本和交易成本为主要切入点的占比 26.25%，以实现进口替代为主要目标的占比 21.72%，以填补市场空白或创造新市场为目标的占比 10%。

3. 产品结构

如图 6-2 所示，从产品形态看，具备相应物质形态的有形产品占比约 60%，以互联网平台、软件、技术服务或技术解决方案等为载体的无形产品占比约 40%；从目标市场看，面向企业等 B 端市场的产品占比约 65%，以消费者或个人用户等 C 端市场为主要目标市场的产品占比约 35%；从产品价格看，采用低价策略进入市场的产品占比约 80%，明确采用高性能、高价策略的产品占比不到 20%。

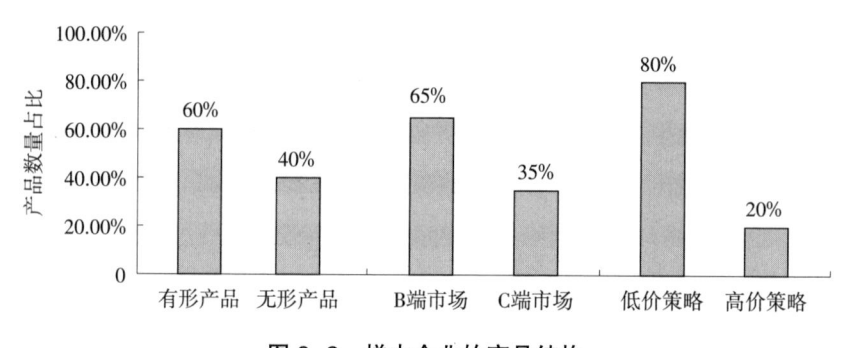

图 6-2　样本企业的产品结构

4. 产品效果

约 30% 的产品因各种原因没有达到预期效果。主要原因包括政策调整对目标市场的结构和需求产生重大影响，企业对细分市场的理解出现偏差，行业发展不及预期，企业自身的技术能力无法支持产品的持续优化和改进，商业模式不成熟，以及产品开发策略和内部管理出现问题等。

上述数据显示，样本企业的产品开发具有如下特点。

(1) 技术成果转化应用效果显著。从数据看，大部分企业都实现了从技术开发向技术应用、产品开发的过渡，在开发过程中积累了产品设计、工艺控制、生产组织经验，通过市场推广逐步建立市场地位和市场影响力。但产品结构单一、产品质量不稳定、缺乏生产组织能力仍然是制约企业发展的重要因素。比如，大部分企业仍然是以单一产品形式参与市场竞争，因技术不成熟、工艺不完善、质量控制等引发的问题比较普遍，表明企业在过渡阶段面临的资源和能力约束问题仍然比较突出。

(2) 坚持以市场为导向的开发策略。深刻理解市场、把握用户真实需求是大部分企业产品开发的基本出发点，包括坚持以产品化为导向的技术开发策略，对市场需求和产品定位进行必要的调查研究，在与客户沟通过程中持续优化产品设计和产品质量等。同时，从对市场需求的把握能力、产品的市场效果看，企业在机会识别能力、技术支撑能力、资源组织能力等方面也存在显著差别。有的企业凭借技术优势和单一产品能够快速建立市场地位；有的企业虽然不断调整产品方向，但仍然面临无法找到有效目标市场的困境。

(3) 数字化、智能化是重要的产品方向。除软件、技术平台等无形产品外，采用有形产品形式的企业也通过智能控制、数据更新等方式强调产品的数字化和智能化特征。这一现象说明，企业在新兴产业领域更容易找到创新机会，但面临的风险和挑战也非常明显。比如，从市场需求角度看，企业需要花费更多精力去发现或创造市场需求，很难像传统产业那样利用产业升级、效率提升等机会找到明确的目标市场；从供应链角度看，在产品加工、原材料和元器件供应、配套技术等方面难以获得有效的产业支持；从市场效果看，与传统产品相比，数字化、智能化产品对企业的技术能力和服务能力提出了更高的要求，受企业内外部各种因素影响，有些产品的市场推广效果并不理想。

(4) 市场效果存在显著差异。从创新规律看，新技术、新产品的开发应用本身是一个不断调整优化和完善的过程。从影响产品市场效果的因素看，很多问题企业在微观层面很难改变，如重大产业政策调整、产业发展和演化进程等，但也有一些问题是由于企业内部原因造成的。其中，比较突出的问题包括：在技术不成熟的情况下急于进行产品开发，技术能力无法为产品或服务提供有效

创新创业的六个维度：基于 260 家创业企业的深度观察

支撑；产品开发策略选择不当，比如在面临资源约束的情况下，同时开发和推广多个产品，需求调研和市场准备工作不充分等。

二、面临的主要困难

1. 产品开发难度大

产品开发的难度主要表现在：（1）关键技术开发面临很高的技术难度和技术投入。比如，深圳优必选在研发人形机器人时面临无法掌握伺服驱动器关键技术的难题，周剑团队花费 5 年时间才最终研发出拥有自主知识产权的产品，大幅降低了自研人形机器人产品成本，为规模化生产奠定了基础。（2）产品设计难度大。爱康泰创始人王胤曾回忆说，孕橙助孕计小巧便捷，很受市场欢迎，但产品开发过程却非常艰难，最主要的是产品涉及妇科、内分泌、统计信号处理、计算机科学、电子科学等多个学科和技术领域，在缺乏跨学科研发人才的情况下，他只能一边恶补相关知识，一边四处请专家，寻找合作机会。（3）技术验证和产品测试难。对很多信息技术产品而言，技术优化、工艺调整和功能测试是产品在正式投放市场前必不可少的环节，企业不仅要随时解决各种琐碎问题，通常也需要花费大量时间让各种潜在问题充分暴露。比如，踏歌智行在矿区对无人驾驶技术测试了几年时间才实现编组试运行；仙途智能为突破无人驾驶环卫车的感知、决策、控制、仿真和车辆工程技术，已进行了 10 万公里的测试。

2. 产品开发投入大、周期长

造成这一状况的主要原因包括：（1）高技术产品本身的开发成本很高，包括人员成本、技术基础设施成本、外部技术合作成本、技术和产品测试成本等，很多企业的研发投入长期保持在营收的 25% 以上，这对本身就面临资源约束的创业企业来说确实压力巨大。（2）市场发育缓慢、市场需求尚未有效释放，这种状况在很多新兴产业尤为明显。比如，人工智能虽然在多个领域显现出良好的应用前景，但除了机器翻译、图像、人脸识别等领域日渐成熟外，包括智慧城市、智能汽车、智能机器人等其他很多领域的商业化应用仍然有待时日。海博思创张剑辉也曾谈到，储能市场目前的需求并不足以养活行业内所有企业，如何"活下去"是每一个企业都要认真思考的问题。（3）很多企业的产品方向和产品形态客观上需要经过较长时间的积累才能逐步成熟。在工业软件、自动驾驶、新能源基础设施等领域，企业不仅面临技术开发和产品设计问题，也面临市场培育、客户积累等问题。此外，像医疗器械、生物医药等领域，产品认证、临床试验等环节也是影响产品开发周期和投放速度的重要因素。

3. 生产成本高、量产难

产品成本居高不下的主要因素包括：（1）技术和工艺不够成熟，造成大量损失。比如，北醒光子在激光雷达产品投产时出现大量残次品，良品率不足20%。（2）试生产是必须经历的环节，但制造和加工成本很高。比如，关键部件或工具开模动辄需要几十万元至上百万元，小批量生产根本无法覆盖开模成本。（3）核心部件高度依赖进口或第三方，产品成本难以控制。比如，视美乐当初在开发多媒体投影仪时，核心部件袖珍投影液晶掌握在索尼手里，视美乐只能被动接受索尼的价格和订货周期。（4）通过规模化生产降低成本面临很多困难。比如，商业微小卫星、企业数字化解决方案等属于高度定制化产品，本身不具备规模化生产的条件；也有些产品虽然具有规模化效应，但受市场发育等因素影响短期内难以找到足够的客户或需求。

4. 供应链协调难度大

在缺少生产加工能力的背景下，创业企业利用外部加工组织生产面临的主要障碍包括：（1）很难找到有合作意愿的优秀代工企业。特别是在试生产和产品投放初期，受加工数量少、订单不稳定等因素的影响，大型代工企业不愿意为此进行生产准备和排产调整。（2）新兴产业本身供应链不完善。比如，高拓迅达虽然在半导体集成电路设计领域具有技术优势，但受国内IC产业整体供应链滞后的影响，产品质量控制和加工产能仍然是制约企业发展的重要因素；影石创新为解决全景相机的生产组织问题，最终选择了人才和供应链配套比较理想的深圳落户。

5. 生产组织能力不足

（1）团队结构不完整。缺少懂生产管理的专业人员是很多创业企业面临的普遍问题。很多企业因为缺乏经验，在生产组织环节遇到过各种问题，比如原材料质量不合格、模具不符合加工要求、库存管理混乱等。（2）自身没有生产能力。在产品加工大量依靠外包的情况下，产品质量难以控制。很多企业在投产初期都曾遭遇产品良品率不高的问题，部分诉讼案件也源于企业与加工商之间的产品质量纠纷。（3）服务跟不上。对很多智能化产品而言，持续性的产品优化升级和售后服务本身是产品的一部分，受企业规模和资源约束等因素影响，有些企业的售后服务不尽如人意。比如，有的企业在将机器人等智能硬件卖给学校后，不能及时针对使用中的信息反馈对产品进行优化或升级；有的企业在设备部署和项目实施过程中对客户的现场需求不能及时作出回应等。

6. 市场需求不稳定

在快消品领域，市场需求的阶段性或需求的快速转换对产品规划和生产组织都构成实质性影响。比如，家用空气净化器、电动滑板车、娱乐机器人等很多产品都可能成为爆款，但都面临需求的持续性问题。对部分平台类企业而言，用户需求转化效率对产品开发的影响也非常明显。比如，图森科技针对艺考生的培训需求开发了 App，月活率曾一度达到 80% 以上，但考生通过 App 找到合适的培训机构或老师后用户数量直线下滑。同时，公司也面临入驻平台的老师或培训机构私下接活或"跳单"现象，陈凌云不得不重新考虑在用户导流的同时如何为用户服务、为用户提供哪些服务的问题。

三、产品争议案件反映的主要问题

在全部样本企业的诉讼案件中，产品领域的各类纠纷案件的数量为 176 件，占比 21.39%。其中，如图 6-3 所示，产品买卖合同纠纷案件 57 件，占比 32%；承揽合同纠纷案件 38 件，占比 22%；定作合同纠纷案件 31 件，占比 18%；加工合同纠纷案件 19 件，占比 11%；服务合同纠纷案件 13 件，占比 7%；委托合同纠纷案件 13 件，占比 7%；其他纠纷案件 5 件，占比 3%。从产品纠纷案件的数量、成因和结构看，主要有如下特点。

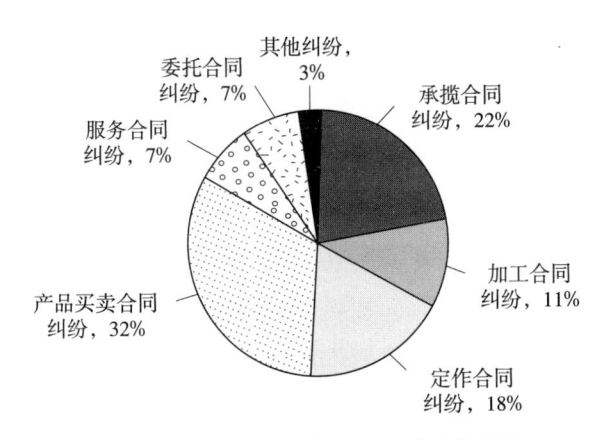

第六章 产品开发的基本规律和主要策略

图 6-3 样本企业产品类诉讼案件结构

1. 案件涉及的企业和环节比较多

主要体现在：（1）涉及产品争议纠纷的企业约占样本企业的 25%，因产品开发和向市场提供产品发生的争议对创业企业的成长发展具有重要影响；（2）案件涉及产品开发的技术合作、产品设计、加工生产、产品质量等各个环节，表明创业企业在产品开发和生产服务领域普遍面临经验不足和资源约束问题。

2. 产品生产组织领域的问题比较突出

在产品纠纷案件中，涉及产品设计加工、原材料采购等问题的案件占比合计超过 50%。一方面，说明企业在产品设计和加工环节对外部供应商的依赖程度比较高；另一方面，从案件成因看，因产品设计方案调整、订单调整、产品加工质量不符合要求等引发的案件占比较大，表明生产外包的协调沟通成本很高，需要高度重视外部协作中的风险控制和合同履行问题。比如，在加工合同纠纷案件中，因产品方案调整引发的产品质量纠纷是比较典型的问题，在产品设计和加工方案完全由定作方决定的情况下，当事人之间的权利义务比较清晰，但在加工商以不同程度参与模具设计、技术改进、工艺完善等工作的情况下，如何认定双方的权利义务和责任范围就比较困难，如果同时存在定作方迟延付款或加工商迟延交货等情况，纠纷协调和案件处理将进一步复杂化。

3. 案件结构

从争议金额看，产品纠纷案件争议标的均值为 110.12 万元，显示创业企业

创新创业的六个维度：基于 260 家创业企业的深度观察

在过渡阶段的产品生产仍然以试生产、小批量订单为主，围绕产品开发的采购体系、生产体系和市场推广体系仍然处于逐步探索和建立的过程。从案件处理过程看，大部分案件都经过两审后最终结案，案件处理时间较长、处理成本较高。从案件处理效果看，除调解结案的情况外，创业企业胜诉案件占比不足30%，表明企业在合同履行的规范性、及时解决纠纷的意识和能力等方面存在欠缺。

第二节　产品开发的主要经验

本节对实践中创业企业比较典型的产品开发经验进行提炼总结，包括加强质量管理、提高产品质量，坚持以需求为导向的产品开发，解决供应链协调和生产组织问题，优化产品成本结构的主要途径和措施。

一、高度重视产品质量

1. 坚持质量至上的理念

对创业企业而言，产品是企业与市场和客户建立正式联系的载体，产品质量在很大程度上决定了市场对企业的第一印象。从很多企业的做法看，首先，切实增强质量意识，树立质量第一的理念。天瑞仪器的刘召贵曾说："品质是一家公司持续发展的有力保障，只有品质领先才能形成牢不可破的局面，再多的'第一'都不如品质第一，只有品质第一才能带动更多其他'第一'。"为了树立良好的市场形象，天瑞仪器即便在最困难的时候也坚守品质如生命的理念，比如在推出更好的仪器后立即与老客户联系，免费换回第一代仪器，确保产品品质和企业信用。其次，高度重视产品打磨。比如，清航紫荆、云道智造等企业，宁可推迟上市时间，也要将产品可能存在的潜在问题尽最大努力加以解决，确保产品稳定可靠。另外，坚持将质量控制内化为产品开发和管理流程。比如，永安信通每年都要定期对团队和员工进行质量意识培训，生产和检验人员全部持证上岗；艺妙神州坚持按照中国、美国和欧盟相关法规设计建设 GMP 生产基地，从源头上建立严格的质量标准和控制体系。

2. 重视关键环节的质量控制

一是加大研发力度，通过突破关键技术提高产品性能和质量。免疫磁珠由于粒径小、比表面积大，可以捕获较多的待检物并直接在其表面进行酶显色、荧光或同位素显示，是化学发光诊断产品的核心原料。泽成生物通过改进磁珠制备工艺和技术，生产出与国际知名公司质量相当的产品，为确保体外诊断质量奠定了基础。二是创新解决关键技术和工艺难题。作为高精度的传感设备，激光雷达领域面临的最大挑战是"不可能三角"问题，即如何保持车规级产品的环境稳定性和量产交付的质量，同时控制好产品成本。探维科技通过采用单轴扫描系统、实现多传感器融合等创新方法，不仅有效提高了传感器整合利用效率，也大幅提升了产品感知系统的安全性。三是采用成熟工艺或部件确保产品质量的稳定性。知存科技在开发存算一体 AI 芯片过程中选择 Flash 进行设计研发，王绍迪的主要考虑是 Flash 是非常成熟的工艺，量产和实际使用已经有几十年的时间，同时其存储密度比 5 nm 的 SRAM 要高出几倍，选择 Flash 工艺不仅可以提高芯片容量，也能确保质量稳定。

3. 采取有效的质量控制措施

对于有形产品而言，从产品设计、物料采购、生产加工、调试安装等各个环节，目前已有标准化的质量控制体系，在质量控制目标、方法、标准和管理体系等方面已经非常成熟。实践中，创业企业虽然受自身条件限制而大量采用外包方式进行生产组织，但在合作文件中通常会对产品标准、质量检验等关键环节作出明确约定，并通过检查监督和违约责任等方式加强对产品质量的过程控制。对于软件、技术操作平台、AI 工具等无形产品而言，虽然可以按照可靠性、功用性、使用效率、可维护性、可移植性等标准进行质量评价，但从实际情况看，其质量控制与有形产品相比仍然存在很大差异（周翔 等，2016；李华莹，2020）。比如，软件产品难以做到零缺陷、很难制定可量化的产品质量标准、定制化开发和类型化差异使得评价指标选择更为复杂等。我们发现，创业企业解决无形产品质量控制问题的主要经验，一是遵循产品开发规则，采用必

创新创业的六个维度：基于 260 家创业企业的深度观察

要的技术保障手段。比如，严格执行质量管理贯穿开发全过程的要求，细化用户需求和产品设计细节，采用交叉检验确保数据质量，规范编程方法和编程工具，充分进行产品系统测试等。二是高度重视与客户的交流合作。通过流程管理在很大程度上可以解决开发过程的规范性问题，但仅靠客户需求确认书难以满足产品功用性要求，很多细节需要开发人员与客户，特别是产品实际使用者，在不断沟通中解决。比如，踏歌智行在开发无人驾驶产品过程中，技术人员与卡车司机和矿区现场工作人员常年在一起工作，随时了解各种问题、及时调整技术方案和设计思路；国双科技在开发油气、司法等领域的智能数字化管理系统过程中，吸收了一大批本专业拥有丰富实践经验的专家，确保准确理解用户的真实需求。

二、以需求为导向进行产品开发

1. 有针对性地进行需求调研

从总体上看，虽然创业企业不具备进行大规模市场调研的条件和能力，需求调研也不像大企业那样正式或严密，但很多企业在力所能及的范围内仍然通过不同形式对新产品的目标市场和潜在客户进行考察论证，并收到了很好的效果。从调研的方向和内容看，主要包括：（1）深入了解企业所处的竞争环境。比如，史河科技在确定进入高空爬壁机器人领域前，对工业机器人、服务机器人、特种机器人等领域的主要市场参与者和市场竞争状况进行了深入分析。（2）扎实调研技术落地的具体场景。比如，阿丘科技在开发工业 AI 软件过程中先后走访了半导体、3C、汽车等行业的两百多家企业，充分了解工业化生产中的自动化需求和技术方向。（3）重点调研客户的差异化需求。在参与神华集团协同办公自动化项目招标过程中，慧点科技无论在规模还是行业知名度方面都没有优势，但通过深入研究招标文件，慧点科技发现了神华集团在加强集团管控方面的迫切需求，并以此作为技术选型和项目实施的基础，最终在竞争中胜出。（4）针对产品开发的关键环节重点进行市场调研。比如，很多自动化驾驶技术开发企业都把产品安全性作为重中之重，易净星在了解到汽车玻璃普遍采用贴膜的使用习惯后，成功避开了超水材料开发的障碍。

2. 与客户合作进行产品开发

与客户深度合作是解决产品开发中的技术优化、功能完善、工艺和质量控制的重要方式。与客户互动既是技术和产品验证的过程，也为第一时间优化产品设计创造了条件。(1) 通过合作开发可以进一步加深对真实需求的理解。腾视科技最初确定的产品方向是针对汽车司机的疲劳驾驶预警系统，但并没有收获订单，反而引起了铁路行业用户的关注。公司迅速调整方向，针对铁路司机的驾驶行为，与铁路部门密切合作，聚焦高铁高速驾驶安全领域，成功开发了一系列智能辅助驾驶产品。(2) 建立有效的客户需求收集和反馈机制。新橙科技的产品经理通过与9000多名微信律师好友的联系持续收集来自业务一线的实际需求，并快速进行产品开发，其智能法律应用产品Alpha的迭代保持每周一次，确保对最真实、最迫切的痛点和需求快速响应。(3) 通过合作更好地解决产品的兼容性问题。比如，依思普林通过与汽车整车厂共享底层技术，在帮助客户降低采购、制造和设计成本的同时，也不断调整自己的产品开发和设计思路，更好地适配用户需求；十六进制在开发全流程教学数字化平台过程中，始终坚持不改变学校现有硬件设施条件的原则，在帮助客户盘活存量资产、降低采购成本的同时，最大限度地减少产品使用的转换成本和使用习惯。

3. 抓住市场变化带来的机会

如前所述，对企业而言，市场变化既意味着危机也蕴含着机会，从产品开发的角度看，很多企业都利用市场的变化实现了快速发展。比如，天瑞仪器利用环保产业政策和环保标准升级的契机，针对出口玩具和电子产品开发专用检测产品；影石创新抓住短视频行业爆发的机会开发全景相机等。经验表明，把握市场变化机会有两个非常重要的条件：(1) 要持续关注市场，培养发现机会的能力和敏感性。比如，影石创新在开发全景相机前的主要业务是为网络直播的视频采集、编辑和直播等提供系统解决方案，正是在这个过程中找到了真实的市场需求和用户痛点。(2) 重视技术和产品开发能力积累。"机会总是留给有准备的人"非常精确地阐释了技术和能力积累的重要性。比如，海博思创很早就进入新能源行业并长期专注储能技术研究和产品开发，通过项目合作、课题研究等在产品设计制造、产品模块化、标准化等领域完成了大规模量产的技术积累，随着电动汽车和新能源行业的爆发，海博思创迅速脱颖而出。

三、多措并举解决生产组织问题

1. 积极积累生产组织经验

在借助加工商解决产品生产问题的同时，很多创业企业非常重视逐步积累自身的生产组织能力，主要做法包括：（1）尽快完善团队结构，补充产品和质量管理专业人员。陈旸在创立五彩世界后及时邀请王凡加入团队解决深度文案和产品设计工作；张杰夫在创立依思普林后将其在比亚迪的技术和产品团队拉来共同创业；艺妙神州邀请在无菌制剂和固体制剂生产和质量管理等方面拥有丰富经验的李彦利负责公司基因细胞药物基地的生产运营等。（2）高度重视工艺技术开发和产品验证。为开发第三代仿真软件系统，云道智造创造人屈凯峰带领团队亲自写代码，历时三年开发出业界首款仿真安卓系统；为找到灵敏度高、噪声低和性价比高的CCD芯片，视美乐的邱虹云先后尝试了几十种产品，做了几个月试验来解决问题。（3）尝试多种渠道积累生产经验。比如，面元科技通过大量解剖不同产品，经过几万次试验终于开发出全球领先的SmartsOlo节点式智能地震数据采集系统系列产品；深圳勇艺达通过入股天彩控股实现了在大规模生产制造领域的人才和工艺积累；傲基电子通过投资参与机电制造，工厂逐步积累起在笔记本电源和弱电保护器领域的产品定义、设计、生产管理经验。

2. 降低生产组织过程的协调难度

一是化繁为简，通过设计优化降低生产加工环节的障碍和加工难度。比如，深圳面元始终坚持产品极简设计原则，在降低生产成本和加工难度的同时，大幅改善野外工作人员的使用体验；为解决物联网设备持续遭受攻击的潜在风险，智联安通过将安全芯片集成到NB-IoT芯片中的做法，省掉了一颗单独的安全芯片，不仅让模组方案更加精简，也有效节约了成本。二是加强对产品关键环节的管理控制，减少外部协调难度。比如，北京七二科技在生产无人机防御产品过程中，通过自己加工无线电测向装置等核心部件、外采部分元器件等方式大幅降低了对加工商的依赖程度；戴纳科技采用模块化设计大幅简化了实验室装配产品的生产工序和生产难度，使得产品的快速生产和部署成为可能。三是逐步建立自己的生产设施和供应链。比如，泰坦科技在代理第三方试剂和试验耗材的同时，通过建立自有品牌和生产能力不断增强在高端化学试剂领域的影响力；远度科技在保持与现有加工商合作的同时，针对新产品业务布局开始尝试建立区域化生产线和加工基地。

3. 积极争取外部支持

一是用好政策，积极争取政府支持。通过与地方政府合作，创业企业不仅有效解决了自身生产能力不足问题，在促进地方经济发展和产业升级方面也发挥了积极作用。比如，海斯凯尔与无锡市政府的合作，航天驭星与中卫市人民政府在遥感卫星数据服务基础设施领域的合作等，都是企业与地方政府建立良好合作关系的典范。二是用好股东资源，积极争取股东支持。比如，图湃医疗利用清华工研院的工程技术能力解决产品研发设计和加工工艺难题，深度奇点借助智昌集团在智能制造领域的优势快速推出机器人产品等。三是互惠互利，积极寻找合作机会。比如，霆科生物与国家食品安全风险评估中心应用技术合作中心在微流控智能检测产品领域的合作，灿态信息与富士康在MES工业软件领域的合作，羿娲科技与中国联通在智能抄表系统开发应用领域的合作等，对创业企业优化产品设计、减少客户使用障碍等都具有积极意义。

四、千方百计优化成本结构

1. 自主研发关键设备和部件

通过自主研发解决专用设备和关键元器件是创业企业为应对产业供应链不完善或供给不足的重要方式，特别是在新兴产业领域，市场上无法找到合适的生产设备或加工商是企业经常遇到的问题，中钢矿院、八度阳光、卫蓝新能源等都遇到过类似情况。自行设计研发生产设备或产品部件必然增加企业在生产组织环节的初始投入，但从长期看，既有助于增强产品生产过程的可控性，也能够显著降低产品成本。段方华曾说："火河科技始终坚持自主研发，果加90%以上的硬件都实现了自研。自研有两大好处，首先是能够更加自主，可以把品质做到极致；其次是能够找到品质和成本之间的平衡点，解决品质和成本之间

创新创业的六个维度：基于 260 家创业企业的深度观察

的矛盾。"从很多企业的实践看，通过建立自主可控的生产组织设施确实能够帮助企业建立持续竞争优势。比如，中钢矿院的高性能空心玻璃微珠的性能和稳定性与 3M 公司等国际领先企业达到同一水准，但价格仅为国外同类产品的 1/3；八度阳光的高效柔性太阳能电池售价为 4.5 元/瓦，而日本和美国企业同类产品的售价则高达 2 美元/瓦。

2. 采用模块化设计

模块化既可以用于有形产品开发，在软件等无形产品开发过程中也被大量使用。利用模块化设计的重复使用、互换功能和排列组合可以有效控制开发成本、提高产品组合效率。史河科技为降低机器人跨场景研发的生产成本，将模块化设计思路贯穿研发设计始终，通过对控制器、驱动器及其封装等功能部件的高度模块化设计形成标准化的产品功能模块，针对不同场景需求再进行适配开发，不仅大幅降低了研发成本，也为规模化生产创造了条件。为解决治疗方案算法和数据融合问题，连心医疗通过提供算法和设计框架、为医疗科研机构和医院提供数据等方式不断丰富肿瘤智能治疗方案的技术、产品和治疗生态，获得了良好效果。

3. 使用成熟工艺和成熟元器件

对创业企业而言，采用成熟元器件和产品工艺，除了能够降低直接采购成本外，更重要的意义在于降低试错成本和风险。从很多企业的经验看，在保证质量和性能的前提下，采用更为稳妥的生产方式是确保产品稳定性的重要方法。比如，灿态信息在开发数字化和智能工厂管理系统过程中，选择从数据实时采集、检测和管理、提升车间自动化操作水平、生产管理精细化、装备智能化改造等最基础、最熟悉的领域切入；微纳星空通过分解优化各分系统单机采购成本、降低总装集成制造成本等方式让微小商业卫星的研发制造和使用成本不断下降；蓝港医疗通过使用载具和配套医疗设备等方式将采血车、流动医院等专业急救车辆的成本降低到 40 余万元，远低于同类进口产品的价格。

4. 提高现有资产的利用效率

通过提高资产使用效率控制成本主要有以下几种方式：（1）通过梯度利用或循环利用降低产品生产成本。通过提前考虑电动汽车与移动充电车在电池方面的兼容性，海博思创将电动汽车退役电池装到移动充电车上再次利用，大幅降低了储能和换电基础设施的成本。（2）基于客户现有资产或硬件设施开发产品，有效降低用户使用成本。深醒科技、十六进制、羿娲科技、易净星等很多企业在进行新产品开发的同时都非常重视客户现有资产的盘活和利用问题。比如，深醒科技在开发无光红外人脸识别系统、动态人脸识别系统过程中将不更换已安装的普通摄像头作为产品开发基础，在实现动态识别准确率高达90%的前提下为用户节省了更换硬件设施的全部成本。（3）充分考虑新产品转换成本和用户使用习惯。为降低用户的切换成本，云道智造提供了完全无代码化的仿真App开发环境，实现了仿真模型、仿真流程和工程经验的封装固化，使终端用户由少数仿真专家转变为数千万普通工程师，大幅抵消了产品切换成本。

5. 改变技术思路和产品路线

创业企业最大的优势是通过技术和产品创新更好地满足用户需求，很多企业在这方面进行了积极探索。比如，在无人驾驶技术领域，目前的主流模式是通过在车辆上加装雷达、摄像头和控制系统等方式提升车辆的智能识别能力，但面临信息采集精确度和安全性保障等问题，云科新能源为此提出了"重路侧设备、轻车载设备"的思路，通过路侧设备共享和云控平台建设尝试为无人驾驶提供更安全、持续和经济的解决方案；蓝威技术通过将仿真软件与云计算结合，不仅将软件计算任务时间大幅缩短、显著提升仿真效率，同时，通过云化方式纳入行业规范指标体系和行业经验，使得行业专家参与仿真计算过程成为可能。

第三节 选择恰当的产品开发战略

本节介绍创业企业的主要产品开发战略，包括平台化战略、差异化战略和渐进式开发战略，以及不同战略的具体实施条件、面临的实际困难和需要重点关注的问题。

创新创业的六个维度：基于 260 家创业企业的深度观察

一、平台化战略

1. 平台化战略的结构和类型

作为互联网时代最重要的企业竞争战略，平台化战略是指利用网络和数字系统连接不同的个体、组织、企业和平台，使之高效协同合作，形成"点—线—面—体"立体式平台化架构模式，并通过建立交易规则、平台文化等各种机制实现平台参与者之间的广泛连接和价值交换。平台的基本结构包括平台主体、互动关系、环节等三个要素。其中，平台主体包括平台运营者与平台参与者两类，前者是平台的建设者和管理者，后者是参与到平台中的各类主体，包括平台发起人的成员企业、合作伙伴、客户及其他与平台产生关联的各类群体；互动关系主要指平台参与者基于不同的诉求或资源能力通过平台建立各种联系并产生价值交换的过程；环节是指平台参与者在相互联系过程中形成的不同连接点，每个环节都承载不同的平台主体和特定的互动关系。通常认为，平台化战略产生的主要背景包括信息技术和网络的快速发展，企业在价值创造和交换中的角色转换，需求的高度分散化、差异化、碎片化等（张小宁，2014；周翔等，2016）。

按照不同标准，可以将平台型企业区分为不同类别。从业务类别的角度，国家市场监管总局《互联网平台分类分级指南（征求意见稿）》区分了网络销售类平台、生活服务类平台、社交娱乐类平台、信息资讯类平台、金融服务类平台、计算应用类平台六个类别。样本企业中，采用平台化战略的企业很多，涉及的类型也比较广泛，包括电子商务平台、技术开发和应用平台、信息和数据分析平台、资讯和内容生产平台以及产品服务平台等。

2. 平台化战略实施中的突出问题

很多创业企业借助平台化战略实现了快速成长，但也有一些企业在实施平台战略的过程中遇到各种问题，实际效果并不理想，究其原因主要包括：（1）机会识别不充分。有的企业在对平台化战略实施的必要性、平台的功能定位和企业的身份定位没有进行充分论证的情况下就仓促启动平台的建设运营；也有的企业因为对平台化战略所需的资源条件、风险控制措施等准备不足导致实施效果不理想。比如，紫晶立方的核心业务是3D打印技术和产品开发，在创业初期没有实施平台化战略的必要，也不具备实施平台化战略的条件，因为盲目跟风开展平台化业务而多走了不少弯路。(2) 缺乏耐心。有的企业实施平台化战略的商业逻辑、业务模式等并没有太大问题，但在等待产业演化和市场发育过程中，由于缺乏耐心或急于求成而中途放弃，结果错失良好的发展机会。比如，闻言科技是我国互联网领域最早进行文本转语音技术和产品开发的创业企业，早在2006年就参与了《互联网文本语音展现通用描述规范》等行业标准的制定起草工作，但受市场发育、政策限制等因素并没有坚持下来。(3) 盲目扩张。突出表现为违背企业成长规律，在自身资源和能力严重不足的情况下贸然扩大业务范围，导致新业务做不起来，现有业务也受到波及。比如，麦轮泰原本凭借价格优势和交易便利度在汽车轮胎线上销售领域实现了快速增长，但在对汽车电商运营的规律还没有完全吃透的情况下就贸然从单一轮胎产品向多元化过渡，结果"败走麦城"。(4) 市场竞争激烈。在发育相对成熟的市场上，先期进入的企业已经建立起非常明显的竞争优势，平台化战略的实施条件和要求也更高。比如，在电子商务、教育培训、信息和咨询服务等领域，头部企业在商业模式、交易规则、技术标准、流量控制等领域已形成很强的竞争壁垒。实践表明，在无法找到差异化机会的情况下，创业企业很难脱颖而出。(5) 长期亏损。持续投入、开发和推广成本居高不下、业务产生的现金流严重不足是实施平台化战略面临的重大挑战。比如，亚马逊在创立之后第7年才开始盈利，淘宝在2003—2009年都处于亏损状态，其他很多细分领域或垂直行业的电商企业在很长时间内也面临资源投入与现金流短缺的矛盾。

3. 影响平台化战略实施效果的关键因素

一是平台定位。创业企业实施平台化战略首先需要回答三个问题：平台与企业创新方向的关系是什么？平台的商业逻辑是否可行？企业在平台中的价值和作用是什么？(1) 平台与创新方向的关系。实践中，很多企业都将平台化作为重要的竞争战略，但对平台与企业主要创新方向的关系并没有完全搞清楚。比如，平台是作为产品服务渠道还是促进产品开发和推广的生态系统，企业是平台的交易组织者还是内容生产者，平台是企业的产品表现形式还是配套基础

创新创业的六个维度：基于 260 家创业企业的深度观察

设施等。对这些问题的思考，不仅可以帮助企业客观判断实施平台化战略的必要性，也有助于准确界定平台化的定位和功能，确保竞争战略与企业创新方向的契合。在明确将建设 AI 算法平台作为创新方向后，深圳极视角并没有急于搭建平台吸引开发者和用户，而是通过完善公司内部技术团队，从自研算法做起，在对 AI 技术的落地场景、开发工具和交易结构等充分了解后再从算法自研转为开发者平台的建设运营。（2）平台的商业逻辑。虽然平台化战略通过构建交易生态在扩大业务范围和客户群体、提高交易效率、降低交易成本等方面具有很大优势，但与传统线下交易相比，面临的不确定性和新问题也更多。比如，线下与线上交易规则的差别对交易行为的影响，客户引流与客户转化效率的关系，不同交易环节的协调成本对平台效率和交易成本的影响等。在教育培训、法律服务、知识产权等领域，服务提供商与客户跳过平台直接交易的事情屡见不鲜，"跳单"现象始终是影响客户转化效率的大问题。此外，如果平台提供的交易规则与原有的交易规则存在显著差异，往往很难吸引用户参与到平台上来。比如，传统的法律服务、工商税务或财务服务等大多基于双方长期合作形成的信任关系，平台虽然在服务提供商的选择范围、交易效率和交易成本等方面都有优势，但很难解决交易中的信任问题。（3）企业在平台中的作用。企业在平台中的地位很大程度上取决于其在价值创造和价值交换过程中发挥的作用。总体上看，企业参与的环节越多、贡献的价值越大，获得的收益也越多，反之亦然。从很多企业的经验看，紧紧抓住需求痛点，为交易参与者提供核心价值和服务是提高平台运营效果的关键。比如，淘宝通过支付宝解决了网络购物环境下买卖双方不信任问题；胖虎科技通过开发鉴定和远程信息系统解决了二手奢侈品交易中的效率和信任问题；布比科技通过区块链技术的开发应用解决了版权和资金流动过程中的留痕和存证问题。

二是市场条件。在新兴产业，创业企业是推动产业演化和市场发育的重要力量。对早期进入者而言，虽然面临更高的不确定性和风险，但也具有明显的先发优势，包括推动技术和产品应用、影响政策走向、制定交易规则、参与制定技术标准和行业规范、与用户率先建立联系等，这些优势在推动产业发展的同时，也成为企业建立竞争壁垒的重要基础。在算法攻防、隐私计算等领域，瑞莱智慧是我国最早进入人工智能安全领域的创业企业之一，虽然在技术应用、产品落地、场景挖掘等方面仍然面临行业发展和需求增长问题，但公司的人工智能安全平台和人机协同平台已初步建立起行业地位，包括先后参与17项国际、国家、行业和团体标准的起草制定工作，广泛建立与政府、科研机构、企业之间的合作联系，积极推动产品在政务、金融、能源、制造等领域的测试和落地等。在相对成熟的市场，平台化战略的实施可以借鉴其他企业的经验和典型做法，但面临的竞争压力也非常明显，包括很容易受到竞争对手的打压、很难突破既定标准和交易规则、培养和吸引用户的成本很高等。在这类市场上，创业企业应对"后来者劣势"的基本策略是找到差异化竞争机会。比如，拼多多选择淘宝和京东都不太重视的低端和低价市场；泰坦科技聚焦试验耗材和试剂等科学服务市场；傲基科技通过线下线上相结合深耕欧洲等地区的跨境电商电子产品市场等。

三是企业能力。实施平台化战略对创业企业的资源和能力提出了更高的要求，主要包括：(1) 人才资源和管理能力。对很多创业企业来说，团队结构优化和管理能力提升是一个随着企业成长逐步完善的过程。比如，在技术研发阶段，生产组织能力和市场推广能力欠缺对当前阶段性的重点工作并不会产生重大影响，但在采用平台化战略的情况下，企业从一开始就要为平台的建设运营和市场推广做好各方面的人才准备。(2) 在很多行业，特别是竞争比较充分的领域，实施平台化战略所需的资源条件和门槛已经很高，企业必须考虑自身的实际情况。比如，在跨境电商领域，企业在商品组织、物流仓储、市场推广等方面的资源和能力在很大程度上决定了平台的运营效果；在互联网医疗领域，线上引流与线下服务相结合是通行模式，如何与医院、医生建立广泛和稳定的合作关系成为决定平台运营效果的关键因素。(3) 平台建设运营中的资金来源问题。持续投入大、回报周期长是很多实施平台化战略的企业遇到的问题，在自身"造血"能力不足的情况下，单纯将外部投资作为资金来源风险很高。实践中，因为无法获得融资而失败的企业并不少见，企业必须将资源保障和风险控制措施作为战略实施方案的重要内容。

四是实施策略。为控制平台化战略实施过程中的风险，创业企业在实践中

创新创业的六个维度：基于260家创业企业的深度观察

形成了很多行之有效的做法，包括：（1）积极为实施平台化战略进行技术准备。比如，药欣生物将建设创新药物研发技术平台作为创新方向，在创立初期首先聚焦固体分散体、自乳化、热熔挤出、纳米晶和包合物的研发，并为制剂平台的技术和产品线申请了多项专利，在完成关键技术和产品研发后再布局平台化战略。（2）在具备相应资源条件后再组织实施。包括蓝晶微生物、极视角、泰坦科技、药欣生物、连心医疗等很多企业都是在获得外部融资之后再加大平台化战略的实施力度。（3）积极尝试利用微信、微博等互联网工具积累经验。比如，新橙科技通过建立微信群完成了早期客户积累；五彩世界通过热点话题等方式引导微博粉丝群参与产品方案的论证和推广等。

二、差异化战略

1. 产品开发差异化的概念、类型和机会

产品差异化是通过开发全新产品或提供区别于其他企业同类产品的方式满足市场和用户需求，帮助企业建立市场地位的策略。产品差异化主要包括价格定位差异化、技术差异化、功能差异化、文化差异化等形式。加强技术创新、重视产品质量和品牌形象、重视产品服务、采取差异化营销等是实现产品差异化的主要途径。实践中，创业企业实施产品开发差异化战略的机会主要来源于以下几个方面：（1）在新兴产业开发新市场。比如，智谱华章基于深度隐含关联挖掘算法和认知图谱等关键技术开发第三代人工智能大规模预训练模型；晶泰科技通过开发新药研发平台率先进入药物晶型结构智能预测市场。（2）避开竞争激烈的细分市场。比如，史河科技将大型领先企业不太关注的特种机器人领域作为目标市场；火河科技为避免与其他锁具企业在C端市场的竞争，优先选择开发公寓智能门锁。（3）采用低成本和低价策略。比如，爱康泰的"孕橙"产品售价只有国外同类产品的十分之一；光速视觉的CCD相机比其他同类产品价格低很多。（4）优化产品设计和产品性能。比如，派和科技开发的压电式喷射阀最高点胶频率超过传统气动点胶阀的10倍以上；图湃医疗开发的"北溟·鲲""瑶光·星"等眼科OCT高性能产品在不到一年的时间内市场占有率就超过了5%。（5）改变产品的技术路线和应用场景。比如，北醒光子通过采用纯固态技术路线成功解决了机械雷达量产难、调试难的问题；蓝威技术将 CAE 仿真与云计算结合大幅提高了工业仿真软件的任务计算时间和仿真效率。

（6）充分利用本土化优势。比如，深海精密针对国内医疗环境和医生使用习惯设计开发数字减影血管成像设备显著提高了产品的易用性；依思普林针对国外企业对国内细分市场需求不了解的情况，迅速开发电动物流车、微型面包车等专用 IGBT 产品。

2. 技术能力是实现产品差异化最重要的基础

如前所述，企业可以利用技术能力、价格优势、功能优化、增加附加值等实现产品开发的差异化，但创业企业受自身条件和外部因素的影响有些策略和做法很难实施。一方面，随着信息技术发展和信息传播渠道的变化，以信息不对称为基础的差异化机会正在减少或削弱。比如，在电商和直播营销逐步普及的背景下，基于市场和用户的地域差异而实施的价格策略、促销策略的效果受到很大影响。另一方面，成熟企业在资源基础、产品组合能力、成本控制能力等方面处于明显优势，创业企业在这些领域很难找到实施差异化的机会，包括难以承受价格战压力、不具备实施产品系列化或组合产品策略的条件等。从实践的角度看，通过培养技术能力进行产品差异化开发既是创业企业的本质要求，也是很多创业企业的重要经验。比如，海斯凯尔、乾行达、数码视讯等研发投入长期保持在营收的 20% 以上；踏歌智行更是放弃其他业务，集中全部资源研发矿区无人驾驶系统；图湃医疗仅 2021 年的研发投入就超过 5000 万元。事实证明，持续性、高强度的投入为这些企业快速建立差异化的产品开发能力提供了关键技术基础。以海斯凯尔为例，经过多年持续研发创新，其开发的瞬时弹性成像技术和 iLivTouch 无创肝脏检测系统已获得中国、美国和欧盟认证，在具备显著价格优势的情况下，各项技术指标和产品性能处于国际领先水平，产品在广泛应用于国内医疗机构的同时，还先后进入东南亚、欧美、非洲等地区的 40 多个国家的市场。在重视研发投入的同时，利用各种渠道加快技术转化、积累产品开发能力也是很多企业获得差异化能力的重要经验，包括参与科研项目、开展横向合作、与客户共同开发等。通过这些方式，不仅可以进一步验证技术路线和产品方案的可行性，也能够及时了解市场动向、优化创新方向。

创新创业的六个维度：基于 260 家创业企业的深度观察

3. 充分挖掘国内企业与国外企业的竞争差异

一是利用国内外市场发展的阶段性差异，选择国外企业尚未形成竞争优势的产品尽快开发。比如，工业仿真软件在西方发达国家的应用已经非常普遍，但仿真软件国际巨头目前在国内的销售额只占其全球销售额的 5%，主要原因是国内企业，特别是中小企业，还没有形成使用习惯。在我国制造业转型升级不断加速的背景下，云道智造认为工业软件的市场需求将保持持续增长，因此集中资源开发第三代仿真软件，在国内市场率先推出了完全无代码的仿真开发平台，并联合高校专家、行业专家、企业合作伙伴等协同打造仿真生态系统。二是利用中国企业更了解本土市场的优势，开发更适合国内用户需求的产品。在体外诊断产品（IVD）领域，泽成生物通过研究国内医院的需求结构和产品供应体系，通过研发稀缺新特产品的方式与国外企业和其他生产商开展差异化竞争，针对国内市场开发的肝纤维化特异性指标壳酶蛋白、肿瘤标志物组织多肽特异性抗原和铁调素等产品已成功进入多家医疗机构。三是利用本土化企业的地理优势，选择进入国外企业无法进入的领域。在靶向药物领域，艺妙神州针对 CAR-T 药物必须用患者自体细胞作为起始原料、跨境运输风险高的特点，避开国外企业具有显著优势的 PD-1 领域，围绕 CAR-T 药物的研发技术平台、基因载体规模化制备、GMP 生产基地等加大开发力度，成功开发出新一代 CAR-T 技术和产品。

4. 充分利用大企业与小企业之间的竞争差异

一是选择大企业无暇顾及的细分领域。在影像医学领域，大型医院通常只为患者提供普通标准影像诊断，同心医联则在此基础上为患者提供进一步的诊疗建议，比如针对动脉瘤的大小、形状等对是否存在破裂风险进行评估，并根据个性化需求提供进一步建议等。二是充分利用创业企业机制灵活的优势。与大企业相比，决策流程短、响应速度快、协调成本低是创业企业的优势，很多企业利用机制优势实现了产品的快速开发。比如，在意识到激光技术必须与自动化和智能化产品结合才能形成技术壁垒后，海目星利用与富士康和宁德时代的项目合作经验迅速从激光打印机行业转入智能激光工业设备领域；慧点科技利用 2002 年美国萨班斯法案出台的契机，迅速切入企业内控软件和解决方案市场。三是选择企业具有成本和服务优势的领域。与大企业或国有企业相比，创业企业在技术能力、市场地位等方面存在一定差距，但在提供定制化产品、个性化服务以及成本控制和定价机制等方面具有灵活性。比如，在微小商业卫星领域，微纳星空通过优化产品结构、加强关键零部件自主研发和生产、采用低价策略等措施大幅降低了卫星的研制成本和用户使用成本，形成了与传统大型国有企业优势互补、差异化竞争的格局。

三、渐进式开发战略

渐进式开发战略是指在产品开发过程中首先从单一产品开始，逐步积累产品设计、工艺技术、生产组织等方面的能力和经验，在做好第一个产品后再根据企业的资源条件和市场情况扩大生产规模和产品线。

1. 为什么采用渐进式开发策略

创业企业产品开发路径的差异很大，有些企业在很长时期内专注于单一产品的开发和打磨，有的则同时推出多个产品，也有的通过不同产品在不同目标市场上进行尝试和摸索。从产品开发及其市场效果看，我们观察到几个具有典型意义的现象，一是多数企业都经历了"不断尝试—聚焦—逐步扩展"的过程；二是在创业早期阶段同时开发、投放多个产品的效果并不理想；三是很多企业认识到聚焦或专注于特定产品开发的重要性。从总体上看，渐进式开发是多数企业在过渡阶段普遍采用的策略，主要有以下几方面的原因：（1）资源约束。资金、人才、产品设计、管理能力、生产组织能力等方面的限制决定了企业难以同时组织多项开发工作。（2）创业企业没有大企业那样的技术储备和产品储备，大多数企业都是从特定技术转化开始，客观上不具备支撑多个产品开发的能力。（3）市场竞争方面的考虑。通过单一产品进入单一市场能够避免四面树敌，有助于减少来自竞争对手的压力。（4）快速建立市场地位。通过产品和市场聚焦有利于在特定细分领域扩大市场影响，分散使用资源则很难引起市场关注。（5）新兴产业普遍面临需求不足问题。在市场发育不充分的情况下，试错成本太高。

创新创业的六个维度：基于 260 家创业企业的深度观察

2. 先易后难还是先难后易

创新难度对企业产品开发具有重要影响，其中，企业自身的资源特点、关键技术和工艺的开发难度以及市场成熟度是影响决策的关键因素。实践中，有的企业选择优先开发难度较低的产品作为切入点；也有的企业反其道而行之，通过集中攻关创新难度较大的产品占领制高点。在集成电路领域，航顺芯片从研发电源芯片和存储器芯片等中低端产品入手，在完成必要的技术研发和生产能力积累后再进入 MCU 芯片等高端领域，最终成功研制出通用 32 位 MCU-M3/M0/M4/M0+等多款产品；知存科技则从创业之初就瞄准存算一体 AI 芯片的研发设计，在攻克了芯片架构、EDA 工具、册数工具、应用层适配软件等技术和工艺难题之后，成功开发出国际上首个量产的存算一体 SoC 芯片，实现了在语音、视觉处理等领域的产品落地。在工业软件领域，灿态信息从最成熟的制造执行系统软件做起，通过开发鹰眼云看板、"蜂巢"等产品帮助企业解决生产线的实时跟踪和工厂信息标准化采集问题；瑞莱智慧、智谱华章则选择在人工智能数据和网络安全等前沿领域进行布局。从实践效果看，两种策略都不乏成功案例，并不存在优劣之分。总结这些企业的经验，关键是扬长避短，充分认识自身的优势和存在不足，按照用好优势、回避劣势的原则选择恰当的产品开发策略并尽快取得突破。比如，灿态信息创始人宋勇华本身就是资深软件工程师，曾在富士康工作过 18 年，先后参与了苹果产品线、华为松山湖手机生产线、徐工赫斯曼工厂、格力空调生产线等 100 多项大型智能工厂项目，公司核心团队拥有丰富的数字化和信息化项目实施经验，利用现有技术和经验不仅大幅降低了产品的开发难度和开发成本，稳定的市场需求也帮助企业迅速完成了原始积累。相反，瑞莱智慧的主要优势是技术能力，项目实施、工程能力等并非创始团队的强项，面对人工智能安全领域处于产业早期阶段的现状，公司并没有针对零星需求进行个性化产品开发，而是集中精力搭建人工智能安全平台 RealSafe，在积极探索不同行业应用场景的同时逐步建立起基于技术先进性和技术应用标准的竞争优势。

3. 最大限度降低试错成本

在渐进式开发战略中，试错是帮助企业找到聚焦方向和产品落地场景的重要环节，同时也意味着要为此付出大量精力和资源消耗。实践中，很多企业为降低试错成本、提高试错效率采取了一些行之有效的措施。一是积极做好产品开发的论证和准备工作，最大限度降低开发风险。比如，踏歌智行在选择进入矿山无人驾驶领域前深入矿区了解现场作业的真实需求；永安信通积极组织各方面专家对井下动态目标高精度定位系统的技术路线和产品设计进行充分论证；中钢矿院在开发高性能空心玻璃微珠过程中坚持按照"小试—中试—批量试生产"的思路小步快跑。二是及时调整产品方向，尽快止损。比如，腾视科技退出智慧社区管理项目、易马达停掉电动滑板车项目、同心医联终止慢性病管理系统开发等都起到了止损的效果，并通过及时调整找到了适合企业特点的发展方向。三是及时总结经验教训，优化开发方向。比如，崔建勋在意识到纳米原料市场需求不足后，及时将复朗施的开发重点转向纳米银消毒产品、纳米健身器材等终端领域；在发现隔热玻璃材料因缺乏行业标准无法应用于工程领域后，德厚科技在加快产品研发的同时积极推动行业标准和国家标准的制定工作；蓝网科技、依科曼等在发现实施多元化和多产品战略效果不理想后，及时收缩战线，重新采用聚焦策略。

第四节　新兴产业领域的产品开发

与传统产业相比，创业企业在新兴产业领域面临显著不同的产品开发环境，企业需要充分识别外部环境的不确定性并找到相应解决办法，结合产业演化发展情况重点把握四种产品开发机会，了解和尊重新产品开发规律。

一、积极应对不确定性

1. 市场需求不稳定

在新兴产业的产业导入期和成长期，市场需求不稳定是影响创业企业发展的关键因素。企业在产品开发领域面临的主要问题包括：一是有效需求不足，

创新创业的六个维度：基于 260 家创业企业的深度观察

很难找到明确的目标市场。比如，人工智能、自动驾驶等领域的创业企业很多，除少数领域外，行业的爆发性增长和大规模商业化应用在时间上仍然存在不确定性。二是市场存在明确需求，技术和产品开发也不存在根本性障碍，但缺乏相应的政策支持。比如远程医疗、基因诊断等长期面临医疗政策变动和调整问题。三是新产品的使用成本太高，难以对现有产品构成有效替代。比如，无人机智能巡检、激光雷达等在工作效率上具有明显优势，但与传统方式相比并不具有成本优势。四是市场存在潜在需求，但利用现有技术手段很难开发出满足用户需求的产品。比如在高技术投资领域，通过专利分析能够有效判断目标企业的技术能力，但目前尚无法提供精确的智能分析，相关产品也主要集中在智能检索等领域。为应对市场需求不足、需求不稳定的问题，创业企业在实践中积累了很多有效的做法和经验，包括：（1）谨慎判断需求的真实性，避免陷入"伪需求"陷阱。比如，同样是做机器人开发，有些企业推出的产品昙花一现或者根本得不到市场认可；史河科技则始终强调对市场的理解不能浅尝辄止，一定要确保产品与需求的深度融合，通过深入现场了解作业环境，他们将解决高噪声、高污染、高震动、强酸强碱问题作为产品开发的重点，成功解决了困扰船舶去污行业多年的痛点。（2）换位思考，从客户角度理解产品的价值。明略科技的吴明辉曾讲过一个故事——如何用人工智能方法解决厨房中的老鼠问题：在摄像头上加装一个麦克风，发现老鼠后马上播放猫叫。整个产品分三个步骤，第一步是感知，第二步是再认知，第三步是再行动。其中，第三步最重要，因为对客户来说，仅发现老鼠没有用，而是要把它抓住或者把它吓跑。（3）耐心培育市场，积极宣传新产品的价值。具体方式包括争取相关政策支持、参与行业标准和技术规范制定、组织相关技术普及活动、建立广泛的外部联系等。比如，清华阳光通过举办太阳能学习班带动大批人才和企业投身太阳能和光伏产业；比格威、海普洛斯、梆梆安全等通过组织公益活动或产品免费使用计划等方式实现了早期的需求导入。

2. 产业生态不完善

我们此前已经讨论过产业生态的发育状况对创业企业的影响，从产品开发的角度看，产业生态不完善对企业的产品设计、配套设施、生产组织等各个环节的影响非常显著。比如，供应链滞后对产品生产和产能的影响，缺乏配套设施限制了产品的应用场景，政策限制对产品开发范围和开发进度的影响等。客观地说，产业发展本身是一个逐步发育、逐步成熟的过程，在短期内无法从根本上改变外部环境的情况下，努力提高对环境的适应性应当作为产品开发的前提和重点，包括深入研究企业在价值链中的位置、目标市场的法律和政策环境、建立外部联系的方向和方式等。在新能源汽车领域，现行车辆登记制度、动产抵押登记制度、汽车产品准入公告制度等基本上是针对传统燃油汽车设置的，对电动汽车行业而言，现行规则很大程度上无法满足行业发展的需求。比如，在动力电池无法单独进行登记的情况下如何设计电池租赁产品，车身和动力电池单独生产涉及的许可和市场准入问题等。在这些现实困难面前，有些企业并没有选择被动等待，而是在认真研究政策和制度规范的基础上通过优化产品设计、合理安排交易结构实现创新发展。比如，蔚来汽车在采用车电分离生产模式的同时，将车身与电池分别定价，并通过将电池出售给合资公司再由合资公司租赁给终端用户的方式有效降低用户的一次性购买成本。

3. 技术不确定性高

创业企业面临的技术不确定性突出表现为两种形式：一是技术转轨，在影响行业发展的核心技术发生重大变化的情况下，现有技术面临被淘汰或边缘化的风险，比如数码相机替代传统胶片相机、单晶硅片金刚线切割技术替代砂线切割工艺；二是技术应用层面的"后来者劣势"，比如身份识别，既可以通过视觉技术实现也可以通过声纹技术实现，但在人脸识别率先实现规模化应用的情况下，声纹识别技术的推广应用面临巨大障碍。为减少技术不确定性的负面影响，学者提出了很多应对措施：建立技术发展趋势监测系统，实时追踪相关技术和竞争对手的研发趋势；高度重视专利申请、技术标准申请等保护性措施；适时选择战略合作伙伴，采取灵活的方式分担风险（张帏 等，2018）。这些建议在帮助企业建立防御措施、主动应对风险方面具有非常重要的参考价值。同时，我们也发现，由于创业企业普遍存在技术单一、产品单一等问题，因此，在关注技术变化的同时，必须紧盯市场，高度关注产业和市场的发展变化，通过深入了解市场为技术找到更多的应用场景、为产品开发提供更多的目标市场。

创新创业的六个维度：基于 260 家创业企业的深度观察

从新兴产业的发展规律看，新技术应用、新产品开发、市场需求增长是一个交互作用、不断碰撞磨合的过程。创新的价值既体现为满足现实需求，也表现为不断创造新产品和新市场。深圳码隆科技的主要创新方向是人工智能物品和动作识别技术，最初定位于为零售商提供智能货架和商品识别解决方案，通过开发 RetailAI 和 ProductAI 等产品，与包括沃尔玛在内的国内外零售企业建立了广泛联系。但随着自媒体营销和直播营销的发展，商业零售业态发生了显著变化，公司因此及时调整方向，抓住国内新基建和教育政策变化的机会推出智慧实验台产品，快速切入中学理化实验考试考评领域，实现了从"零售+AI"到"教育+AI"的转型。在这个过程中，码隆科技的核心技术并没有发生本质变化，避免被边缘化的关键也不是技术，而是企业对市场需求及其变化的深刻理解。

二、重点把握四种机会

1. 重大产业政策机会

产业政策，特别是重大产业政策，是影响新兴产业和创业企业发展的关键因素。从光伏、电动汽车、信息技术等行业的发展过程看，政策支持在减少行业发展不确定性、提高行业吸引力、加快技术和产品应用等方面发挥了关键作用，大量企业受到政策鼓舞进入并推动产业快速发展。比如新能源汽车领域，随着国家在汽车排放标准、企业和产品准入、财政补贴等一系列相关政策的出台，行业实现了爆发式增长，其中，整车生产企业超过 200 家，相关配套企业超过 70 万家，2022 年销售量超过了 680 万台。从产品开发和应用的角度，建议企业重点关注以下机会：（1）利用有利条件加快融资，争取更多创新资源。比如，随着国家出台《"十四五"国家信息化规划》《"十四五"信息通信行业发展规划》，2019—2022 年集成电路行业的投融资持续活跃，仅 2022 年就发生投融资事件 689 起，投融资金额达到 1105 亿元，很多企业抓住机会实现了多轮股权融资。（2）利用各种扶持政策降低生产成本、加速量产。2013—2020 年，国家通过提高上网电价等方式对光伏企业进行分类补贴，平均每千瓦时上网电价为 0.8~1.0 元，截至 2018 年，我国光伏发电累计装机容量已由 2013 年的 19.42 吉瓦增加到 174 吉瓦，光伏组件价格也由 26 元/瓦快速降至约 3.3 元/瓦。

(3) 争取政策支持加快产品应用。比如，仙途智能、云科新能源等通过政府协调加快产品验证和测试，依思普林、海博思创、深醒科技等积极对接地方政府，通过建立示范项目、政府采购等方式加快产品推广应用。

2. 新技术推广应用机会

新技术发展提供的机会主要包括：在技术创新具有破坏性的情况下，现有领先企业的技术和产品优势难以转移至进入的领域；利用更熟悉国内市场的优势，加速进入跨国公司容易忽视的领域；充分利用跨国公司缺少政策支持、政府关系协调等"互补性资产"的领域（高旭东，2007）。比如，大型化工企业在技术能力、产品组合、成本控制等方面都具有显著优势，蓝晶微生物基于合成生物技术开发的PHA材料凭借可降解、环保安全、低成本等特点成功实现了差异化竞争；依思普林、智慧车联利用更熟悉国内车型和汽车使用习惯的优势，加快在电动汽车和智能驾驶领域的创新；九州华兴、瑞莱智慧、梆梆安全等抓住国家实施加强数据安全、自主可控战略带来的机会，利用本土企业优势加快在集成电路、人工智能和网络安全领域的创新发展。

3. 市场结构变化机会

市场结构变化包括供给与需求、市场参与主体及其潜在竞争者以及现有产品和替代产品之间的关系及其变化。影响市场变化的因素很多，比如技术、重大政策变动、商业模式的重大创新，以及人口、消费趋势等其他社会经济因素。在新兴产业，技术变化、政策调整、商业模式变化是非常活跃的因素，企业要特别关注其中蕴含的创新机会：（1）找准新市场中的核心需求。比如，随着网络直播和短视频传播的快速发展，影石创新针对手机直播视频体验不佳的问题开发了清晰度更高、展示范围更广的全景相机；前海手绘针对短视频制作缺乏标准化工具和内容素材的问题开发了"来画"系列产品。（2）快速抢占市场制高点。比如，在很多企业仍处于研发阶段时，深圳勇艺达早在2015年就推出了系列服务机器人，快速切入机场、药店、汽车4S店等市场；在众多企业蜂拥进入共享单车市场展开激烈竞争的情况下，最早进入的摩拜科技笑到了最后。（3）清晰认识企业定位。刘奇伟曾说，创新要往有差异化的产品和业务方向发展；徐俊也曾表示，药欣生物非常清楚自己的认知边界，不追逐风口，专注于

创新创业的六个维度：基于 260 家创业企业的深度观察

在新药或改良型药物领域寻找差异化机会。

4. 行业规则形成机会

对创业企业而言，在新兴产业建立制度框架和规则体系的过程中，通过积极参与相关规范和标准的制定工作，一方面有利于产业的健康发展，另一方面在减少企业面临的技术转轨风险、降低竞争强度、推动产品标准化等方面也具有重要意义。比如，胖虎科技通过推动建立二手奢侈品市场交易标准，不但有助于遏制行业交易中的乱象，也成功将自己的交易模式推向市场；联丰讯声通过参与制定空气声呐产品标准，既强化了自己在机器听觉产品领域的竞争地位，也为降低因产品差异化造成的推广和应用障碍创造了条件；霆科生物、羿娲科技等通过联合产业上下游企业、其他利益相关者共同参与制定相关行业标准和技术规范，在帮助企业加快产品落地的同时，也通过建立广泛的外部联系找到了更多的技术和产品应用场景。

三、尊重新产品开发规律

1. 慎重选择目标市场

一是关注不同市场的商业逻辑。在消费品市场，企业要在充分研究消费者心理活动的基础上采用需求分析方法开发产品；在工业品市场，影响产品功用的核心是价值链，企业需要重点关注上下游的价值流动和资金分配。比较而言，工业品市场可能不要求尽善尽美，但一定要有能力通过自己的价值赋能产业链的上下游。消费品市场则对产品表现形式、技术成熟度等提出了更高的要求。此外，传统产品和互联网产品、有形产品和无形产品的商业逻辑也不相同。比如，传统产品重视产品本身的功能和交付，互联网产品则更注重功能持续优化对增强用户黏性的作用，二者的设计理念、交互方式等存在显著差异。二是重视 B 端和 G 端市场在产品导入期的作用。很多创业企业都选择将企业市场和政府市场作为早期的目标市场。比如，火河科技坚持首先在公寓智能门锁领域进行定制化开发再进入家庭市场；海博思创在充换电领域坚持首先从 B 端和 G 端的商用车做起，再逐步向 C 端乘用车市场拓展。从这些企业的经验看，B 端市场的一个重要特点是对新产品缺陷具有一定容忍度，先从企业端和政府市场切入，既有利于进一步完善技术和产品工艺，也能有效解决产业早期阶段的市场需求不足问题。

2. "森林原理"和"低成本尝试"

避免资源分散使用，在特定细分市场重点率先突破是创业企业应对资源约束、市场需求不足以及试错成本过高的重要策略。"森林原理"是针对技术和市场结合的程度，按照产品生命周期对不同产品和技术采取的不同策略，其中，对处于萌芽期的产品坚持不争先、不落后的投资原则；对进入成长期的产品采用集中资源加速突破策略（高旭东，2007）。比如，蓝晶微生物在集中资源开发PHA合成材料的同时，储备了覆盖环保、医疗健康、美妆消费和食品等多个领域的数十种新型分子和材料产品；志道生物在加速占领高端蛋白市场的同时，坚持开展多个生物创新药物研发和原创药物动物试验。"低成本尝试"是通过低成本试错方式适应市场和产品开发不确定性的策略，包括对已经形成一定热点的技术或产品，不管市场前景如何，在没有足够的证据否定之前不放弃任何尝试机会；在产品或技术没有足够把握开发出来之前，只做尝试性研究；对产品或技术虽然可以开发出来，但尚不能发现明确的、有足够市场容量的市场之前，只停留在产品和技术的实验室研究范围，不进行市场推广投入；在市场尚未真正启动但已经出现明显征兆的情况下，根据市场成熟度进行大规模投入以实现突破。

3. "有所为而有所不为"

"有所为"强调在具有优势的领域集中使用资源，聚焦创新的主要方向；"有所不为"是指主动放弃部分产品和市场，避免资源分散使用。"有所为而有所不为"，既是基于创业企业自身资源能力的考虑，也是适应新兴产业市场发育和竞争特点的必然要求。从企业内部看，处于过渡阶段的创业企业并不具有同时开发多项技术或产品的能力，聚焦核心技术和产品是很多企业能够活下来的最重要经验；从外部环境看，在新产品开发过程中，既要依靠合作伙伴的支持配合完成技术验证和工艺优化，也要借助上下游企业解决市场需求和产品应用问题。因此，坚持赋能、避免竞争、主动放弃部分业务是企业建立市场地位的理性选择。商汤科技、深醒科技在视觉识别领域专注算法、坚持不进入硬件领

创新创业的六个维度：基于 260 家创业企业的深度观察

域是基于这一策略，博鹰通航退出无人机整机制造、和而泰不涉足家电整机业务等也是出于类似考虑。

扩展阅读

探维科技如何破解激光雷达的"不可能三角"？

在汽车智能驾驶信息感知领域，目前主要有两种技术路线和解决方案：一是纯视觉感知方案，借助高清摄像头获取视觉信息，并通过基于神经网络的深度学习算法提供辅助驾驶决策，代表厂商包括特斯拉、丰田等；二是"激光雷达+视觉感知"融合方案，通过激光雷达和摄像头识别路况和外部信息，再通过图像建模为车辆提供决策，代表厂商包括小鹏汽车、蔚来等。两种方式各有利弊：前者成本更低，易于大规模落地应用，但摄像头工况受外部环境影响较大，信息处理容易出现偏差，信息决策和系统协调也比较复杂；后者具有更强的环境适应性，可以有效避免信息处理过程中的失误和偏差，但成本偏高。近年来，随着越来越多的厂商选用"激光雷达+视觉感知"融合方案，如何降低车载激光雷达的成本和终端价格成为困扰业界的难题。作为行业内的新人和创业企业，王世玮博士和他创立的探维科技（北京）有限公司（以下简称探维科技）给出了自己的答案。

1. 用好技术优势，创新设计思路

王世玮毕业于清华大学精密仪器系，拥有多年的激光测量和系统研究经验。公司联合创始人吴冠豪教授是清华大学精密仪器系的博士生导师，其他团队成员来自浙江大学、中国科学院等院校和科研机构，团队在军工、消费电子、仪器仪表、汽车零部件等领域具有深厚的技术背景和丰富的实践经验。

公司于 2017 年设立后，集中精力对车载激光雷达展开技术攻关，在短短几年时间里先后推出了 Tensor、Tango、Tempo、Scope、Duetto 等多个系列产品，在快速建立市场地位的同时，成本控制也取得了重大突破，其中 Tensor 的价格下探至 1000 美元，Duetto 的交付价格有望控制在 200~300 美元。回顾整个开发过程，王世玮认为他们主要做对了三件事：（1）创新开发思路。在与厂商和用户深入交流过程中，他们发现市场上的车载感知系统基本上都采用后融合方案，即针对各个感知器件分别做感知算法、独立处理信息，最后在系统层面进行综合判断和决策。虽然后融合架构下信息采集范围和来源较广，但实际应用中存在很多问题。比如，时间同步和空间同步比较复杂、标定过程耗时耗力，感知决策过程很容易因关键信息丢失造成感知失效，整个系统非常依赖单一传感器的感知精度，交叉校验的稳定性也存在较大风险。针对这些问题，探维科技大胆提出了将后融合架构转变为前融合架构的设计思路，即基于自主研发的 ALS（Array-Based Line Scanning）技术平台的固态方案，把图像传感器和激光收发系统在硬件和光学层面进行整合，系统只需要一个硬件设备就可以同时采集图像和激光点云，不但可以直接实现数据的空间对准、时间同步，甚至可以直接将激光贴到视频图像上，不再需要做任何后期标定处理和算法补偿。这个思路在解决现有产品缺陷的同时，也大幅降低了车辆感知系统的复杂性，在降低使用成本、增强安全性和用户体验方面也具有显著优势。（2）优化产品结构。设计思路明确后，王世玮团队面对的最大挑战是如何将技术方案转化为产品。为此，他们想了很多办法，在产品开发过程中克服了一系列工程和技术难题。比如，为降低整个系统的复杂程度，他们对线光斑和阵列器的组合方式进行了大量试验，最终找到了先将阵列化发射器调试为线光斑，再用线光斑与接收端阵列器进行匹配的方案，这种方式不仅简化了产品结构，也大幅降低了生产成本和装配难度。为进一步提升系统集成度，他们对 ALS 平台进行了多次技术升级，通过建模反复比较不同元器件的适配性和匹配效果，并通过大幅压缩产品体积为用户提供更好的安装适配性。（3）坚持自主创新。截至 2022 年底，探维科技申请专利超过 59 件，其中已授权发明专利 27 件。目前，公司围绕激光雷达、信号探测和图像融合等技术领域已初步建立起完整的知识产权体系和技术保护体系，其中模拟电路信号处理方法、激光回波信号分析方法、回波波形分析算法等底层技术成为公司的"独门秘籍"，不但筑牢了技术壁垒，也为企业节省了大

创新创业的六个维度：基于 260 家创业企业的深度观察

笔技术许可费用。

2. 深刻理解用户需求，追求最佳性价比

王世玮认为，在智能驾驶技术快速发展的背景下，车载激光雷达要真正走向市场必须解决两个难题：首先要坚持从需求出发，在产品安全性、用户体验上下功夫，让用户感受到产品的核心价值；其次是如何在满足性能指标、车规可靠性和量产交付质量一致性等约束条件的前提下实现产品的高性能和低成本。为兼顾车规可靠性和成本要求，探维科技在"追求极致高性能"和"追求最佳性价比"之间果断选择了后者，在产品结构、技术集成、设备选型等方面进行了一系列创新。一是用高速并行电路替代数字处理芯片，这项技术是探维科技技术团队在参与车载激光雷达研究过程中的技术积累，仅此一项，系统信号处理模块的整体成本就下降了 80%；二是用单轴扫描替代双轴 MEMS 微振镜，从实际效果看，单轴扫描在光学系统中既是最经典、最传统的扫描方式，也是最稳定的方式，不但成本更低，也能够最大限度满足车规稳定性要求；三是放弃 1550 nm 激光器，选用 905 nm 半导体激光器作为光源系统，在满足安全性要求的前提下，进一步压缩成本；四是采用硬件和控制系统一体化设计，整套系统使用的激光器、接收器、信号处理芯片等核心元器件的数量更少、装配和调试难度更低。这些努力让探维科技始终保持与市场的同频共振，2019 年，公司具备提供 192 线高分辨率车规级激光雷达产品的能力；2020 年，率先以行业可接受的量产成本向用户交付混合固态激光雷达批量产品，采购订单超过 2000 台；2021 年，Scope 系列产品实现远距离探测和更高清晰度的感知效果，进入量产交付阶段。

3. 广泛建立合作关系，积极推动产品落地

探维科技非常重视与主机厂商、系统供应商等产业链上下游企业之间的合作，在与同行交流的过程中，他们清醒地认识到要实现智能驾驶技术和车载激光雷达的大规模应用，需要各个利益相关方共同努力推动产业发展。公司成立之初，探维科技就与联创汽车电子签署了全面战略合作协议，双方就车载传感器、DMS 算法和设备开发、数据融合处理技术、智能汽车测试计划等展开深度合作；2019 年以来，探维科技与主线科技、超星未来、AMD、阜时科技等先后建立合作关系，加快在商用车和特种车辆、无人物流配送、大型港口工程作业和运输领域的技术合作和市场布局；2022年，探维科技成为第四家拿到车规级乘用车量产项目定点的初创公司，与合创汽车在多款车型上进行合作，并联合发布了全球首个搭载激光雷达、具备L2+级环境感知和智能辅助驾驶功能的MPV车型；通过与地方政府合作，探维科技苏州工厂目前已建成3000平方米车规级组装产线，取得IATF 16949质量管理体系认证，年产能可达20万台。此外，公司的发展潜力也得到了市场的广泛认可，2018—2023年，探维科技先后完成4轮融资，其中A轮和A+轮融资均超过1亿元，投资人的认可不仅帮助解决了资金问题，也进一步扩大了公司的"朋友圈"。

一直以来，激光雷达行业存在一个"不可能三角"问题，即感知性能、车规稳定性和成本控制三者之间处于此消彼长的态势，很难同时达到平衡。通过改变技术路线、平衡产品可靠性和生产成本、加强产业合作等方式，探维科技已经在这一问题上取得重大突破，如何迎接产业演化和技术快速发展带来的机遇和挑战，探维科技信心满满。王世玮说："激光雷达的技术场景在延伸，功能在迭代，价值探索永无止境，探维科技将继续创造卓越的激光雷达，改变智能驾驶生态。"

第七章

市场策略：用户、渠道、定价和营销

人们常说，世界上最难的两件事，一是把自己的思想装进别人的脑子，二是把别人的钱装进自己的口袋。与大企业相比，创业企业解决产品卖给谁、卖多少钱、怎么卖的问题更为紧迫，这也是创业者始终非常头疼的问题。本章集中讨论创业企业的市场营销问题，主要涉及客户开发、渠道选择、定价和营销策略等内容。从创业企业的实践看，比较有典型意义的经验包括：准确界定企业的市场定位和产品定位，坚持多渠道策略快速进入市场，避免渠道管理失控，充分重视新产品定价的科学性，积极寻找差异化营销和营销创新机会。

第一节　市场领域的突出问题

创业企业的客户从哪里来，市场渠道怎么选，价格区间怎么定？本节介绍创业企业市场开发的基本情况，并从企业家角度、诉讼案件角度梳理企业在市场营销领域遇到的困难和问题。

一、基本情况

1. 客户来源

样本企业早期客户的主要来源包括：（1）创始人的亲戚、朋友、同学，企业所在园区，以及创始人以前工作过的单位；（2）通过参加会议、展览、创新大赛等与用户建立合作关系；（3）通过招商引资，借助地方政府开展业务合作；（4）利用产业链和上下游企业建立合作；（5）与中间商、自媒体、网络社群等第三方市场渠道合作；（6）参与投标。其中，利用积累的关系和人脉、招商引资、参加行业展览等是创业企业获得早期用户最重要的方式。随着企业的发展，通过与中间商建立合作关系、积极参与投标从而获得用户的比例逐步增加。

2. 客户数量

样本企业中，客户数量均值为5个。其中，如图7-1所示，客户数量为50个及以上的占比7.30%、10~49个的占比17.70%、5~9个的占比16.50%、1~4个的占比28.50%、没有了解到相关客户信息的占比30.00%。从投标情况看，

创新创业的六个维度：基于 260 家创业企业的深度观察

如图 7-2 所示，有投标记录的企业占比 51.70%，投标次数均值为 12。其中，投标次数为 100 次及以上的占比 2.50%、50~99 次的占比 2.10%、10~49 次的占比 14.60%、1~9 次的占比 32.50%。

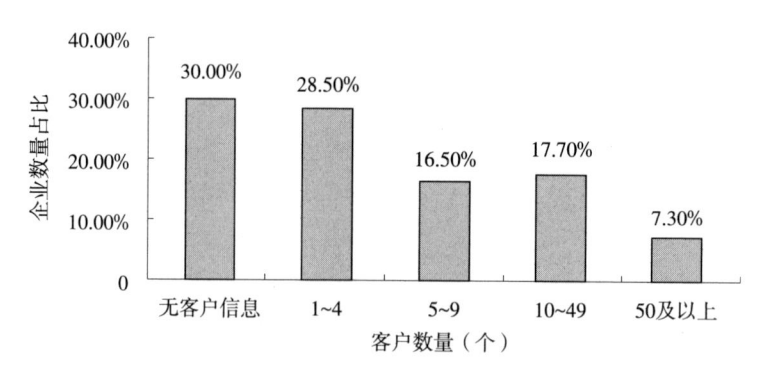

图 7-1 样本企业客户数量

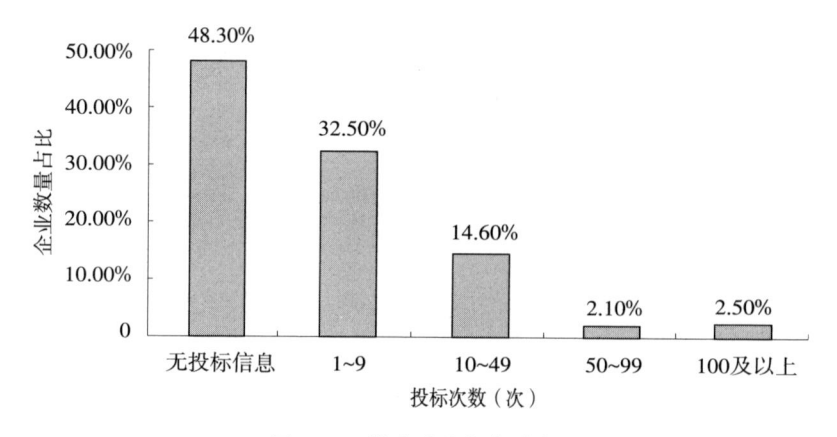

图 7-2 样本企业投标次数

3. 市场渠道

从销售模式看，通过中间商分销是创业企业早期阶段较多采用的方式，其次是由代理商代销，受资源和能力约束，企业自建市场渠道进行直销的情况并不普遍。从渠道类型看，既包括与传统线下渠道的合作，也包括与电商等网络平台以及社群、微信、微博等新媒体之间的合作。其中，通过大型电商平台进入市场是很多企业的首选。从渠道策略看，比较普遍的做法是采用多渠道策略，通过与不同渠道的合作不断与市场磨合，逐步找到适合自己的市场策略。

4. 资质认证

创业企业普遍重视相关资质的申请和认证，拥有各类资质的企业占比超过80%，资质证书数量均值为6个。资质认证类别主要包括：（1）高新技术企业认证，在全部类别中占比最高；（2）与企业业务特点相关的强制认证和资质认证，包括排污许可认证、互联网药品经营认证、建筑业企业资质认证、信息系统工程管理资质认证、安全生产许可认证、医疗器械生产企业认证、环境管理体系认证、软件企业认证等；（3）各类专项资质认证，包括企业知识产权管理体系认证、质量管理体系认证、职业健康安全管理体系认证等。

5. 价格策略

低价策略、高价策略和价格跟随策略是创业企业进入市场最主要的价格策略。其中，采用低价策略的企业超过80%、采用高价策略的不足20%。从了解的情况看，企业定价策略与实际执行情况存在一定差异，市场效果也不尽相同。主要包括：采用低价策略的企业最多，利用价格优势有助于尽快打开市场，但从长期看也存在很多不利影响；创业企业采用高价策略进入市场面临很多困难，通过价格调整重新适应市场的情况并不少见；与传统产业和成熟企业相比，产业发展阶段、政策环境、技术特点和产品形态等因素对企业价格决策和定价能力的影响更加明显。

二、企业家反映的主要问题

1. 市场开发能力弱，缺乏销售经验

主要表现为：一是管理团队缺乏懂市场、懂销售的人才，主要创始人在寻找客户和市场开发方面面临巨大压力，不得不亲自上阵；二是缺乏市场和营销专业知识，技术人才不懂市场、销售人员不懂技术常常成为企业与客户进行有效沟通的障碍；三是很难找到合适的营销人才，特别是在新兴市场领域，找到懂产品、懂市场的人才更难。依科曼在设立之初曾一口气推出十几个生物农药产品，但被市场广泛接受的预期并没有出现，在传统化学农药一统天下的情况下，不但农户心存疑虑，投资机构也普遍持观望态度。杜进平团队只能调整策略，从灭杀柑橘大实蝇虫害入手，深入田间地头向农户普及基本知识，手把手

创新创业的六个维度：基于 260 家创业企业的深度观察

教果农使用产品，经过几年摸索才逐步总结出"草根拉动、专家推动、市场放大"的推广方法。

2. 市场准入门槛高

在尚未建立市场地位的情况下，创业企业进入市场面临多方面的障碍。一是在没有品牌影响力和既往业绩的情况下，很难赢得客户信任，如何找到第一个吃螃蟹的人是成为破题的关键。同时，第三方销售渠道、市场推广机构对合作大多心存疑虑，创业企业往往要承受比其他成熟企业更高的代价或面对更苛刻的条件。二是大型企业对合格供应商在业务规模、履行能力、历史业绩等方面的准入要求非常严格，大部分采购都要履行招投标程序，在缺乏相关资格资质和业绩记录的情况下，即便满足投标的基本条件，也很难在激烈竞争中脱颖而出。比如，中钢矿院进入中石油和中石化市场、时代拓灵成为华为的合格供应商都经历了很长时间的准备。

3. 新产品市场开发难度大

在成熟市场上，创业企业面临的产品推广压力主要来自激烈的市场竞争、现有市场格局和交易规则固化等，在市场相对稳定的情况下很难找到实施差异化营销的机会或切入点。比如，在电商、电子产品、快消品等领域，产品组合、渠道合作、营销手段、客户消费习惯等都会对竞争产生不同程度的影响，单纯凭借技术优势并不能保证竞争效果。新兴产业的竞争强度虽然弱于成熟市场，但需求不足、目标市场不稳定、缺乏合作渠道和其他市场配套基础设施等，使得新产品的推广应用同样面临巨大压力，像新能源、工业软件、人工智能产品等行业都面临从头开始进行市场培育、逐步建立用户群体和市场规则的过程。

4. 定价和议价能力不足

从企业产品定价决策过程和市场效果看，影响定价科学性的主要原因包括不熟悉新产品定价策略、不了解产品定价方法、存在很多限制价格策略选择的不利因素等。比如，成本导向法、竞争导向法、需求导向法是产品定价的三种基本方法（蒂姆·史密斯，2015）。但在市场需求不稳定的情况下，难以采用需求定价法；在尚未形成规模生产的情况下，采用成本定价法很难得到市场认可。

事实上，成本因素在早期产品价格决策中并不占主导地位。为了尽快打开市场，很多企业不得不选择低价策略。比如，希澈科技的电动智能牙刷在功能、材料等方面并不比飞利浦、POJO、usmile等品牌差，但受品牌、市场进入时机等影响最终选择采用中低价位策略。即便技术和产品性能优于国外同类产品，海斯凯尔、海纳医信等为快速进入市场也选择了低价策略。

5. 渠道合作难，使用成本高

在缺乏自有市场渠道的情况下，通过第三方渠道进入市场是创业企业较多采用的方式。但受业务规模、市场地位等因素影响，在产品数量、结算周期、履约保证金等方面很难争取到有利的合作条件。在通过第三方渠道的情况下，因无法达到最低合作规模被扣减保证金或中止合作的情况并不少见。此外，在采用网络营销的情况下，无论是自建渠道，还是采用第三方渠道，都普遍面临成本快速攀升问题。以主流网站的获客成本为例，微博从2012年的11元/客户上升到2021年的55元/客户；快手从2018年的31元/客户上升到2022年的177元/客户；B站从2017年的8元/客户上升到2020年的65元/客户；拼多多从2019年的160元/客户上升到2022年的432元/客户（晏涛，2020）。在新增流量日益成为稀缺资源的背景下，创业企业，特别是提供数据和信息服务产品、技术平台等服务的企业承受的市场推广压力更加明显。

三、诉讼案件反映的主要问题

样本企业已结诉讼案件中，产品推广和营销类案件186件，占比22.60%。其中，如图7-3所示，货款支付或货款返还案件64件，占比34.41%；服务合同纠纷案件52件，占比27.96%；委托合同、代理合同、合作合同等与第三方销售渠道合作发生纠纷案件35件，占比18.82%；广告合同、展览合同及其他产品推广纠纷案件23件，占比12.37%；交付、运输、仓储等货物流转纠纷案件12件，占比6.45%。从案件结构、案件成因及处理效果看，主要有以下特点。

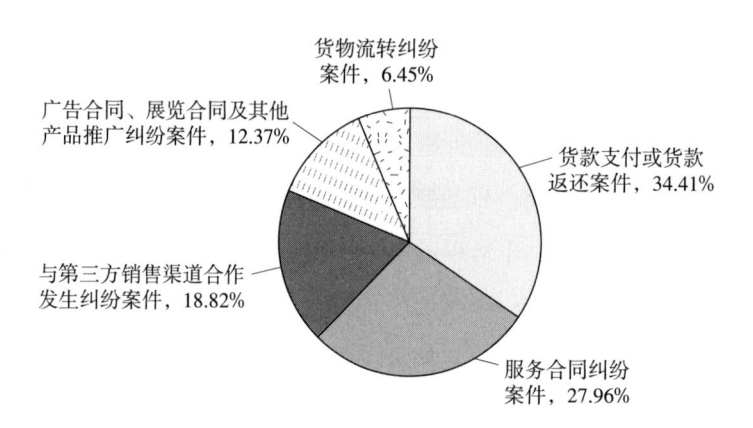

创新创业的六个维度：基于 260 家创业企业的深度观察

图 7-3 样本企业产品推广和市场营销类案件结构

（货物流转纠纷案件，6.45%；广告合同、展览合同及其他产品推广纠纷案件，12.37%；与第三方销售渠道合作发生纠纷案件，18.82%；货款支付或货款返还案件，34.41%；服务合同纠纷案件，27.96%）

1. 案件涉及产品营销的各个环节

样本企业中，发生产品营销诉讼案件的企业接近 50%，纠纷涉及渠道选择、货物流转、产品交付、货款收付、售后服务等多个业务环节，表明创业企业在与市场磨合过程中普遍存在经验不足、管理能力亟待提升等问题。从合同的角度看，一是合同签署不规范，包括合同效力存在争议、合同关键条款约定不明确等。比如，在与第三方销售渠道签订合作协议后，企业才意识到合同存在显失公平、格式条款、违约责任不合理等问题，合作开始后才发现合同约定的目标与自身能力存在差异等。二是合同履行不规范，很多案件存在双方过错、共同过错等现象。企业未严格按照合同条款执行是引发纠纷并影响案件处理效果的重要因素。比如，在渠道商未及时结算货款的情况下，创业企业也存在没有按照约定时间或数量交付货物的问题，在与创业企业签约的负责市场推广的广告企业违约的同时，创业企业也存在款项支付不及时、市场推广方案不完善等问题。

2. 案件处理成本高、耗费时间长

从案件标的和结构看，营销类案件争议标的均值为 16.8 万元，其中货款纠纷案件占比较高，虽然创业企业在主诉案件中的胜诉率超过 70%，但大部分案件都经过一审和二审程序，企业在应对诉讼程序、沟通成本、代理成本等方面面临较大压力。从案件数量看，部分企业因产品营销引发的诉讼案件比较集中，案件数量超过5件的企业达到10家，企业为催要货款、处理纠纷需要耗费大量时间和成本。从案件成因看，除部分客观因素外，管理能力不足、专业知识欠缺和应对策略不当是引发诉讼的重要原因，包括纠纷发生后不能及时处理造成矛盾激化，合同条款约定不明确影响责任认定，业务活动中不按照合同约定严格执行，证据保存和举证不充分影响关键事实认定和案件处理效果等。

3. 涉及网络和智能产品的案件比较集中

在服务合同纠纷案件中，涉及工业软件、信息和数据服务、智能设备应用、技术项目实施、App应用服务等领域的案件较多。从案件成因看，版本更新不及时、产品稳定性差、数据丢失、产品功能和技术服务无法满足项目要求等是引发纠纷的主要因素。既说明企业在技术和产品开发领域存在大量需要改进和完善的问题，也反映出企业在处理矛盾、应对危机方面经验和能力不足。比如，某智能制造企业在为用户承建智能物流仓储项目过程中，因机器人与项目现场设施匹配、新技术开发、设备安装调试、数据和信息系统适配等问题与客户发生纠纷，从合同履行过程看，双方对项目实施中的新增需求、项目进度、成本分担等都存在争议，部分原因是合同订立过程中对可能出现的问题没有考虑周全，同时也存在项目实施人员技术能力不足、服务意识不强、沟通不及时等问题。从工业软件、技术平台等无形产品的应用场景和使用特点看，产品的技术优化和功能提升高度依赖于客户的互动和信息反馈，提高服务意识和服务能力既是企业赢得客户的关键，也是获得持续优化能力最重要的途径。

4. 新型渠道领域发生的纠纷较多

企业在使用公众号、微商、自媒体营销、直播带货等新兴市场渠道过程中发生法律纠纷的主要原因，一方面是这些渠道本身仍然处于发展变化过程，相关业务模式、市场交易秩序需要进一步规范；另一方面是新兴市场渠道涉及的合作主体较多，法律关系比较复杂，比如产品销售既涉及企业与推广平台、物流企业之间的合作，也涉及与第三方支付、货款结算机构的合作，法律关系的复杂性和不同主体之间的协调难度都对合作效果产生影响。此外，实践中大量存在的返点、回扣、积分等做法，对诱发矛盾和纠纷也产生一定影响。

创新创业的六个维度：基于260家创业企业的深度观察

第二节　用户开发的主要经验

本节集中讨论创业企业用户开发的典型经验，包括如何找到最初用户和目标市场，深刻理解用户需求、深耕细分市场，高度重视早期用户在帮助企业建立市场联系中的作用。

一、积极寻找用户和目标市场

1. 主要创始人要亲自跑市场

创始人特别是主要创始人亲自跑市场既是无奈之举，也是效果不错的做法。一方面，团队结构不完整、缺少市场人才是创业企业在早期普遍面临的问题，资源约束和人才短缺迫使创始人不得不身兼数职；另一方面，即便安排专门人员负责销售，从实际效果看也往往差强人意。究其原因，一是销售人员多数情况下并不参与技术开发和产品设计，如何让市场和客户了解新产品的技术特点和产品优势本身是一个逐步的过程；二是在利益分配机制不完善、无法给出有吸引力的激励条件的情况下，销售人员缺乏工作动力；三是新市场，特别是新兴市场的开发和推广难度往往让销售人员产生畏难情绪。从创始人的角度看，创始人直接面对市场更容易讲清楚产品的特点和客户关心的问题，也有更强的动力和压力克服市场开发面临的困难。黄耀、祝金甫等都曾谈到亲自跑市场的经历以及尽快打开市场对企业成长的重要性。此外，很多企业家意识到，创始人不可能事必躬亲，在逐步建立专业市场队伍的同时，必须解决利益分配和激励约束机制的有效性问题。比如，海兰信打通产品研发和销售激励的项目小组核算制度；图湃医疗的核心员工持股计划等都取得了很好的实践效果。

2. 用好信任关系、巩固信任关系

很多企业家都感叹，找到第一个客户最难，其中最大的障碍是缺乏信任关系。因此，很多企业家都把目光投向同事、同学和朋友，利用已有的信任关系建立最初的业务合作。面元科技、航顺芯片利用原有贸易业务建立起来的联系拓展市场；灿态信息、依思普林创始人通过开发新技术、新产品继续为"老东家"提供服务；智慧车联在与技术伙伴合作过程中逐步提升销售能力。从这些企业的经验看，要保持长期合作关系必须立足于解决用户的实际问题，通过创新优势为用户提供增值服务。比如，海目星在认真对待富士康的小订单帮助解决技术难题的同时，高效开发专用设备，凭借过硬的技术和产品能力顺利进入富士康的供应链体系；依思普林从技术合作入手，依靠领先的产品和服务能力先后与厦门金龙、中通、吉利、长城汽车、比亚迪等整车生产商建立起稳定的供应关系。

3. 高度重视市场培育，控制市场开发成本

在新兴产业发展的早期阶段，创业企业需要通过各种方式寻找目标市场、培养用户习惯、激发潜在需求。实践中的主要经验做法包括以下几方面。（1）明确市场开发目标，包括普及专业知识、推广技术应用、扩大品牌影响力、引导用户需求等。比如，梆梆安全通过提供免费服务吸引了数万家中小企业使用公司的网络安全产品；比格威通过开展公益活动让更多患者了解 OCT 产品在眼科疾病诊疗方面的优势。（2）想方设法降低市场开发成本。比如，新橙科技通过大规模开展法律知识和案件可视化培训的方式帮助律师和法律工作者解决法律服务标准化问题，并成功实现将用户向 Alpha 产品的引流；十六进制通过与华为建立合作关系，跟随华为云教育项目进入公立学校的课堂教育信息化领域。（3）积极尝试各种市场推广方式。比如，小土科技在利用传统展览、广告等市场推广手段的同时，通过举办或参与专题论坛、技术论证会等方式积极推动市场对影视行业数据化和工业化发展理念的认知，通过推出演艺排行榜、收视排行榜等方式扩大在业界的影响力。

4. 积极关注政策动向，广泛建立对外联系

（1）关注政策、用好政策。为推动产业升级和创新创业，国家和地方政府在产业培育、人才引进、财政和税收、政府采购、技术和产品等方面出台了很多扶持政策，及时关注政策动向、积极与政府对接是很多创业企业实现市场开发和客户"零的突破"的重要经验。比如，海博思创在政府帮助下首先切入商

创新创业的六个维度：基于 260 家创业企业的深度观察

务乘用车储能市场；深圳市科技园物业集团在政府协调下成为鸿效节能的第一家客户。（2）积极争取股东支持。比如，智慧车联、知翌科技等最初的业务都来源于公司股东或投资人介绍的用户；超星未来、北斗智能、远度科技等也是在股东帮助下解决了早期用户问题。（3）积极融入产业链，挖掘上下游合作机会。比如，奥动科技抓住电动汽车产业基础设施不足、产品和技术标准不统一的机会，积极与整车厂合作快速进入新能源汽车电池租赁和充换电服务领域；微纳星空在商业微小卫星领域与国有大型企业进行业务互补合作。（4）充分利用大型企业转型升级和为大型企业提供配套合作的机会。比如，在传统企业数字化转型背景下，和而泰抓住机会与中国电信合作推动智能控制器在物联网领域的应用；羿娲科技与中国联通在智能读表系统领域开展合作。

二、深刻理解用户需求

1. 不同的目标市场

如表 7-1 所示，在不同细分市场，影响购买行为的因素存在很大差异。对创业企业来说，制定营销策略首先需要关注不同市场的交易规则和关键影响因素。从采购方式的角度看，在以直接购买为主要途径的消费者市场，减少中间环节、控制交易成本是整个营销方案的重点；在企业和政府采购市场，如何满足采购方在采购程序、投标资质等方面的准入要求是各项交易准备工作的基础。从采购决策的角度看，同样是组织市场，企业用户对供应链稳定性和产品价格非常敏感，政府采购则更关注程序规范和产品安全。从风险控制的角度看，服务质量是容易引发纠纷的重点环节，但不同用户、不同市场对售后服务的诉求并不相同，如何建立有效的服务体系，积极回应用户关切也是企业需要重点考虑的问题。实践中，有些企业通过与第三方合作的方式解决组织市场的准入标准问题。比如，与具备资质的企业联合投标、通过第三方代理间接参与交易等，这些做法对快速进入企业或政府采购市场非常有效，但由此引发的合作风险和纠纷也不少见。从长远发展看，尽快建立市场地位、树立企业品牌是创业企业更好地参与市场竞争的必然选择。

表 7-1 不同目标市场的主要市场策略

市场类型	采购方式	购买决策	采购透明度	准入门槛	交易风险
消费者市场	直接购买	消费心理 营销措施	—	低	质量纠纷 服务纠纷
生产者市场	招标 长期协议和订单	供应能力 采购价格	中等	中等	回款周期 质量纠纷
中间商市场	协议和订单 直接购买	采购价格 供需关系	中等	中等	结算条件 货物损耗
政府市场	招标 竞争性谈判	决策程序 产品安全	较高	高	回款周期 服务纠纷

2. 深耕细分市场

深耕细分市场既是企业应对资源约束的重要措施，也是深刻理解用户需求、尽快建立"根据地"的重要途径。实践中，可以从不同角度确定细分市场的划分标准。比如，麦当劳从地理因素、人口因素和消费心理因素区分不同市场并采用差异化产品和营销组合策略；同心医联按照医院分级和患者需求差异将二级医院的心血管疾病诊疗需求作为主要目标市场；邻动科技针对三线以下城市短视频市场主推以电视剧预告片或电视剧片花为主的"抢镜"产品。经验表明，要在细分市场上站稳脚跟，企业需要高度重视与用户的交流互动，通过建立持续信息收集和需求反馈机制增强用户黏性。比如，在专利数据加工和技术情报检索领域，以汤森路透、德温特、智慧芽等为代表的跨国企业拥有巨大的竞争优势，但索意互动在国内专利审查市场占有相对优势。索意互动的成功，除了从一开始就锁定专利审查和检索市场，利用技术能力和专利文件解构能力进行有针对性的开发外，更重要的是通过培训、公众号、微信群、线上服务平台等多种方式持续保持与用户的沟通，通过持续版本更新确保及时回应业务一线需求，不断增强用户体验。

3. 抓住关键环节

市场策略涉及产品推广、渠道选择、交易方式、服务体系建设等方方面面，在资源有限的情况下，如何提高资源使用效率、抓住交易中的关键环节是创业企业需要重点考虑的问题。6W1H 理论和刺激反应理论在一定程度上为研究消

创新创业的六个维度：基于 260 家创业企业的深度观察

费者购买行为提供了分析框架。比如，6W1H 理论认为（沈建红 等，2021），有效的市场营销需要回答七个问题：顾客是谁？购买什么？为什么购买？哪些人参与购买活动？如何购买？什么时间购买？什么地点购买？实践中，可以参考的主要经验做法包括多种。（1）识别真正决策者，有针对性地进行交易准备。比如在企业采购市场，招标采购和竞争性磋商是常用的采购方式，但决策机制和决策参与者并不相同，企业需要针对不同交易方式选择竞争策略和侧重点。（2）明确实际使用者，确保产品和服务满足用户真实需求。比如，云道智造的工业仿真系统面向企业用户，但终端用户是制造业的普通工程师，因此在产品设计和市场策略上重点强调仿真系统的普惠应用和低使用门槛。（3）找到市场渠道的真正掌控者，确保渠道合作的有效性。比如，医院是互联网医疗企业和生物医药企业争夺的关键业务入口，但很多企业发现，在相关业务无法进入医保体系的政策背景下，只有得到相关科室和医生的认可才能真正进入市场。

三、高度重视早期用户

1. 早期用户的重要性

在新产品投放市场的早期阶段，主要用户是新产品爱好者，从购买动机看，他们对新科技和新产品拥有浓厚的兴趣，并在使用体验过程中获得愉悦感，他们通常对技术和产品的成熟度没有那么挑剔，更倾向于把新产品作为玩具，从各种角度对产品的性质、功能、结构等进行研究和比较（蒂姆·史密斯，2015）。对高技术企业而言，虽然新产品爱好者市场并不大，但对企业尽快进入市场非常重要：一是帮助企业实现从 0 到 1 的突破，建立与市场和用户直接沟通的渠道；二是帮助发现新产品存在的问题或缺陷，为改进和完善产品提供至关重要的建议；三是帮助发现新的应用场景，拓展新产品的功能和用途、创造新的细分市场。

2. 如何找到早期用户

实践中的主要做法包括以下几种。（1）突出产品的技术特征和新颖性。提高用户参与度，创造机会满足新产品爱好者的"技术狂""玩家"心态是新产品推广过程中非常有效的做法。比如，唯酷光电在推出瞬时变光墨镜时，采用了柔性液晶膜技术和无极调光技术，市场推广重点是突出产品的科技感和时尚性，得到年轻用户的普遍认可。大疆通过举办无人机应用创意大赛、无人飞行器智能感知技术大赛、"天空之城"航拍影像大赛等系列活动，持续吸引无人机技术创新和应用爱好者。(2) 融入发烧友和粉丝群，建立用户"基本盘"。比如，邱虹云在天文爱好者论坛中卖出了他的第一台 CCD 相机，通过参与创建"星明天文台"吸引了一大批天文爱好者，为技术交流和产品测试创造了良好的条件。陈旸与 5000 多万微博粉丝共同交流技术方案和创意素材，为优化五彩世界的数据库和用户解决方案提供第一手资料。(3) 抓住重点，积极尝试各种推广方式。包括重视推广内容的趣味性和挑战性，通过图片、动画、视频、图表等丰富表达方式；进一步细分潜在用户，制定更加人性化、个性化的市场策略；加强与"意见领袖"合作，找到话题中心和流量入口；提高推广频率，重视互动交流的持续性；讲好品牌故事，逐步丰富产品 IP 的内容和应用等。

3. 早期用户的局限性

早期用户或新产品爱好者市场的局限性主要体现在：(1) 新产品爱好者市场不大，单纯依靠新产品爱好者很难形成稳定的客户群体和市场规模；(2) 新产品爱好者通常对价格比较敏感，倾向于以较低的成本接触到高技术和新产品；(3) 新产品爱好者一般不是企业采购活动的主要决策者，对企业开发生产者市场难以发挥作用。为平衡生产成本和用户价格偏好之间的矛盾，企业通常采用限期使用、产品试用、限制性版本等方式降低成本，在吸引早期用户的同时为将来的价格调整和产品利润预留空间。针对早期用户在企业级市场购买决策影响力不足问题，典型的经验做法是"农村包围城市"，即在加快技术和产品改进的同时，利用早期用户的传播效应逐步影响企业中高层管理者，采取自下而上的进入方式。在企业远程视频会议系统领域，Zoom 凭借产品的易用性、实用性和低成本建立起市场优势，除了领先的移动互联网技术和云端技术外，Zoom 通过向大学生开放视频软件系统培养了大量早期用户，进入职场后的大学生往往习惯性地继续使用 Zoom 的软件并进一步影响公司的 IT 采购方向。

第三节　渠道选择与优化

创业企业在过渡阶段的主要渠道策略，一是尝试通过多种渠道尽快打开市场，二是积极尝试新兴市场渠道。这两种策略可能同时被采用，但实践中遇到的问题、需要关注的事项存在一定差异，要根据具体情况明确渠道管理的目标和重点。

一、坚持多渠道策略

1. 营销渠道的主要类别

营销渠道或分销渠道，通常指商品或服务经由市场交换过程转到消费者或最终用户手中的一整套相互依存的组织，其主要参与者包括中间商和代理商以及处于渠道起点和终点的生产者和最终用户，但不包括供应商和辅助商（庄贵军，2012；武永梅，2017；沈建红 等，2021）。营销渠道的主要职能包括市场调查、促销、交易谈判、订货、物流、风险分担、融资及服务等。依照不同标准可以对营销渠道进行不同分类。比如，按照渠道长度可以分为直接分销渠道和间接分销渠道；按照渠道宽度可以分为密集分销渠道、选择分销渠道、独家分销渠道；按照渠道成员及其联系的紧密程度可以分为传统分销渠道系统和整合分销渠道系统等。

2. 坚持多渠道策略的主要原因

在过渡阶段，创业企业采用多种市场渠道、积极尝试不同渠道是比较普遍的现象。有的企业同时使用电商渠道和线下零售渠道；有的在使用传统渠道的同时积极尝试各种新兴市场渠道；也有的在通过中间商销售产品的同时积极建立自己的市场渠道和服务体系。从了解的情况看，创业企业采用多渠道策略主要有以下方面的原因：一是缺乏经验和专业知识，对市场策略没有明确规划，渠道选择具有随机性，能找到什么渠道就先用什么渠道；二是大型渠道商的准入门槛多数较高，合作条件往往比较苛刻，企业只能选择多条腿走路；三是受资源能力约束，短期内难以搭建自有渠道和市场服务网络；四是建立稳定的市场策略和销售渠道客观上需要一个过程，在产品和市场定位需要不断调整的背景下，企业只能不断尝试和摸索。

3. 采用多渠道策略需要关注的问题

（1）有效控制渠道成本。选择多个渠道或多个销售平台能够增强产品的推广力度和市场效果，但要注意多渠道推广的成本问题。以电商平台为例，京东的主要渠道费用包括平台使用费、毛利保证率、京东白条服务费、货物整理费、促销推广服务费以及其他促销费用；天猫包括代扣返点积分、天猫佣金、花呗支付服务费、花呗分期服务费、聚划算佣金、信用卡支付服务费等项目。在产品单一、市场需求存在较大不确定性的情况下，采用多个平台进入市场不得不考虑成本大幅增加的压力。（2）重视不同渠道之间的协调，包括如何协调不同渠道确保市场终端价格的一致性，控制不同经销商组织的促销活动对其他渠道的影响，处理不同渠道在市场范围、营销策略领域的冲突和协调等。（3）评估自建渠道的时机。有些企业，比如胖虎科技、傲基科技、微纳星空等，在积极与第三方进行渠道合作的同时选择逐步建立自己的市场销售体系，包括建立自己的市场部门、组建销售团队、搭建销售和服务网络等。从发展的角度看，建设自有体系有助于增强渠道控制能力、降低市场成本，但要考虑企业所处的发展阶段、产品和服务的特点。考虑到在过渡阶段面临的资源约束，以及企业仍然处于与市场不断调整磨合的状态，企业对渠道建设的方向、成本、时机以及市场效果等要慎重考虑。

二、重视新兴市场渠道

1. 新兴市场渠道的类型

新兴市场渠道既包括传统线下渠道的创新，也包括各种形式的网络分销渠道。比如，"义乌购"通过打通线上线下服务和货物流转体系大幅提高商品批发渠道的运作效率，各种体验店、快闪店、无人零售店等借助大数据和信息手段重塑的零售业态属于传统市场渠道的创新。网络分销渠道或电子化分销渠道包括直接分销渠道和间接分销渠道两种基本形式。其中，前者指企业通过自建网

创新创业的六个维度：基于 260 家创业企业的深度观察

上商城或平台直接向终端用户提供产品和服务；后者指企业借助电子中间商向市场提供产品或服务，包括以淘宝、eBay 等为代表的平台类中间商，以京东商城、亚马逊为代表的自营类中间商，以微信群和 QQ 群、博客或微博等为代表的新兴消费者虚拟社区等。此外，在快消品等领域，利用私域流量进行商业化运营也是新型市场渠道的重要形式，比如社群团购、抖音小店、视频号小店、群接龙等。

2. 新兴市场渠道的主要优势

（1）突破地理界限，有效扩展市场空间。比如，泰坦科技最初主要针对本地高校科研耗材市场，主要渠道是线下直销和代理销售；企业实施平台化战略后，不仅市场和用户范围快速扩大，也为建立科学服务生态圈创造了条件。（2）降低准入门槛，增强渠道灵活性。比如，希澈科技在使用淘宝、天猫、京东等传统电商平台的同时，积极布局新零售，与咖啡甜品店、化妆品店等合作，共同为消费者打造更丰富的线下体验场景。（3）精准营销，提高渠道使用效率。利用信息和数据分析技术准确识别目标市场和用户特征是新兴市场渠道的主要优势之一（万木春 等，2016），包括通过大数据为用户画像，通过销售数据分析客户结构，通过市场数据调整渠道重点和营销策略等。

3. 采用新兴市场渠道需要关注的问题

（1）要考虑渠道与产品的适应性或匹配度问题。在电子产品、农产品和快消品等消费者市场，新兴渠道在提高传播效率、减少中间环节等方面具有明显优势，也是企业积极尝试和采用的渠道；对于部分技术含量较高的产品，比如智能装备、医疗器械等，由于产品推广和技术支持的专业性很强，单纯依靠社会化的新兴渠道通常难以满足用户需求，企业大多采用现场展示、技术交流、关系营销等方式直接与客户进行沟通；对于软件、智能算法、技术平台等无形产品，虽然产品本身具有很强的互联网特征，但从企业的实践看，获得早期客户的方式主要还是通过传统市场渠道，对新兴渠道的尝试主要集中在售后服务和技术支持环节。（2）重视数据资产和客户资产的积累，包括通过数据分析及时调整市场策略，进一步增强营销措施的针对性；通过分析交易数据发现产品存在的问题，及时调整方向；通过建立数据库实现对用户的长期跟踪；通过个性化服务增强用户黏性。（3）关注渠道不同环节的协调和衔接问题。比如，要及时关注线上销售与线下货物配送的协调问题，防止供应链脱节；高度重视线上销售和线下服务衔接问题，避免因售后服务缺失造成客户流失。

三、渠道管理的重点

1. 渠道管理的内容

渠道管理是企业为实现市场目标对分销渠道进行的管理，其主要目的是实现渠道成员之间、企业与渠道成员之间相互协调和有效合作，确保合作各方目标和利益的一致性，满足企业竞争战略的要求。渠道管理的内容主要包括：（1）供货管理，确保及时供货，合理分散销售和库存压力，加快商品流通速度；（2）营销管理，加强与渠道商在广告、促销措施等领域的合作和支持；（3）服务支持，及时为渠道商提供产品服务，及时处理产品销售过程中的货物损耗、质量争议和服务需求；（4）订单管理，加强在订单处理和仓储、物流、运输等货物流转环节的协作配合；（5）结算管理，重视结算周期和结算条件，避免结算风险；（6）其他工作，对渠道商的培训、激励、约束、渠道评价等日常管理工作（米内特·辛德胡特，2009；沈建红 等，2021）。

2. 渠道管理的重点

渠道管理的内容主要包括渠道选择、渠道激励、渠道评价、渠道调整以及渠道退出。实践中，渠道管理中的常见问题包括渠道不统一而引发市场混乱、渠道冗长造成管理难度增加、对渠道商的选择缺乏明确的标准、缺乏对终端市场的掌控能力、对渠道合作过程疏于管理、盲目自建渠道以及针对新产品的渠道选择缺乏规划等。从创业企业的角度看，一是尽快建立市场和渠道管理能力。比如，有些企业提前物色专业营销人员为进入市场做好准备；有的企业家积极参加培训，通过各种方式补充市场营销的相关知识；有的企业在与合作伙伴打交道的过程中逐步优化市场策略。二是尽可能降低渠道复杂性，包括积极尝试各种新兴渠道，减少传统分销渠道的长度和层次；加强终端服务和在线服务，重视与用户的直接沟通；细分用户和目标市场，对渠道实施差异化管理。三是高度重视数据安全和数据风险。随着《中华人民共和国数据安全法》《中华人民共和国个人信息保护法》的实施，企业应充分重视渠道合作，特别是使用新兴市场渠道涉及的数据安全及其法律风险。比如，用户信息和隐私保护、授权范围、侵权责任、广告和其他营销措施涉及的著作权、肖像权保护、数据加工利用过程中的数据持有权、数据加工使用权、数据产品经营权的归属及其使用边界等。四是处理好对外合作与独立自主的关系。使用第三方渠道的一个优势是可以快速进入市场，但同时也存在与最终用户直接沟通不足甚至被市场"屏蔽"的风险。比如，有的企业借助其他企业的渠道进入市场，在定价、品牌等方面没有任何话语权；有的企业不研究市场，而是将营销和渠道全部外包给第三方，既无法获得第一手市场信息，也难以建立独立的客户体系。

第四节　定价和定价方法

定价失误或定价策略不当是创业企业经常遇到的问题，本节介绍创业企业在产品定价和价格管理领域的典型问题、常用定价方法以及新产品定价的基本策略和需要考虑的关键因素。

一、价格管理中的突出问题

1. 定价过低

实践中，采取低价策略的企业不少，有的希望通过低价策略吸引客户，尽快打开市场；有的因为找不到参照物或参照物选择不当，出现定价失误；也有的不熟悉定价方法，遗漏某些影响价格的重要因素。从实际效果看，采用低价策略在一定程度上确实能够帮助企业尽快进入市场，但定价过低往往也会产生一些不利后果，包括大幅压缩产品利润空间、拉低产品市场定位和企业品牌形象、对未来的价格调整造成潜在影响。比如，用户对价格上涨存在天然的排斥心理，免费用户对通过付费获得更多增值服务的购买意愿不积极等。

2. 基于成本定价

创业企业采用成本法对新产品定价面临两难：如果定价高于用户预期，可能无法得到市场认可，或者因销售周期延长最终影响利润水平；如果定价过低，如前所述，确实能够尽快打开市场局面，但可能出现卖得越多亏损越多的尴尬局面。此外，在产品投放初期或尚未实现规模化生产之前，采用成本法定价的可行性和合理性本身也存在疑问。因此，在新产品进入市场的早期阶段并不适合采用成本定价法，市场和用户的价值预期才是决定新产品价格区间的关键因素。

3. 定价决策不科学

一是缺乏专业人员和专业知识。比如，不了解价格影响因素及其权重，不熟悉常用定价方法或定价模型，没有专业的市场和营销人员，缺少必要的调查研究和决策机制。二是缺乏明确的定价目标。比如，不明确新产品定价在企业建立市场地位中的作用和职能、定价行为与企业资源能力之间的匹配关系、初期定价要实现的市场目标、初期定价与未来价格调整之间的关系等。三是缺少相关风险控制措施。比如，对价格水平及其合理性缺乏相关测试和验证措施，对竞争对手可能采取的价格措施缺乏预判和应对方案，在市场效果不及预期的情况下不能快速进行价格调整或有效应对等。

4. 价格执行不严格

一是对渠道商缺乏有效监督和统一授权。比如，在采用多渠道策略的情况下，因经销商推广策略和促销活动差异造成终端市场价格不一致，引发市场混乱；因市场范围或授权不明确出现经销商之间的恶性竞争，对区域市场或行业市场产生不良影响。二是企业内部没有建立严格的价格执行制度。比如，对价格调整权限没有明确授权，销售人员为完成业绩或获得奖励随意调整价格；在销售过程中对用户采用差别定价，但缺乏明确的适用标准；针对价格折扣、支付条件、回款周期等变相价格调整行为没有建立统一的制度规范等。

5. 信息渠道不畅通

一是信息收集渠道不完善。主要表现为缺乏与用户直接沟通的渠道或机制，主要以销售人员或渠道商的意见作为价格管理依据，对终端用户的反馈信息了解不充分。二是价格评价机制不健全。比如，在市场表现差强人意的情况下，如何从产品价格和定价的角度发现问题、分析问题；对竞争对手关注不够，对竞争产品的价格策略缺乏研究；对影响价格的各种因素及其变动不敏感，价格调整的方式、时机、幅度等与市场变化和用户反馈不相适应等。

二、主要定价方法

1. 影响定价的主要因素

影响产品定价的因素主要包括：（1）定价目标，包括利润最大化、市场占有率最大化、竞争者定价、维持企业基本生存、尽快建立品牌和市场形象、履行社会责任等；（2）产品成本，包括固定成本、变动成本、总成本、平均固定成本、平均变动成本、平均总成本以及边际成本和机会成本等；（3）供需关系，市场需求决定了产品价格能够被市场接受的具体水平，定价必须考虑市场需求对产品价格和价格变动的接受程度；（4）市场竞争，企业需要了解在完全竞争市场、垄断市场等不同市场结构下的定价方式及其差异，并判断定价对竞争者的影响及其反应；（5）市场策略一致性，定价需要考虑价格与其他营销变量的相互影响，确保价格策略与其他营销策略相互适应，比如是否需要针对不同分销渠道采用差别定价、各种促销活动价格水平的实际影响等；（6）其他因素，包括产业政策环境、消费者心理、宏观经济稳定性等（张永春，2011；蒂姆·史密斯，2015）。

2. 产品定价的基本方法

根据定价目标差异，产品定价包括成本导向定价法、需求导向定价法、竞争导向定价法等三种基本方法（蒂姆·史密斯，2015）。（1）成本导向定价法是以产品成本作为定价基础，强调定价以产品成本为最低界限，在保本基础上综合考虑不同情况而制定价格，包括成本加成定价法、变动成本定价法、边际成本定价法和盈亏平衡点定价法等。（2）需求导向定价法是从顾客角度出发，以顾客对产品的需求和可能支付的价格水平为依据制定产品价格的方法，包括理解价值定价法、需求差异定价法、逆向定价法、集团定价法等。（3）竞争导向定价法指通过研究竞争对手的生产条件、服务情况、价格水平等，依据自身的竞争能力，参考成本和供需状况确定产品价格，包括跟随定价、密封投标定价、拍卖定价等。

3. 价格边界的量化方法

创业企业在采用上述传统定价方法时，可能存在一些现实障碍，比如，在产品进入市场的早期阶段采用成本导向定价法往往因价格过高不被市场接受，因市场需求不足难以判断用户预期和合理价格水平。在缺少相关定价信息或历史数据的情况下，找到替代指标并进一步优化定价决策非常重要。（1）交换价值模型：交换价值=可比较的替代选择的价格+差异化价值。其中，可比较的替代选择是顾客可以使用的实现相同或类似目标的其他解决方案。差异化价值是相对于替代品，使用特定产品带来的顾客效应变化的差值。在新产品优于替代品时，其差异化价值为正值，反之为负。交换价值是最靠近于可比较的替代选择的按照产品差异化价值调整后的价格，是顾客愿意支付给最靠近的可比较的替代选择的价格加上差异化价值后的价格。在推出 Cypher 药物涂布可降解涂层洗脱支架过程中，强生公司在分析患者预期总成本、传统金属支架手术费用、术后器官排斥药物成本的基础上计算出药物涂布支架的差异化价值，并据此得出了药物涂布支架的交换价值。（2）经济价格优化。经济价格优化是发现产品利润最大化价格的方法，基本逻辑是根据对产品总体需求和弹性需求的理解绘制给定价格的需求曲线，通过需求弹性预测销量，并找出不同销量水平下利润最大化对应的价格水平。采用经济价格优化方法需要重点关注两个因素：一是根据需求弹性进行价格调整要同时考虑其他因素，比如竞争对手可能的反应，即潜在价格战对市场竞争和利润水平的影响；二是在确定边际成本时要考虑时间因素，包括形成规模化生产的时机、固定资产折旧、费用摊销在产品不同生命周期的影响等。（3）联合分析法。联合分析法是从顾客的角度对产品价值进行量化，其基本原理是对产品属性及其价值进行分解，通过识别不同属性对顾客的价值效用，发现顾客偏好并优化定价结构。联合分析法包括以下几个基本步骤：首先是定义产品属性和属性水平，对产品特征进行梳理，对产品价值结构进行分解。比如，从包装、原料产地、成分等角度可以对果汁产品的价值进行分解，从技术性能、用户界面、连接和使用便捷、实时服务、持续升级能力等角度可以对 SaaS 平台的价值进行分解。其次，确定数据收集范围和收集方法。数据收集范围包括市场范围、用户范围；数据收集方法包括发放调查问卷、客户现场调研、委托第三方机构调查等。再次，设定评价标准，包括用户不同偏好的分值、购买意向的明确程度及其分值、不同定价水平对购买意愿的影响程度等。最后是数据分析，即通过数据分析找出产品不同特征对用户的价值效用，为优化产品策略和价格策略提供决策参考。

三、新产品定价策略

1. 定价要考虑产业和市场成熟度

对于高技术企业，特别是创新难度较大、面对全新市场的企业而言，由于缺乏关键信息，如不了解顾客对于同类产品的使用经验以及新产品的属性和特征，而难以建立价值预期。在选择定价方法时，必须考虑不同方法的适用条件和局限性。比如，在完全空白的市场上，由于不存在直接竞争对手，因此无法采用竞争导向定价，但可以采用交换价值模型作为主要定价方法；对处于成长期的市场来说，可以采用联合分析法找到新的价值增长点和有效降低成本的途径；随着市场逐步进入成熟期，竞争产品之间的差异并不明显，通过经济价格优化可以发现销量和利润之间的最佳匹配关系。

2. 定价要与产品的市场定位相匹配

新产品定价的基本方法包括中立定价、渗透定价和撇脂定价，分别代表了不同的市场策略和市场目标（沃尔特·L.贝克 等，2017）。（1）采用中立定价法通常表明新产品与竞争产品的差异性并不明显，价格中立可以避免竞争对手过激反应，但很难通过价格手段抢占市场份额。（2）渗透定价法是采用与竞争对手相同或略低于现有价格的方式对新产品进行定价，特别是在高技术领域，通过采用新技术、新工艺建立成本优势的情况下，企业可以在保持价格不变的前提下提高利润水平，但渗透定价法同时也面临产品边际贡献减少、竞争对手降价等风险。（3）撇脂定价法是采用高于现有产品的价格进入市场，其主要目的是从早期顾客身上获取利润，这种策略虽然不会引起竞争对手的过度反应，但同样难以激发用户的购买意愿，通常只适用于新产品投放市场的试用期或探索阶段。

3. 定价要考虑产品的生命周期

在产品引入期、成长期、成熟期和衰退期，企业需要根据不同阶段的用户结构、产品特征和市场变化采用不同的定价策略。（1）在引入期，面对全新市场的高技术产品的主要用户是专业技术爱好者等新产品爱好者，企业需要根据他们的不同特征采用差异化定价方法。比如，新产品爱好者希望以较低成本尝试高技术产品，低价策略更容易激发他们的购买兴趣；远见型消费者对价格敏感性更低，但对采用新产品的风险关注程度更高。（2）在成长期，随着产品稳定性的提高和竞争对手的逐渐加入，用户可以分为早期多数顾客、晚期多数顾客和迟滞型顾客。其中，交换价值是决定早期多数顾客选择新产品的重要因素，而晚期多数顾客和迟滞型顾客通常倾向于购买功能单一的产品，对技术和产品创新缺乏兴趣，也不愿意为此支付溢价。（3）在成熟期，随着竞争格局的形成，企业面临的定价不确定性因素显著减少，常用的价格策略包括成本导向定价、差异化定价或利基营销，同时，在价格和需求弹性持续下降的背景下，定价重点从建立价格结构转变为价格变化管理，包括配合各种促销活动推出优惠券、打折卡等非正式价格手段。（4）在衰退期，面对充分竞争的市场，价格变化往往难以预测，也难以避免各种形式的价格战。这一阶段的主要目标是如何尽快收缩竞争范围、巩固在特定市场上的竞争优势或者如何用好利基市场。

4. 定价要体现产品的属性和特征

对工业软件、数据和信息平台等无形产品来说，既面临与传统有形产品同样的定价难题，还面临一些特殊问题，比如，无法像有形产品那样让用户直观了解产品的性能和技术特征、新产品涉及的系统兼容和转换成本问题、初创企业的持续服务能力问题等。为应对这些问题，企业可以从定价策略的角度采取一些行之有效的办法。（1）复杂性定价。比如，软件企业针对用户业务的复杂程度和对软件系统的依赖性采取差别定价，最大限度增加产品的差异化价值。（2）版本定价，即采用不同版本同时进入市场的做法，根据功能或特征的丰富程度差别定价，功能越多，定价越高。版本管理在有形产品市场和无形产品市场都适用，前者如同一型号不同配置的手机，后者如具备不同开发功能的软件、不同等级的银行卡或消费卡等。(3) 搭售协议，即采用两种价格销售多种具有功能互补作用的产品，在扩展用户价值的同时增强客户黏性。比如，通信运营商为签订长期服务合同的用户提供免费或折扣手机，工业软件开发企业为工厂设计安装终端硬件和配套设施，信息服务商为用户提供数据管理软件和开发工具等。

第五节　差异化营销与营销创新

差异化营销的核心是找到差异化的来源，并据此拟定具体营销策略。营销创新的重点包括积极学习借鉴营销理论和市场实践的创新成果、找到营销销售的真正原因、坚持做好技术和产品创新。同时，在市场拓展和营销创新过程中必须高度关注合规经营问题。

一、差异化营销

1. 找到营销差异化的来源

差异化营销是在市场细分的基础上，针对目标市场的个性化需求，通过品牌定位和传播建立企业形象。差异化营销的关键是选择目标市场，找到市场进入机会，挖掘潜在需求，通过新技术、新产品满足用户个性化需求。差异化营销既可以是整体性、系统性的策略组合，也可以通过单独利用技术优势、品牌形象、价格策略、促销手段等形成差异化优势。李·B.萨尔茨（2019）从公司、员工、产品、服务、技术、合同等六个方面梳理了差异化营销的主要来源（见表7-2）。其中，公司层面包括17项指标，涉及企业资质、企业规模、治理结构、业务范围、客户结构、企业战略等多个领域；员工层面包括9项指标，涉及雇佣政策、员工能力、员工结构和员工管理等；产品层面包括10项指标，涉及产品特征、质量控制、售后服务、市场渠道、价格策略等多个方面；服务层面包括12项指标，涉及客户管理、服务灵活性、服务效率、库存和货物流转等不同环节和流程；技术层面包括16项指标，涉及技术集成能力、数据安全、开发流程、技术改善等内容；合同层面包括9项指标，涉及交易方式、价格结构、担保与维修、服务条件等多个交易环节。

表7-2 差异化营销的来源

公司	员工	产品	服务	技术	合同
企业资质 企业规模 企业战略 专业能力 组织架构 财务能力 治理结构 公司体量 业务范围 战略伙伴 客户结构 研究成果 客户满意度 慈善和社区参与度 社会责任 研发投入 设施安全	专业人员 雇佣政策 员工能力 员工任期 员工满意度 核心员工 承包商作用 员工结构 人员管理	产品特征 质量控制 售后服务 极差或层次 一站式服务 市场渠道 价格策略 定制与配置 产地 包装	灵活性 客户管理 服务灵活性 服务效率 客户吸纳 服务改善 业绩指标 库存 货物流转 报告和分析 流程效率 安全	技术集成能力 在线订货 语言 开发能力 数据安全 信息安全 网站运营 用户体验 开发流程 灵活性 效能能见度 改进计划 服务台 用户指南 技术改善 移动性	无合同 交易方式 价格结构 担保与维修 服务条件 合同存续期 支付条款 附加值 终止交易

2. 降低市场进入难度

（1）通过各种科研项目、创新大赛、合作论坛等与行业内相关利益方建立广泛联系，积极把握各种合作机会。（2）采取先易后难、由外及内、由点到面的方式分步进入市场。比如，拉酷网络首先与硬件企业开展合作，再逐步进入教育和办公自动化领域；十六进制在开发区域市场过程中首先与标杆学校建立合作，再进入其他学校。（3）积极融入产业链，抓住与大企业的合作机会。比如，踏歌智行与包钢集团合作开发矿区无人驾驶系统，篯石医疗与北京协和医院、中国人民解放军总医院合作开发肺部穿刺机器人。

3. 优化用户体验、提高用户黏性

（1）在具体交易行为之外，创造条件让用户得到更多满足感和获得感。比

创新创业的六个维度：基于 260 家创业企业的深度观察

如，中文在线通过创建网络文学大学为大批文学爱好者提供内容创作和交流平台；法天使通过系列出版计划吸引大量法律专业人员参与内容开发。(2) 积极关注市场变化，及时调整市场策略。比如，斯沃茨科技针对青年律师专业能力培养过程中的问题，放弃主流法律互联网产品形态，重点推出以知识管理和业务流程拆解为主的"法蝉"系统。(3) 快速响应，积极回应用户需求。比如，海目星仅用三天时间就帮助客户解决了生产线自动化模块的技术改进问题；知翌科技通过优化数据结构和技术路线大幅提升专利报告的生成效率和呈现效果。

4. 重新塑造竞争环境

(1) 改变交易规则，采取差异化价格策略。比如在压电产品领域，派和科技凭借技术优势开发高附加值、高竞争力产品并坚持不同产品单独销售，改变了国外企业核心部件与耗材捆绑销售的传统做法，积极与国外公司竞争，打破了国外产品垄断市场的格局。(2) 创新业务模式，降低用户成本。比如，通过提供免费杀毒软件，360 公司不仅让用户的使用成本大幅降低，也从根本上改变了网络安全市场的竞争规则；蔚来等企业推出动力电池租赁计划后，电动汽车用户的购买成本随之快速降低。(3) 调整目标市场，避开正面竞争。比如，传统专利数据加工商的主要用户是政府部门和科研机构等，索意互动则另辟蹊径将专利审查员个人需求市场作为主攻方向，从而避开了与汤森路透、德温特等大型企业的直接竞争；火河科技通过率先进入公寓智能门锁市场避免了在个人消费市场的激烈竞争。(4) 抓住关键环节，重塑交易结构。比如，针对试验耗材市场分散、零星采购为主等问题，泰坦科技以帮助用户提高采购效率、增强采购便利性为突破口，通过建立数字化、信息化为支撑的"一站式采购平台"，重塑了国内科学服务市场的交易模式；胖虎科技以解决用户信任问题为抓手，构建起全新的二手奢侈品市场交易模式。

二、营销创新的重点

1. 关注环境变化，积极借鉴创新成果

(1) 了解营销理论的最新发展，及时更新营销观念。比如，在市场营销组合策略中，从 4P 组合到 4C 组合，再到 4R 组合和 4I 组合，从以产品为中心到以满足用户个性化需求为中心，深刻反映了市场营销核心要素及其重要性的变迁（沈建红 等，2021），只有了解这些变化及其内在逻辑才能不偏离营销创新的方向。（2）关注产业和市场发展趋势，抓住市场关键要素。从产业演化的角度看，传统产业营销创新的重点是找到差异化机会，对处于新兴产业的高技术企业来说，积极参与交易规则塑造则更容易获得先发优势。比如，在 CRA 叉车配件市场，西尔艾的主要策略是通过数据集成和提高交易效率实施差异化竞争；在生物医药和创新药物研发领域，裕策生物、晶泰科技等都是通过率先进入细分市场积极争取在产品定价、合作模式、交易规则等方面的主动权。（3）重视技术发展和市场基础设施变化对营销策略的影响。网络和信息技术、数据和人工智能技术的快速发展为市场要素的重新组合和营销方式变革提供了基础。比如，数字化营销让企业对目标市场和用户个性化需求的识别更为精准；新媒体营销和在线服务让企业与用户的距离进一步缩短。

2. 找到影响销售的真正原因，对症下药

虽然很多企业都面临产品推广和销售问题，但造成市场效果不佳的原因可能千差万别。比如，销售不畅是因为市场需求不足，还是产品本身存在问题；出现销售波动是因为渠道选择问题，还是产品定价问题；投诉事件频发是由于服务体系不完善，还是产品质量不稳定。因此，要解决营销难问题，首先要找到问题的症结。梆梆安全为尽快打开市场，经常参加各种论坛和行业会议。但一段时间后发现效果并不理想，主要原因是参会企业太多，客户对各种宣传材料也不太重视，往往随手一丢并不带走，简单地泛泛而谈或留份材料，很难给客户留下深刻印象。为了解决这个问题，公司开始调整市场策略，包括减少参会次数、积极争取会议主办机会，通过安排会议晚宴、为用户定制个性化宣传材料、增加现场互动等方式，创造与用户深度交流的机会。这种方式虽然准备工作繁琐，对营销成本也有一定影响，但针对性更强，效果也更好。

3. 坚持技术和产品创新，避免舍本逐末

实践中，有些企业通过加强营销力量确实取得了比较好的市场效果，但也有些企业即便频繁更换销售总监、尝试各种渠道，也无法实现市场突破。比如，有的企业抓住突发性市场机会实现产品大卖,有的借助直播和"网络红人"取得爆发性增长。但在饱和式营销过后,仍然面临用户消费回归理性、市场需求回归常态化的问题。因此,要解决销售问题必须处理好技术创新、产品创新和营销创新的关系。(1)抓住主要矛盾,坚定创新方向。在同时面临市场需求不足、政策环境不理想、产业配套不完善等多方面困难的情况下,如何解决生存问题往往难以回避,但从部分高技术企业的成长过程看,只有发挥创新优势,凭借技术优势和产品优势,才能真正建立市场地位。比如智谱华章、泽成生物、瑞莱智慧等在早期阶段并没有把太多精力放在市场环节,而是集中精力加快技术突破和产品研发,通过不断释放技术利好得到市场和投资人的认可。(2)要合理分配资源,确保主要创新活动的资源保障。从资源能力和企业发展阶段看,避免资源分散使用对高技术企业尤其重要。数据显示,重视研发投入、积极申请专利、持续建立创新优势是创业企业尽快走出过渡阶段的重要经验。相反,在技术和产品还不完善、市场还处于导入期的情况下,过度分散资源,试图通过强化营销活动建立竞争优势的做法效果并不理想。比如,有的企业不顾客观实际扩建销售部门、安排巨额广告费用、融资计划和投资预算向市场推广过度倾斜,很多做法不仅未达到预期目标,也为引进投资和后续发展埋下了隐患。

三、营销创新与合规经营

1. 主要合规风险

合规风险指企业因违反法律法规、监管要求、行业准则和行为准则等规范性要求,可能受到的法律制裁、行政处罚、重大财务损失或声誉损失等风险(李亚钊,2021;歧温华 等,2021)。广义的合规风险主要指企业在经营过程中因未遵守外部法律法规或部门规章及相应职业操守、道德规范,可能面临的法律制裁或监管处罚;狭义的合规风险主要指企业在经营过程中因商业贿赂等可能遭受的法律制裁或监管处罚。从样本企业的情况看,企业在市场领域的合规风险重点集中在以下几个方面:(1)知识产权使用过程中的侵权行为,比如专利侵权、商标侵权;(2)对外合作中的违规或侵权风险,比如市场渠道合作过程中的不当价格行为、不正当竞争行为、限制或排除消费者权利的格式条款、违反市场监管规则的市场推广行为、违反广告法的广告宣传行为，以及侵犯他人著作权、肖像权行为等；（3）市场交易过程中的合规风险，比如虚假交易、违规支付佣金或回扣以及商业贿赂行为等；（4）客户管理中的合规风险，比如用户信息安全、数据使用和授权管理风险等。

2. 强化合规意识

首先要确保企业自身合法经营，把守法、合规作为经营管理和对外合作的底线，包括主要创始人要带头倡导合规文化，了解合规管理的基本要求，建立必要的合规管理制度等。其次是规范对外合作，避免承担不必要的合规风险。比如在市场推广过程中，要严格审查合作方的资质和广告内容，明确划分不同当事人的责任界限，避免因不规范的广告制作、广告发布行为承担责任。最后是自觉将合规管理、合规理念融入创新过程和市场策略。比如，随着ESG管理和ESG投资的推广应用，越来越多的企业开始采用ESG评价和信息披露以加强与市场和利益相关者的沟通，将ESG理念和标准融入技术研发和产品创新，不仅受到投资机构的欢迎，也更容易得到市场和用户的认可。

3. 加强业务论证

法律或政策缺失、监管滞后是新兴产业发展早期阶段的重要特点，企业在获得充分创新空间的同时，也面临更大的风险和不确定性。从部分行业的情况看，加强对重大业务的法律及合规论证对有效规避风险非常重要。比如，在网约车发展的早期阶段，滴滴等企业在构建业务模式和市场推广过程中遇到了乘客安全、安全责任、用户信息安全、特许经营、不正当竞争等多方面的法律风险和合规问题，对企业的市场形象和持续发展造成很大影响。实事求是地讲，面对完全空白的市场，事前评价和法律论证很难识别出所有风险，但通过系统梳理一定能对具体业务模式、交易架构中的重大问题及其涉及的法律政策作出判断，为经营决策提供有效参考。比如，弈动新能源在开展汽车动力电池租赁业务之前，针对合作架构、业务性质、法律关系、交易安全等广泛征求法律、财务、业务、税务等专业人员的意见，反复论证不同业务模式的合法性、合规性，确保风险处于可控范围。

创新创业的六个维度：基于 260 家创业企业的深度观察

4. 重视过程管理

从风险事件的成因看，很多问题并非业务模式存在合规问题，而是在业务执行和合同履行过程中发生的风险。比如，业务人员在销售和服务过程中收受礼品损害企业形象，内部人员与代理商串通损害公司利益，违反公司流程越权审批或违规授权，虚报市场推广费用、提供虚假交易文件等。对创业企业而言，虽然在过渡阶段普遍面临管理经验和管理能力不足问题，但及时发现和纠正各种违规行为、控制过程风险非常重要。特别是在新产品投放阶段，企业与用户、媒体、渠道商等打交道的方式，员工展示出的企业文化将直接影响企业的市场形象。企业应当鼓励有助于加快市场和用户开发的各种尝试和创新，但不能以容忍违规行为、放任风险为代价。从建立市场地位和持续发展的角度看，市场领域的创新活动必须以严格执行业务操作流程、明确是非界限、强化激励约束为前提。

扩展阅读

零灵发如何在短时间内撬动巨大的下沉市场？

零灵发是由北京麦乐文创科技有限公司开发的移动互联网灵活就业平台，面向农民工、零工和城市兼职人员提供灵活就业信息、线上工钱支付、职业技能评价和劳动权益保障。截至 2023 年 5 月，零灵发在德州、日照、义乌等试运营地区注册用户达到 42 万人，其中活跃用户主要是 36~58 岁的农民工和零工，发布工单超过 138 万份，价单总额约 2.6 亿元，在促进农民工灵活就业和乡村振兴方面走出了一条创新之路。

谈到零灵发的市场开发和用户推广，公司创始人李兆翔说，作为面向三、四线城市灵活就业群体的移动互联网平台，他的想法很简单，就是通过信息和技术手段帮助农民工找到灵活就业机会、及时拿到工钱。这个想法看似简单，但实施起来并不容易，其中最大的难题是如何消除用户疑虑，让用户放心使用。为解决市场对企业和产品的信任问题，李兆翔和团队作了大量调查研究，从技术方案、产品设计到市场推广，对各个环节进行了详细论证和思考。

1. 为灵活就业量身定做产品

零灵发的用户界面非常简洁，在手机上下载 App 或在微信打开小程序，即可显示附近的用工信息，通过"马上抢活"按钮可以实现与发活方直接沟通，达成用工协议。李兆翔说，之所以对产品进行极简设计，主要是考虑用户群体的实际情况和消费习惯。随着互联网和网络基础设施的普及和完善，使用智能手机进行信息交流成为常态，但灵活用工群体，特别是年龄偏大的农民工普遍存在文化程度不高、使用复杂的线上工具比较吃力的问题，而这部分人群在用户群体中又占了相当大的比例，因此最大限度减少复杂性、降低操作难度成为决定产品成败的关键。

深思熟虑后，团队明确了化繁为简的总体开发思路，但真正做起来却并非易事。灵活用工看似简单，但涉及的业务环节和交易关系非常复杂。比如，工期长短不一、行业分散、用工方和接活方的具体需求非常个性化等，用工期间还可能出现天气变化、突发疾病等意外情况和事件，产品设计既要从交易安全和效率的角度坚持标准化开发，又要为各种可能的变化保留适当灵活性，交易流程设计问题成了团队必须解决的第一只拦路虎。为此，李兆翔团队做了两个方面工作。一方面，深入劳务市场和各类用工企业，广泛了解用户需求，在对信息整理分析的基础上，对各类需求进行梳理提炼，再按照优先级进行排列，经过不同场景的模拟验证再最终确定产品方案。另一方面，充分利用技术手段解决问题。为了增强产品的易用性，团队将部分次要功能和原本应由交易双方完成的工作移到了后台，比如身份确认、契约存证、上工认定、信用评价、合同履行跟踪等，同时增加了必要的提醒和调用功能。这样做的好处是既能保持操作便利，也能满足用户的个性化需求，但代价是产品开发难度和复杂程度大幅上升，相关技术要求也显著提高。比如，为实现对合同订立和履行过程的跟踪评价，需要借助区块链技术对每单合同进行存证；为解决信息核查和需求匹配问题，数据库和算法开发人员特别考虑了不同行业、不同工种、不同主体的

创新创业的六个维度：基于 260 家创业企业的深度观察

差异化需求和信息使用的协调问题。

2. 多管齐下，赢得信任

李兆翔长期在政府人事部门、企业和媒体工作，对人力资源行业和基层人力资源市场非常熟悉。为解决拖欠工资、克扣工钱等问题，在讨论商业模式过程中，他们提出了几项原则：（1）让农民工少花钱，甚至不花钱，最大限度减少灵活就业群体的负担。在试运营阶段，公司在免费为用户提供培训、指导和就业信息服务的同时，坚持不向接活方收费，未来也将以技术服务、数据开发应用、政府采购等作为主要盈利模式。（2）完善支付方式，免除拖欠工钱的后顾之忧。零灵发设计了网上支付、上工认定、完工结算等多重技术手段，有效避免层层转包、推诿扯皮、工资拖欠等现象。考虑到大部分零活普遍工期较短、用人数量有限，用工方预先缴纳的保证金总体看并不高，上述做法不会增加用工主体的负担，但可以有效解决双方之间的信任问题，也能够更好地发挥平台的信息沟通和服务作用。（3）努力提高零活用工群体的劳动保障。与传统劳动关系不同，发活方和接活方通常在短期灵活就业状态下并不太关注保险等劳动保障措施。但基于短期或临时用工发生的安全事故及其他责任纠纷并不少见，对大部分农民工来说，一旦发生意外往往对整个家庭造成沉重打击。因此，公司与中国人保集团积极开展合作，共同研究开发灵活就业保险，为线上每一单合同都配备意外责任险，力争以最小的代价切实解决雇佣双方的后顾之忧。

3. 两端发力，活跃交易

灵活就业现实中遇到的最大痛点是用工信息不对称，找活儿的人找不到活儿，招人的人招不到人。通过精准信息匹配，零灵发能够实现让接活人随时随地了解周围几公里内的招工信息，让发活人及时了解有接活意愿的人及其职业技能情况。但真正实现这一目标，还要解决如何让这些信息汇聚到平台上的问题。在接活端，零灵发主要通过两种方式吸引灵活就业群体。一是深入线下劳务市场，现场宣传推介。虽然在一开始受到很多质疑，但凭借产品的易用性和直击用户痛点的功能优势，很快找到了最初的一批用户，并通过良好口碑迅速打开局面。二是加强与地方政府合作。比如，通过当地妇联联系女性灵活就业群体，与当地融媒体部门合作扩大市场影响等。通过与政府合作，既解决了产品市场推广中的增信问题，也为政府部门促进就业、服务群众提供了新的渠道和机会，真正实现了互利共赢。

在用工端，零灵发从三个方面推动与用工单位的合作。一是针对灵活用工比较集中的区域，一个一个跑市场、一家一家跑企业，在德州市德城区，公司市场和销售部门的员工在一个月内跑遍了每一个农贸市场、建材市场、布匹市场、主要餐饮聚集区。二是积极与当地商会、行业协会建立联系，通过组织会议、培训等多种方式与企业和企业家交流沟通，介绍零灵发的产品特点和合作机制。三是充分发挥平台的信息优势和资源整合能力，通过线上线下联动促进用工需求和人力资源跨区域流动。2022年，零灵发成功推出了"南活北调"活动，将浙江义乌小商品批发市场的手工活原材料发放到千里之外的德州，为当地数千名家庭妇女解决了居家灵活就业问题。通过这些努力，零灵发在发活端、接活端的用户数量都得到了快速增长，交易活跃度持续保持在较高水平。

4. 发挥技术优势，扩大对外合作

零灵发在市场推广过程中很受地方政府欢迎，有的地方甚至主动找到公司寻求合作。李兆翔认为，出现这一现象，主要有两个原因。一是与其他同类产品相比，零灵发更容易为农民工等灵活就业群体接受，更好地协助地方政府促进当地灵活就业。比如，零灵发的操作流程更简捷、更易用，不收取报酬提成或附加中介费用，使用成本更低，在基础信息服务之外还为劳动者提供技能认定、信用评价、用工推荐、用工保险等增值服务，同时，还可以通过跨区域资源整合满足居家灵活就业需求。第二个原因，也是最重要的原因，是零灵发从产品设计开始就坚持采用技术驱动路线，在统筹架构系统的过程中，通过定制化开发和一系列技术手段增强平台的技术支撑能力和数据分析应用功能。比如，通过契约存证、信息自动匹配为供需双方提供更为可靠、更加精准的对接服务和用工体验，在引导、培养零工市场诚信习惯和用工规范的同时，还可以利用大数据分析从整体上把握区域市场灵活就业人员的数量、分布、技能、收入等状况，为政府和相关部门提供决策参考。再比如，与地方政府合作，积极研究解决线下零工市场的规范整顿问题，通过专项开发线上用工服务体系和"社区

创新创业的六个维度：基于 260 家创业企业的深度观察

零工驿站"的方式，逐步引导线下市场走向线上，有效解决因线下市场无序运行产生的城市治理难题。凭借领先的技术能力和产品开发能力，零灵发不但在灵活就业服务等微观领域实现了差异化竞争，在推动灵活就业市场和人力资源数字化转型方面的价值也逐步显现。

参考文献

［1］ 毕海德. 新企业的起源与演进［M］. 魏如山, 马志英, 译. 北京: 中国人民大学出版社, 2018.

［2］ 车马. 产品经理的 AI 实战: 人工智能产品和商业落地［M］. 北京: 电子工业出版社, 2020.

［3］ 陈坤, 平欲晓, 刘丽霞. 中小企业人力资源管理［M］. 北京: 北京大学出版社, 2018.

［4］ 陈旭, 庾萍. 产品设计规划［M］. 北京: 电子工业出版社, 2014.

［5］ 陈威如, 王诗一. 平台转型: 企业再创巅峰的自我革命［M］. 北京: 中信出版集团, 2016.

［6］ 史密斯. 定价策略［M］. 周庭锐, 张恩忠, 赵智行, 等译. 北京: 中国人民大学出版社, 2015.

［7］ 高蔚卿. 企业竞争战略: 资源类型与竞争阶段的匹配［M］. 北京: 知识产权出版社, 2005.

［8］ 高蔚卿, 王晓光. 私募股权基金: 制度解析与业务实践［M］. 北京: 中国法制出版社, 2018.

［9］ 高旭东. 企业自主创新战略与方法［M］. 北京: 知识产权出版社, 2007.

［10］ 高旭东. 中国经济发展新阶段［M］. 北京: 清华大学出版社, 2022.

［11］ 萨尔茨. 差异化营销: 跳出价格战的无效陷阱［M］. 张建威, 译. 北京: 电子工业出版社, 2019.

［12］ 墨比尔斯, 哈登博格, 科尼茨尼. ESG 投资［M］. 范文仲, 译. 北京:

中信出版集团，2021.

[13] 辛德胡特，莫瑞斯，皮特. 创业营销：创造未来顾客［M］. 金晓彤，等译. 北京：机械工业出版社，2009.

[14] 彭豪，罗珉. 平台生态：价值创造与价值获取［M］. 北京：北京燕山出版社，2020.

[15] 沈建红，王万竹. 创新创业营销实战［M］. 南京：南京大学出版社，2021.

[16] 万木春，胡振宇. 数字营销再造："互联网+"与"+互联网"浪潮中的企业营销新思维［M］. 北京：机械工业出版社，2016.

[17] 王大地，黄洁. ESG 理论与实践［M］. 北京：经济管理出版社，2021.

[18] 贝克，马恩，扎瓦达. 麦肯锡定价［M］. 赵银德，译. 北京：机械工业出版社，2017.

[19] 武永梅. 销售就是做渠道［M］. 苏州：古吴轩出版社，2017.

[20] 晏涛. 超级用户增长：低成本实现私域用户持续复购［M］. 北京：中国友谊出版公司，2020.

[21] 张甲华. 产品战略规划［M］. 北京：清华大学出版社，2014.

[22] 张帏，姜彦福. 创业管理学［M］. 2 版. 北京：清华大学出版社，2018.

[23] 张永春. 快消品营销实战策略［M］. 天津：天津人民出版社，2018.

[24] 庄贵军. 营销渠道管理［M］. 2 版. 北京：北京大学出版社，2012.

[25] 陈美颖. 类型化改革视角下国有企业之功能重构与立法调整［J］. 新疆大学学报（哲学·人文社会科学版），2014（4）：42-45.

[26] 陈敏灵，韩瑾，石琳. 科技型创业企业的控制权配置及仿真：基于联合控制模式下的分析［J］. 西安石油大学学报（社会科学版），2016（1）：47-54.

[27] 邓世鑫，房旭平，巩健. 美日欧提升中小企业知识产权能力的经验及启示［J］. 中国外贸，2022（10）：45-47.

［28］邓学军，夏宏胜. 创业机会理论研究综述［J］. 管理现代化，2005（3）：14-16.

［29］丁小洲，付丹，郭韬. 技术差异视角下科技型创业企业技术创新模式选择的演化博弈分析［J］. 系统工程，2021（5）：11-19.

［30］冯冰，杨敏利，郭立宏. 政府引导基金投资对创业企业后续融资的影响机制研究［J］. 科研管理，2019（4）：112-123.

［31］冯立杰，闵清华，王金凤，等. 中国情境下企业创新绩效要素协同驱动路径研究［J］. 科技进步与对策，2022（17）：1-9.

［32］葛宝山，高洋，蒋大可. Timmons 的思想演变及其贡献：对创业学的再思考［J］. 科学学研究，2013（8）：1208-1215.

［33］郭南芸，黄典. 企业创新行为、制度环境与工业全要素生产率提升［J］. 首都经济贸易大学学报，2021（6）：43-58.

［34］郭润萍，陈海涛，蔡义茹，等. 战略创业决策逻辑、类型分析与研究框架构建［J］. 外国经济与管理，2017（5）：33-45.

［35］胡望斌，张玉利，**杨俊**. 同质性还是异质性：创业导向对技术创业团队与新企业绩效关系的调节作用研究［J］. 管理世界，2014（6）：92-109.

［36］黄福广，柯迪，张振泽，等. 多轮次融资对创业企业价值的影响机制研究：以启奥科技为例［J］. 管理案例研究与评论，2019（1）：26-40.

［37］贾建峰，周舜怡，张大鹏. 高科技企业创业过程中人力资源管理系统的演化升级：基于东软集团股份有限公司的案例研究［J］. 南开商业评论，2018（5）：162-175.

［38］姜安印，张庆国. 关系型融资下的科技创业企业控制权配置机制研究［J］. 兰州大学学报（社会科学版），2020（2）：103-112.

［39］李华莹. 新媒体环境下 APP 产品内容创业趋势与盈利模式［J］. 当代经理人，2020（4）：35-38；

［40］李亚钊. 关于企业合规中的法律风险分析［J］. 法制博览，2021（9）：

145-146.

[41] 龙静. 创业关系网络与新创企业绩效：基于创业发展阶段的分析 [J]. 经济管理, 2016（5）：40-50.

[42] 马丽, 赵蓓. 创业导向对新产品开发能力的影响：员工整合的作用机理 [J]. 软科学, 2017（6）：105-109.

[43] 买忆媛, 姚芳. 创业者先前技术经验对创业企业创新活动的影响 [J]. 科学学与科学技术管理, 2010（9）：184-189.

[44] 裴旭东, 黄聿舟, 李随成. 资源识取对新创企业新产品开发优势的影响研究 [J]. 华东经济管理, 2016（12）：35-40.

[45] 歧温华, 蒋金良. 中央企业法律、合规、内控与风险一体化管理模式探索与实践 [J]. 企业管理, 2021（S1）：186-187.

[46] 单标安, 闫双慧, 鲁喜凤. 新企业发展阶段、行业经验对创业激情与绩效间关系的影响研究 [J]. 珞珈管理评论, 2018（1）：1-13.

[47] 宋远方, 廖敏婷, 宋立丰, 等. 动态竞争视角下创业企业组织变革中的人力资源管理研究 [J]. 现代管理学, 2018（4）：94-96.

[48] 苏皑, 康鹏胜, 邓文博, 等. 复杂情景下创业机会识别的路径与效果：基于定性比较分析（QCA）的研究 [J]. 技术经济, 2021（5）：124-132.

[49] 唐德淼. 创业机会类型、评估与选择 [J]. 经济研究导刊, 2020（10）：171-184.

[50] 唐跃军, 左晶晶. 创业企业治理模式：基于动态股权治理平台的研究 [J]. 南开管理评论, 2020（6）：136-147.

[51] 熊小龙. 企业技术创新系统的要素构成与运行过程分析 [J]. 中国商贸, 2013（5）：64-66.

[52] 徐凤增, 杨蕙馨, 高培涛. 国外创业型企业产品开发战略研究述评 [J]. 科技进步与对策, 2010（1）：149-154.

[53] 徐翔, 赵墨非, 李涛, 等. 数据要素与企业创新：基于研发竞争的视角

[J]．经济研究，2023（2）：39-55．

[54] 吴贵生．企业技术创新战略的关键要素［J］．中国经贸导刊，1998（6）：25-28．

[55] 闫如，蒋国平．技术型创业企业创新行为研究述评［J］．经济与管理，2019（12）：9-12．

[56] 张洪金，胡珑瑛，谷彦章．用户体验、创业者特质与公司创业机会识别：基于京东公司的探索性案例研究［J］．管理评论，2021（7）：337-352．

[57] 张磊，王淼．西方技术创新理论的产生与发展综述［J］．科技与经济，2008（1）：56-58．

[58] 张欣瑞，贺欢．整合能力、新产品开发与企业成长绩效：基于高技术企业的实证研究［J］．工业技术经济，2014（3）：146-151．

[59] 张铄，刘伟．基于技术轨道的新创企业创业导向决策［J］．科研管理，2019（7）：275-284．

[60] 张小宁．平台战略研究评述及展望［J］．经济管理，2014（3）：190-199．

[61] 水木校友种子基金．张志强：融资前需要明确的八大问题［EB/OL］．（2022-11-25）［2024-03-05］．https://mp.weixin.qq.com/s?_biz=MzIwMzc1ODE1NA==&mid=2247551651&idx=2&sn=ffc9d71d75d843acee1f8505a75f5e11&chksm=96c8c586a1bf4c908a0c675bf43a9555d5fe8be4aaecebb75e5083a460dd382d12f427a14804&scene=27．

[62] 郑鸿，徐勇．创业团队信任的维持机制及其对团队绩效的影响研究［J］．南开管理评论，2017（5）：29-40．

[63] 郑激运．高新技术企业创业风险识别及其规避［J］．当代经理人，2022（3）：69-78．

[64] 郑蕊，武龙．科技型创业企业融资模式创新研究［J］．新会计，2021（5）：31-33．

[65] 郑志刚, 邹宇, 崔丽. 合伙人制度与创业团队控制权安排模式选择: 基于阿里巴巴的案例研究 [J]. 中国工业经济, 2016 (10): 126-143.

[66] 周翔, 罗顺均, 苏郁锋. 从产品到平台: 企业的平台化之路——探索平台战略的多案例研究 [J]. 中大管理研究, 2016 (3): 102-127.